江苏省社科基金后期资助项目 20HQ040

我国基本公共体育服务均等化发展研究

汤际澜　著

苏 州 大 学 出 版 社

图书在版编目(CIP)数据

我国基本公共体育服务均等化发展研究 / 汤际澜著
. —苏州: 苏州大学出版社, 2022.10
ISBN 978-7-5672-4081-0

Ⅰ.①我… Ⅱ.①汤… Ⅲ.①群众体育—社会服务—研究—中国 Ⅳ.①G812-4

中国版本图书馆 CIP 数据核字(2022)第 189245 号

书　　名: 我国基本公共体育服务均等化发展研究

著　　者: 汤际澜
责任编辑: 周建兰
助理编辑: 黄　路
装帧设计: 吴　钰

出版发行: 苏州大学出版社(Soochow University Press)
社　　址: 苏州市十梓街 1 号　邮编: 215006
印　　装: 广东虎彩云印刷有限公司
网　　址: www.sudapress.com
邮　　箱: sdcbs@suda.edu.cn
邮购热线: 0512-67480030
销售热线: 0512-67481020

开　　本: 700 mm×1 000 mm　1/16　印张: 18　字数: 314 千
版　　次: 2022 年 10 月第 1 版
印　　次: 2022 年 10 月第 1 次印刷
书　　号: ISBN 978-7-5672-4081-0
定　　价: 59.00 元

目 录

第一章 绪 论

人类社会的发展依赖于各类资源，因受资源数量、质量和成本的约束，个体所获得的资源往往会出现巨大的差异。公共服务作为社会保障个体生存与发展的必要因素，其均等化水平越来越成为国家和社会发展的重要标志。我国公共体育服务均等化发展与国家公共服务改革、社会福利保障及公民个体发展密不可分。

第一节 我国基本公共体育服务均等化发展研究背景

一、我国经济社会长足发展之下基本公共体育服务供给滞后

改革开放四十多年来，我国经济一直保持快速增长的势头，综合国力不断提高，居民收入不断增加，贫困人口大幅度减少，取得了举世瞩目的成就。国民生产总值从1978年的3 678.7亿元迅速飞跃至2019年的988 528.9亿元，年平均增长速度为9.4%；一般公共预算收入从1978年的1 132.3亿元增加到2019年的190 390.1亿元；城镇居民人均可支配收入由1978年的343元提高到2019年的42 359元；农村贫困发生率从1978年的30.7%（1978年标准）下降到2019年的0.6%（2010年标准），农村贫困人口减至551万人。除巨大的经济成就外，我国社会发展也取得了长足的进步，我国人均预期寿命从1981的67.77岁上升至2019年的77.3岁；2019年文盲人口占15岁及以上人口比例下降至4.59%。[①] 社会总体上已由温饱型社会迈入小康型社会，并由总体小康社会向全面小康社会迈进。

国际经验说明，一国的人均GDP从1 000美元向3 000美元过渡的时期，

① 中华人民共和国国家统计局. 中国统计年鉴[EB/OL].(2020-09-20)[2021-05-10]. http://www.stats.gov.cn/tjsj/ndsj/2020/indexch.htm.

也是该国公共需求快速扩张的时期。[①] 这种公共需求快速扩张的态势在体育领域内表现为人们不断增长的公共体育需求。一方面，由于人们经济收入的不断增加，物质生活条件得到了极大的改善，人们开始从以追求温饱为主的生活转而开始追求更高质量的生活。另一方面，工业化、城市化在给人们带来生活便捷和物质充裕的同时，也给人们带来了缺乏肢体活动、营养过剩、工作压力过大、人际关系疏远等“现代文化病”。因此，人们对于健身、休闲、娱乐等体育活动的需求越来越强烈，迫切希望能够通过一定的渠道使这种需求得到满足。

虽然，我国政府历来就重视体育的发展，在新中国成立之初就将发展和建设“新体育”列入议事日程，一系列发展体育运动的制度、政策、措施的施行使我国的体育事业在短期内蓬勃发展起来。改革开放之后，我国体育事业的发展所取得的成就更是举世瞩目，竞技体育成绩在2008年北京奥运会达至巅峰，《全民健身条例》的颁布实施使全民健身活动更上一层楼。但是，我们还应当看到，我国体育发展在满足广大人民群众的体育需求方面仍然存在很大的不足。从体育事业的财政投入来看，虽然体育事业经费投入的绝对值在不断增加，1998年我国体育事业的财政投入为38.704亿元，2007年增加到177.028亿元，是1998年的4.57倍，体育事业财政投入从“六五”时期的25.68亿元上升到“十二五”时期的1 758.16亿元，增长了近70倍；但是体育事业经费占全国GDP和财政支出的比例在2002年至2007年间持续走低，2007年体育事业经费只占到全国GDP的0.1%和财政支出的0.52%，“十二五”期间体育事业支出仅占财政支出的0.25%，而西欧大多数经济发达国家的体育经费及与体育有关的资金，与本国GDP的比值超过1%。[②③] 以体育活动场地为例，根据国家体育总局公布的2019年全国体育场地统计调查数据，截至2019年年底，全国体育场地有354.44万个，人均体育场地面积达2.08平方米。[④] 体育场地与广大人民群众开展体育活动对场地的需求仍有一定的距离，广大人民群众更多的时候只能利用离住宅较近的空地、街道旁的空地等进行日常体育锻炼活动。我国基本公共体育服务的供给水平与广大人民群众

① 迟福林. 公共需求变化与政府转型[N]. 光明日报，2005-07-19(6).

② 李丽，张林. 体育公共服务：体育事业发展对公共财政保障的需求[J]. 体育科学，2010，30(6)：53-58，80.

③ 李燕领，王家宏，邱鹏，等. 我国体育事业财政支出：规模、结构与空间效应[J]. 中国体育科技，2018，54(6)：20-28，36.

④ 国家体育总局. 2019年全国体育场地统计调查数据[EB/OL]. (2020-11-02)[2022-02-20]. http://www.sport.gov.cn/n315/n329/c968164/content.html.

对于基本公共体育服务的需求之间存在着较大的差距。

二、我国政府职能转变之下基本公共体育服务任务艰巨

政府组织在人类社会治理活动中占据着无可替代的地位。政府是社会正常运转和发展的重要保障，政府职能从一般意义上讲即国家行政机关所承担的国家职能。新中国成立后，在计划经济体制和高度集权的政治体制下，我国政府将所有的经济和社会事务全部置于其职能之中，从而产生了一个拥有无限权力、对社会承担无限责任、无所不能的“全能型”政府。我们对于“全能型”政府的历史地位和作用当然不能一概抹杀，但是也应该看到，在“全能型”政府之下，政府机构林立、人员冗余、人浮于事、效率低下，即使是在“为人民服务”宗旨的指导之下，政府该管的事情管得不够、管得不好，政府不该管的事情管得太多、管得太紧。在社会主义市场经济和民主政治的要求之下，我国政府开始由“全能型”政府向“有限型”政府积极转型。“有限型”政府是相对于“全能型”政府而言的，政府遵循“有所为，有所不为”的原则，重新调整政府职能、重新分配各级政府之间的职能。政府作为一个相对独立的实体，在法律规定和社会监督之下履行自身职责，提高政府效能。在“有限型”政府理念的指导之下，1998 年《关于国务院机构改革方案的说明》中提出“把政府职能切实转变到宏观调控、社会管理和公共服务方面来”，首次明确地把完善公共服务作为政府职能转变的目标。2002 年的九届全国人大五次会议上把政府的职能定位调整为“经济调节、市场监管、社会管理和公共服务”。2005 年的《政府工作报告》中进一步提出，努力建设服务型政府，创新政府管理方式，寓管理于服务之中，更好地为基层、企业和社会公众服务。服务型政府成为我国政府改革和建设的主要目标，“公共服务”成为我国政府的主要职能。

伴随着我国政府改革的进行，政府体育行政主管部门也开始进行一系列的改革。1986 年，国家体委（现国家体育总局）颁布了《关于体育体制改革的决定（草案）》。这次体制改革的中心是由国家包办体育过渡到国家办与社会办相结合。虽然这次改革解决了当时体育发展中存在的一些问题，但是由于该项改革是在原有计划经济体制下进行的，所以更多的是对原有体制的修补和完善。1993 年，国家体委印发《关于深化体育改革的意见》提出：“……把工作重点真正转移到宏观调控上来，加强调查研究、统筹规划、政策引导、组织协调、提供服务……”。2002 年，中共中央、国务院《关于进一步加强和改进新时期体育工作的意见》（中发〔2002〕8 号）指出，开展全民健身活动，增强人

民体质，是体育工作的根本任务……努力构建群众性的多元化体育服务体系……保障广大人民群众享有基本的体育服务，是新时期体育发展的重点。2008 年，《在北京奥运会、残奥会总结表彰大会上的讲话》中政府部门的基本体育公共服务职能被予以强调。2009 年，《关于印发国务院办公厅国家体育总局主要职责内设机构和人员编制规定的通知》（国办发〔2009〕23 号）在职责调整中提到要“加强体育公共服务，促进多元化体育服务体系建设，推动全民健身的职责”，同时将“推进体育公共服务和体育体制改革”作为主要职责。通过我国体育行政主管部门的改革历程可以看到，对于“服务”职能的不断强调，使体育行政主管部门的“公共体育服务”职能进一步确立。

我国体育发展更为严峻的现实是，在竞技体育频频取得突破、全民健身推行力度不断加大的同时，我国居民体育锻炼情况和国民体质状况仍然有待提升。2020 年，全国 7 岁及以上居民经常参加体育锻炼的人数百分比由 2014 年的 33.9% 上升到 37.2%，其中城镇为 40.1%，乡村为 32.7%，城乡之间差距在减小，但是不均衡现象仍然较为明显。[①] 2020 年，全国达到《国民体质测试标准》“合格”等级以上的人数百分比较之 2014 年增长了 0.8%，达到了 90.4%，在所监测的 3—6 岁幼儿、20—59 岁成年人、60—69 岁老年人和男女性的“合格”等级百分比都较 2014 年有所提升，但在监测中也发现乡村老年人，尤其是乡村男性老年人随年龄增长而体质快速下降的趋势依然明显；我国成年人的超重率、肥胖率较 2014 年分别增长了 2.3% 和 4.1%，肥胖率增长幅度明显增大；成年人的力量素质仍然呈下降趋势。[②] 2021 年公布的第八次全国学生体质与健康调研结果显示，2019 年全国 6—22 岁学生体质健康达标优良率为 23.8%，全国学生的身高、体重、胸围等形态发育指标持续向好，肺活量水平全面上升。中小学生柔韧、力量、速度和耐力等的素质总体出现了好转。学生视力不良和近视率偏高、学生超重肥胖率上升、学生握力水平有所下降、大学生身体素质下滑等一些学生体质与健康状况亟待解决。[③] 国民体质是公民个体和国家整体发展的基础，没有健康的体质将极大地影响个人的自主能力和发展空间，目前我国国民体质的现状要求体育行政主管部门切

① 浙江体育科学研究所（浙江省反兴奋剂中心）. 国家国民体质监测中心发布《2020 年全民健身活动状况调查公报》[EB/OL].（2021－12－30）[2022－02－20]. http://zjtks.tyj.zj.gov.cn/art/2021/12/30/art_1373454_58697267.html.

② 国家体育总局体育科学研究所. 国家国民体质监测中心发布《第五次国民体质监测公报》[EB/OL].（2021－12－30）[2022－02－30]. http://www.ciss.cn/tzgg/info/2021/32030.html.

③ 教育部体育卫生与艺术教育司. 第八次全国学生体质与健康调研结果发布[J]. 中国学校卫生，2021，42(9)：1281－1282.

实承担起提高广大人民群众身体素质、促进公民健康生活的重要责任。

三、我国人民追求幸福健康生活之下基本公共体育服务均等化不足

我国社会发展的重要目标是不断满足人民日益增长的美好生活需要，不断提高民生水平，不断提升广大人民的获得感、幸福感和安全感。基本公共体育服务作为与广大人民群众体质发展、体育活动、身体健康关系密切的重要公共服务内容，在我国人民追求幸福健康生活之中占据着举足轻重的地位。而体育作为一种重要的个人权利在国际法和我国法律中都被确认，这也成为我国基本公共体育服务均等化发展的重要基础。1948 年达成的《世界人权宣言》第二十七条规定：人人有权自由参加社会的文化生活，享受艺术……。1976 年生效的《经济、社会及文化权利国际公约》第十五条规定：本公约缔约各国承认人人有权参加文化生活。1978 年年底通过的《体育运动国际宪章》第一条规定：参加体育运动是所有人的一项基本权利。1996 年，在《奥林匹克宪章》基本原则中规定：从事体育运动是一项人权。每个人都有能力根据自己的需要进行体育运动。可见，从事体育运动的权利作为一项人权已经得到了国际社会的普遍认可，我国作为相关国际组织的成员，也同样应当承担起保障公民体育权利的责任和义务。《中华人民共和国宪法》规定：国家发展体育事业，开展群众性的体育活动，增强人民体质。（第二十一条第二款）中华人民共和国劳动者有休息的权利。国家发展劳动者休息和休养的设施，规定职工的工作时间和休假制度。（第四十三条）中华人民共和国公民有受教育的权利和义务。国家培养青年、少年、儿童在品德、智力、体质等方面全面发展。（第四十六条）中华人民共和国公民有进行科学研究、文学艺术创作和其他文化活动的自由。国家对于从事教育……和其他文化事业的公民的有益于人民的创造性工作，给以鼓励和帮助。（第四十七条）虽然我国宪法并没有直接对我国公民的体育权利进行规定，但是体育权利作为生命健康、教育、文化等权利的引申权在宪法中得到了确认。

除宪法外，我国其他法律法规也对公民的体育权利进行了相应的规定。《中华人民共和国体育法》第二条规定：国家发展体育事业，开展群众性的体育活动，提高全民族身体素质。体育工作坚持以开展全民健身活动为基础，实行普及与提高相结合，促进各类体育协调发展。1995 年的《中华人民共和国教育法》第五条规定：教育必须为社会主义现代化建设服务、为人民服务，必须与生产劳动相结合，培养德、智、体等方面全面发展的社会主义事业的建设者和接班人。2003 年，《公共文化体育设施条例》（国令第 382 号）第四

条规定：国家有计划地建设公共文化体育设施。对少数民族地区、边远贫困地区和农村地区的公共文化体育设施的建设予以扶持。2009 年，《全民健身条例》（国令第 560 号）第一条规定：为了促进全民健身运动的开展，保障公民在全民健身运动中的合法权益，提高公民身体素质，制定本条例。尽管这些法律和法规没有明确地规定国家应当保障公民实现上述权利，但是在“法律面前人人平等”这一基本原则面前，不能否认政府在供给公共体育服务和公民在享有公共体育服务上应当实现均等化的要求。

中国特色社会主义进入新时代，我国社会主要矛盾已经转化为人民日益增长的美好生活需要和不平衡不充分的发展之间的矛盾。而这种矛盾同样也体现在基本公共体育服务发展之中，我国人民追求幸福健康生活之下并未能均等地享有基本公共体育服务。就个体而言，我国公民并未能够享有相同的参与体育、接近体育、享受体育的机会。我国有 22% 的学校执行不了体育教学大纲或体育课程，近 50% 的学校落实不了每天一小时的体育锻炼时间。在农村中小学中，上述情况更加严重。统计表明，有 19% 的学生没有得到体育教育，12% 的体育教学处于随意状态。而在我国经济不发达的西部农村，尚有 16% 的学校没有开设体育课①。就群体而言，我国城乡公民群体、区域公民群体之间的差异十分巨大。第六次全国体育场地普查数据显示，全国体育场地中，城镇体育场地面积 13.37 亿平方米，占 68.61%，占据国土面积和人口大部分的乡（镇）村体育场地面积只占到 31.39%。② 体育指导员是体育发展的重要人力资源，据统计，我国 90% 的社会体育指导员在城市和城镇，农村只有 10%。③ 从区域体育事业费用的总支出来看，东部人均为 6.37 元，西部人均仅为 1.82 元。从各省、市、自治区体育局所属企事业单位的财政拨款来看，东部人均达到 6.7 元，西部人均仅为 3.3 元。④

为此，2016 年 4 月 7 日，国家体育总局局长在江苏常州召开的全国基本公共体育服务体系建设现场推进会上表示，“十三五”基本公共体育服务体系建设要以增强人民体质、提高人民健康水平为根本目标，实现基本公共体育

① 李小伟. 抓住机遇，开创农村学校体育新局面[J]. 中国学校体育，2007(2)：1－2.

② 国家体育总局. 第六次全国体育场地普查数据公报[EB/OL].（2014－12－26）[2022－02－20]. https://www.sport.gov.cn/n4/n210/n218/c328625/content.html.

③ 李相如，李志方，张建业. 我国社会体育指导员发展的动力与平衡机制探讨[J]. 天津体育学院学报，2008，23(6)：487－490.

④ 国家体育总局经济司. 体育事业统计年鉴 2000[M]//中国群众体育现状调查课题组. 中国群众体育现状调查与研究（2001 年）. 北京：北京体育大学出版社，2005：27.

服务均等化、标准化，推进基本公共体育服务供给多元化和法制化。[①] 而早在2012年8月，国家标准化管理委员会等27个部门制定了《社会管理和公共服务标准化工作“十二五”行动纲要》，纲要中的社会管理和公共服务标准化工作包括公共体育标准。公共体育标准化推进工程作为11项重大工程之一，显示了国家对于公共体育标准化发展的极大重视。2015年，《国家标准化体系建设发展规划（2016—2020年）》指出，加强文化建设标准化，促进文化繁荣，其中之一就是加强公共体育服务……，推动体育产业标准化工作的开展。这都会极大地促进我国基本公共体育服务均等化的发展。

第二节 我国基本公共体育服务均等化发展研究方法和思路

一、研究方法

本研究主要采用定性研究与定量研究、规范研究与实证研究相结合的方法。定性研究和规范研究主要侧重于价值判断和逻辑推理，更多是使用演绎的方法，它所关注的是“应然”问题，主要针对基本公共体育服务及其均等化的概念进行界定，在基本公共体育服务相关理论的指导下，探讨我国基本公共体育服务均等化的体制和机制问题。定量研究和实证研究主要侧重于可观察到的事实依据和现实材料，更多地依靠归纳的方法，它所关注的是“实然”问题，这里通过对已有的我国基本公共体育服务发展的现实材料进行收集、整理、分析，总结我国现阶段基本公共体育服务均等化的现状，分析现阶段我国基本公共体育服务非均等化的原因，借鉴国外基本公共体育服务均等化的发展经验，提出我国基本公共体育服务以标准化来推进均等化发展的策略。

本研究所采用的其他具体研究方法包括文献法、访谈法、问卷法及数理统计法等。

（一）文献法

在具体的资料搜集和获取上，本研究主要采用文献法。收集的资料包括：（1）国内外基本公共体育服务的相关研究、政府文件等资料。（2）体育统计数据。主要搜集国家和省市的统计年鉴、统计公报等各种体育相关数据。

---

① 中华人民共和国中央人民政府. 体育总局：不断完善“十三五”基本公共体育服务体系 努力提升群众的获得感公平感幸福感.［EB/OL］.（2016－04－08）［2022－02－20］. http://www.gov.cn/xinwen/2016－04/08/content_5062328.htm.

(3) 标准文件。国家和省、市地方有关体育方面的标准文件。

(二) 访谈法

访谈基本公共体育服务研究的相关专家和标准化部门的工作人员。

(三) 问卷法

为了掌握我国基本公共体育服务均等化水平现状，本研究设计了“基本公共体育服务均等化调查问卷”，该问卷由社区体育主管人员填写。在构建基本公共体育服务均等化评价指标体系时，本研究设计了“基本公共体育服务均等化评价指标体系专家调查表”，用于评价指标筛选和指标权重的确定。在针对社区基本公共体育服务均等化进行调查时，以经济社会发展水平发达—欠发达为维度，选取东、中部地区省份的街道和乡镇，省域范围内以广东省的广州市和韶关市作为调查对象。

(四) 数理统计法

主要采用计算机统计软件包 SPSS16.0 for windows 具体运用于基本公共体育服务均等化指标体系构建和现状调查分析之中。

二、研究思路

在借鉴公共产品、公共服务及其他与基本公共体育服务均等化、标准化相关理论的基础上，对基本公共体育服务及其均等化、标准化进行理论阐述，以基本公共体育服务均等化和标准化的理论构建基本公共体育服务标准体系，以现有基本公共体育服务相关规定和标准为参考，制定基本公共体育服务体系范畴内的基本公共体育服务标准，最终在现实领域对基本公共体育服务标准化的发展状况进行考查。

本研究以基本公共体育服务和均等化作为逻辑起点，以公共产品、公共服务和公平正义等相关理论为理论基础，对我国基本公共体育服务及其均等化发展的背景、价值和意义加以梳理。通过对我国区域之间基本公共体育服务均等化现状的分析，结合国外基本公共体育服务均等化发展的经验，确立我国基本公共体育服务均等化的模式，构建我国基本公共体育服务均等化评价指标体系，并提出以我国基本公共体育服务标准体系和标准来推进我国基本公共体育服务均等化的发展（图 1-1）。

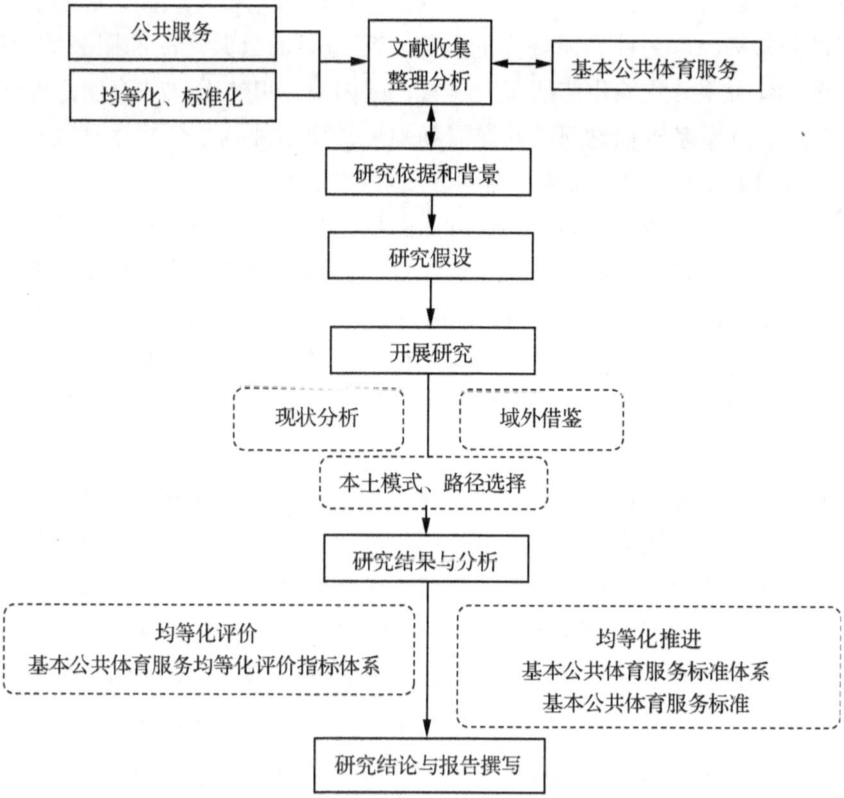

图 1-1 我国基本公共体育服务均等化发展研究思路

第三节 我国基本公共体育服务均等化发展研究内容和框架

一、研究内容

根据本研究思路，主要研究内容安排如下。

第一章主要是对我国基本公共体育服务均等化发展研究的背景加以阐释，明确我国基本公共体育服务均等化发展研究的方法和思路，建立我国基本公共体育服务均等化发展研究的内容和框架。

第二章主要是对我国基本公共体育服务均等化研究基础加以介绍，从公共产品、政府职能和公共性视域对基本公共体育服务加以认识。基本公共体育服务是政府为了满足社会及其成员的基本公共体育需要，保障公民的基本体育权利，以公平正义为价值理念，以公共性作为其根本属性，运用手中所掌握的公共资源，为社会所提供的具有一定边界的公共产品和服务的总称。基本公共体育服务均等化前期研究丰富，国内对于基本公共体育服务的研究起步较晚，注重基本理论问题的厘清和构建；而国外基本公共体育服务实践较早，注重基本公共体育服务的标准建设和绩效评价。

第三章着重于确立基本公共体育服务均等化的价值基础和重要意义。基本公共体育服务均等化是政府在一定水平之上为社会成员提供均等的基本公共服务，既体现了对于公民权利的正义诉求，更是对于公民利益的切实保障。基本公共体育服务均等化对于在公共体育服务领域落实科学发展观和构建和谐社会、深化建设公共服务型政府理念、推动公共服务发展、为个体和社会发展提供人力资本具有重要的意义。

第四章主要是通过现状调查把握我国基本公共体育服务均等化发展的基本事实。通过对我国东、中部部分社区体育服务情况进行调查，我国基本公共体育服务均等化现状总体表现为：在地区（东部发达地区和中部欠发达地区）之间、在城乡［城区和乡镇（主要是乡）］之间、在省域范围内基本公共体育服务都存在着不均等的现象，而且这种差异较为明显。具体而言，东部经济发达地区要好于中部经济欠发达地区，城区街道居委社区要好于乡镇行政村，省域范围内经济发达区域要好于经济欠发达区域。因此，社会成员之间所能够享有的基本公共体育服务存在不均等。

第五章主要是通过对国外基本公共体育服务均等化实践的分析，探析我国基本公共体育服务均等化的本土模式，选择适宜我国基本公共体育服务均等化路径。根据我国经济、社会和体育发展仍然处于较低水平的现状，契合我国服务型政府与和谐社会建设的要求，符合我国基本公共体育服务均等化渐进发展的态势，实现我国基本公共体育服务均等化适宜采用“最低公平模式”。而实现我国公共体育服务均等化的路径包括：构建服务型政府，建立一视同仁的基本公共体育服务供给制度，形成无差别的基本公共体育服务供给机制，健全系统化的基本公共体育服务绩效评价和监督管理体系，制定和实施基本公共体育服务均等化政策和措施。

第六章主要是构建我国基本公共体育服务均等化评价指标体系。我国基本公共体育服务均等化评价指标体系包括投入、产出、效果 3 个一级指标，筹资水平、人力资源、场地设施、管理组织、健身信息、日常体育、体质测试、活动赛事、体质状况、体育人口、主观态度 11 个二级指标和 15 个三级指标。

第七章主要提出通过建立基本公共体育服务标准体系，推进我国基本公共体育均等化发展。我国基本公共体育服务标准体系是具有价值导向、结构特征和功能的体系，它由基本公共体育服务通用基础标准体系、基本公共体育服务保障标准体系和基本公共体育服务提供标准体系组成。我国基本公共体育服务标准体系的推广、实施与评价是我国基本公共体育服务标准化工作中的重要内容。

第八章提出通过建立基本公共体育服务标准来进一步落实我国基本公共体育服务均等化。根据我国已经发布的关于标准编写的相关内容，以《社区基本公共体育服务指南》为例，编写我国基本公共体育服务标准，实施和评价我国基本公共体育服务标准。

第九章针对我国基本公共体育服务标准化发展现状和困境提出发展策略。我国基本公共体育服务标准化发展现状可以总结为我国基本公共体育服务国家标准数量少、层次低，指导性强、针对性差、操作性弱，地区差异大、与国际接轨少。我国基本公共体育服务标准化发展面临着公共服务标准化总体水平不高，与基本公共体育服务需求存在脱节，获得社会领域综合支持不足等困境。因此，对于我国公共体育服务标准化发展需要将基本公共体育服务标准化工作作为我国基本公共体育服务发展的重要内容，积极培养基本公共体育服务标准化人才；以“健康中国 2030”为契机，将基本公共体育服务标准化发展与健康发展紧密结合；建立基本公共体育服务标准化示范点，加强我国基本公共体育服务标准的制定、宣贯和评价。

二、研究框架

本研究的研究框架如图 1-2 所示。

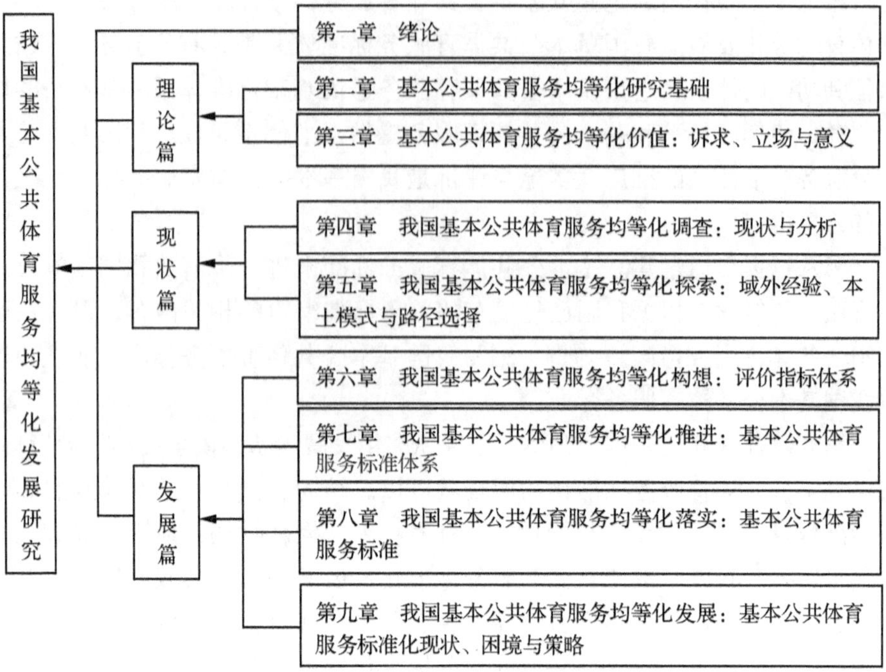

图 1-2　我国基本公共体育服务均等化发展研究的框架结构

第二章　基本公共体育服务均等化研究基础

第一节　公共服务的三种视域

对基本公共体育服务进行理论界定需要借助于公共产品、政府职能和公共性的已有理论。公与私无论是作为人类的心理象限分区，还是作为物的归属状态一直广受关注，对公共产品和私人产品这两种基本物品形式的讨论在经济学领域得到广泛开展，公共产品理论经过不断发展已经成为公共经济学的核心和基础内容。在经济学中，“产品”和“服务”的“有形”和“无形”差别已被忽略，两者均被表示为一种“产出”，并在此背景下对“公共产品”和“公共服务”加以讨论。从政府职能角度出发，“公共服务”具有比“公共产品”更为丰富的内涵和外延。而公共性理论更加拓展了对于基本公共体育服务的认识视域。

一、公共产品视域下的公共服务

“公共服务”是一个虽被广泛使用但在认识上却缺乏统一的概念。当前对公共服务的界定主要有两种方式。第一种方式，从物品的角度，即根据物品的特性来界定公共服务。有学者认为公共服务是一种具有非竞争性和非排他性的社会服务，公共服务具有公共产品的性质，但是不具备产品的物质形态，而是以一定的信息、技术或劳务等服务的形式表现出来的一种公共产品。[①] 这种将公共服务等同于公共产品的认识自然是以经济学对于公共产品的认识作为其理论支撑的。

虽然公共产品概念和理论是由西方现代经济学家提出并予以阐述的，但

① 徐小青. 中国农村公共服务[M]. 北京:中国发展出版社,2002:47.

是关于公共产品的观点由来已久，公共产品的思想最早出现在英国学者霍布斯（Hobbes）关于国家本质的论述中。在《利维坦》一书中，霍布斯认为国家的本质用一个定义来说，这就是一大群人相互订立信约，每个人都对他的行为授权，以便使它能按其认为有利于大家的和平与共同防卫的方式运用全体力量和手段的一个人格。[①] 作为社会契约论的开创者，霍布斯认为国家和政府是由个人通过相互间的契约而形成的，国家和政府的职能就是进行公共性活动——为社会大众提供公共产品。

休谟则从人性的角度探讨公共产品。他认为人具有趋利避害、只注重眼前利益而不顾长远利益的天性，所以个人都会通过“逃避出钱出力”而导致公共事务无法进行和完成，但是又不会放弃“搭便车”的机会，政府的出现可以补救人性的这些缺陷，有了政府和执政官员，“桥梁就建筑了，海港就开辟了，城墙就修筑了，运河就挖掘了，舰队就装备了，军队就训练了；所有这些都是由于政府的关怀，这个政府虽然也是由人类所有的缺点所支配的一些人所组成的，可是它却借着最精微的、最巧妙的一种发明，成为在某种程度上免去了所有这些缺点的一个组织”[②]。近代，魏特夫、马克斯·韦伯、卡尔·马克思等人都以古代社会中普遍存在的公共工程为例来说明政府在公共产品供给中的重要作用。

作为自由市场经济的坚强守护者，亚当·斯密对于国家和政府的态度是十分谨慎的，他将政府的职能分为保护社会、保护个人和建设并维持公益事业及公共设施三种。斯密详细分析了公共设施和公共事业，将其分为两项：一是国防和司法行政两方面所必需的公共设施和工程；二是为便利社会商业、促进人民教育的公共设施和公共工程。对于公共工程，斯密认为对于一个大社会当然是有很大利益的，但就其性质来说，又为个人或少数人办理，那所得利润绝不能偿其所费。所以这种事业，不能期望个人或少数人出来创办和维持。[③] 虽然斯密认为政府在公共产品中承担着主要责任，但是他也没有否定私人在获益的前提下可以参与经营这些公共产品。其后，约翰·穆勒围绕政府和市场的关系对公共产品政府供给问题进行了深入研究并提出了政府供给公共产品的范围，其在论证公共产品政府供给时所使用的“灯塔”案例[④]引

---

① 霍布斯. 利维坦[M]. 黎思复，黎廷弼，译. 北京：商务印书馆，1985：132.

② 休谟. 人性论[M]. 关文运，译. 北京：商务印书馆，1980：579.

③ 亚当·斯密. 国民财富的性质和原因的研究（下卷）[M]. 郭大力，王亚南，译. 北京：商务印书馆，2017：293.

④ 科斯. 经济学中的灯塔[M]//丹尼尔·史普博. 经济学的著名寓言：市场失灵的神话. 余晖，朱彤，张余文，译. 上海：上海人民出版社，2004：45.

起了广泛争议。

19世纪70年代，以瓦尔拉斯（Walras）、杰文斯（Jevons）、门格尔（Menger）为代表的边际学派兴起，边际主义对于公共产品理论的贡献在于：强调公共产品具有不同于个人产品的共同消费性，个人产品以同一价格出售，个人消费者通过改变产品的购买数量来使自己的边际效用与价格相等；公共产品的共同消费性决定全体消费者只能消费同一数量的公共产品，由于同量公共产品对于不同的消费者具有不同的边际效用，这就应对他们征收不同的税收价格。①

最早对公共产品概念进行专门论述的是萨缪尔森（Samuelson），他在1954年发表的论文《公共支出的纯理论》中将产品分为"私人消费品（private consumption goods）"和"集体消费品（collective consumption goods）"两大类。"私人消费品"是指该产品的消费总量等于所有消费者的消费该产品的数量之和；"集体消费品"则是指每个人对此类产品的消费不会减少任何其他消费者的消费。② 一年后，他又发表了《公共支出理论的图解》一文，将"集体消费品"改为"公共消费品"，并正式通过公式予以表达。萨缪尔森归纳了公共物品在消费中的两大特征：一是非排他性（nonexclusivity），二是非竞争性（nonrivalry）。前者指的是，公共产品一旦被提供，除非不计成本，否则任何人都不会被排除在该公共产品的消费之外；后者是指，一个人对公共产品的消费并不同时减少其他人可消费的数量。换句话说，每个人可得的消费量都等同于供给总量。③ 在公共产品研究领域特别是在国内的相关研究中已经"习惯性地把是否具有'非竞争性与非排他性'这两个特点作为判断公共产品的标准"④。

虽然萨缪尔森极大推动了公共产品的研究，但是其"公共产品——私人产品"的两分法在一些经济学家看来过于简单。马斯格雷夫（Musgrave）将产品分为有益产品、公共产品和私人产品三种。公共产品是政府在尊重个人偏好的前提下提供的，有益产品则是指政府根本不考虑甚至违背消费者个人偏好而强制个人消费的政治经济学产品。布坎南认为公共产品和私人产品之间还存在着大量的"混合产品"。该类产品非排他，但是在消费人数达到一定

---

① 张馨．公共产品论之发展沿革［J］．财政研究，1995(3)：26－32.

② Paul A. Samuelson. The pure theory of public expenditure［J］. The Review of Economics and Statistics, 1954, 36(4)：387－389.

③ 郭厚禄．我国基本公共服务均等化研究［D］．北京：中共中央党校，2009：15.

④ 秦颖．论公共产品的本质：兼论公共产品理论的局限性［J］．经济学家，2006(3)：77－82.

水平后会产生竞争，达到此水平的点被称为“拥挤点”，因此又被称为俱乐部产品。

通过有关公共产品理论的相关介绍，可以看到公共产品属于一个内容丰富、外延广阔、结构复杂的范畴。就目前已有的研究来看，从公共产品的消费角度来揭示其本质属性的做法占据主导地位，而公共产品消费的非竞争性和非排他性被作为主要的判断标准。同时符合非竞争和非排他属性的公共产品被认为是纯公共产品，在实际生活中这一类公共产品较少。而具有非竞争或者非排他属性的公共产品被认为是混合公共产品或者准公共产品，在生活中大量的公共产品都是准公共产品。

由于公共产品的内涵十分丰富，因此我们通过对其进行分类后分别加以认识。按公共产品的属性特征可分为纯公共产品和混合公共产品。纯公共产品主要是包括无形公共产品如制度、法规、政策等，而大多数有形公共产品都属于混合公共产品，公共图书馆、公共游泳池、公立学校、公立医院均属于此列。这些公共产品在消费时均具有一定的“私人”性质。依据公共产品的功能可以分为维护国家安全及正常运转的公共产品如国防外交等、为经济建设服务的公共产品如基础设施建设等、为社会发展服务的公共产品如环境保护等。此外，依据公共产品的最终用途，可以分为消费性公共产品如电视节目等、要素性公共产品如道路等；依据公共产品的受益范围可以分为全球性公共产品如极地开发等、区域性公共产品如三江流域水资源保护等、局部性公共产品如农村教育等。

然而，公共产品消费的非竞争和非排他属性却越来越受到人们的质疑。它一方面受到技术不断发展而带来的挑战，技术进步使过去“公认”的一些公共产品的非竞争性和非排他性不复存在①；另一方面受到社会伦理道德和社会发展的挑战，过去一些被“公认”的私人产品逐渐进入公共产品的清单。因此，对于公共产品的本质属性及其与私人产品边界的认识需要突破传统经典理论的束缚，应当将公共产品置于一定的历史和经济社会发展情境中去加以把握。

二、政府职能视域下的公共服务

公共服务的第二种认识方式是从政府的角度，即根据政府的特性来界定公共服务。马庆钰认为，公共服务主要是指由法律授权的政府和非政府公共

---

① 秦颖. 论公共产品的本质：兼论公共产品理论的局限性[J]. 经济学家，2006(3)：77－82.

组织及有关工商企业在纯粹公共物品、混合性公共物品及特殊私人物品的生产和供给中所承担的职责。[①] 这种界定方式立足于政府职能，更为具体和有针对性地勾勒出公共服务的边界。

公共服务作为一种社会性公共活动，政府一直都未缺场。正如法国公法理论家莱昂·狄骥1913年在《公法的变迁》中所指出的：公共服务就是指那些政府有义务实施的行为，任何因其与社会团体的实现和促进不可分割，而必须由政府来加以规范和控制的活动，就是一项公共服务，只要它具有除非通过政府干预，否则便不能得到保障的特征。[②]

远在现代意义上的政府出现之前，古代帝王统治阶级也需要组织强制性劳力开展抵抗洪水和旱灾的公共活动，这在一定程度上即形成了魏特夫所说的“治水文化”和“治水政治”。而在马克斯·韦伯看来，这种治水的行为使统治阶层的出现和被统治阶层对其的依附成为可能。因此马克思指出，在亚洲，很古的时候起一般说来只有三个政府部门：财政部门，或对内进行掠夺的部门；军事部门，或对外进行掠夺的部门；最后是公共工程部门。[③] 虽然在不同的历史时期，政府的理念、功能、职能、角色不尽相同，但是从历史的发展进程来看，现代政府对于社会共同体需要和利益的满足日益成为政府职能的重要内容，“各国政府公共服务事权内容各自有所侧重，但总体而言社会性公共服务的重要性越来越明显，比重日趋增加”[④]。而通过对与政府管理过程紧密相连的公共行政理论变革的考查，也可以看到从以官僚制理论为基础的传统行政到呼吁重视社会公平的新公共行政，从“重塑政府”的新公共管理到以“公民为中心”的新公共服务，政府的角色经历了一个以自我为中心转向越来越重视社会和公众需求的过程。[⑤]

官僚制是政府治理的主要形式。传统的官僚制通常被人攻击为制度僵化、缺乏效率、脱离民众。但是目前人们不可能发明一种方法在没有官僚机构提供的组织、分工和专业的情况下进行大规模的社会工作。[⑥] 从另一个角度来说，官僚制所蕴含的理性精神、法治理念和专业知识使政府在进行社会管理时拥有其他组织所不可比拟的能力，它在一定程度上确保了政府职能的履行，

① 马庆钰.公共服务的几个基本理论问题[J].中共中央党校学报,2005,9(1):58-64.

② 莱昂·狄骥.公法的变迁[M].郑戈,译.北京:中国法制出版社,2010:43,45.

③ 马克思,恩格斯.马克思恩格斯全集(第2卷)[M].北京:人民出版社,1995:145.

④ 孙晓莉.中外公共服务体制比较[M].北京:国家行政学院出版社,2007:161.

⑤ 王丽莉.服务型政府:从概念到制度设计[M].北京:知识产权出版社,2009:85-86.

⑥ 阿尔蒙德,小鲍威尔.当代比较政治学[M].朱曾汶,林铮,译.北京:商务印书馆,1993:154-158.

使社会能够在政府的领导下进行良性运转。因此，官僚制在政府发展过程中无论是过去还是现在都扮演着重要的角色。

新公共行政的观点源于20世纪60年代末至70年代初关于社会公平和人权的价值观。它把社会公平置于核心价值的地位，在传统行政“效率至上”的基础上开始将效率与公平并举，新公共行政认为效率和公平可以相互促进，从而使政府更好地履行社会管理职能。新公共行政同时注重公众的民主参与，普通民众和政府官员共同参与到政策的制定过程之中，将公众的需求作为行政体系运转的轴心，从而对政府职能赋予新的定位并影响了政府职能履行的方式。

20世纪80年代后，由于世界经济增长速度趋缓，西方福利国家普遍遭遇财政危机，政府机构臃肿、效率低下、公众信任度低，对政府的质疑和要求改革的声音不断出现。正是在这种背景之下，新公共管理理论开始形成和发展。作为一种新的公共行政理论，学者们对新公共管理的内涵和特征的表述不尽相同，但是均将市场化作为政府改革的核心。① 同时，学者们将政府的角色定位为掌舵而不是划桨，并且主要围绕改善公共产品和服务质量、使公众更加容易获得公共服务、增强公共服务对公众需求的反应而进行。

新公共服务理论是在对新公共管理理论的缺陷进行批判与反思的基础上建立起来的。该理论包括以下几个方面的基本内容：政府的职能是服务，而不是“掌舵”；公共利益是根本目标；在思想上要具有战略性，在行动上要具有民主性；为公民服务；政府承担的责任是复合的而非单一的；以人为本的理论；大力弘扬公民权和公共服务精神。② 新公共服务理论对于政府服务职能的认识是全方位的，因此也成为服务型政府的重要理论支撑。

对公共服务更为普遍的一种认识方式是结合公共产品和政府职能的视角而进行的。李军鹏对公共服务的定义具有代表性，他认为公共服务是公共部门与准公共部门满足社会公共需要、提供公共产品的服务行为的总称。③ 公共服务最本质的特征在于其公共性。公共性作为一种高度抽象的事物特征，可以看作是事物的一种公共属性，但是在具体的对象上表现出不同的样态。从公共服务供给主体来看，公共组织和准公共组织所行使的是授之于所有社会成员的公共权力；从公共服务满足的公共需要来看，公共需要是所有社会成

① 戴维·奥斯本，特德·盖布勒．改革政府：企业家精神如何改革着公共部门[M]．周敦仁，汤国维，寿进文，等译．上海：上海译文出版社，2006：18．

② 辛静．新公共服务理论评析：兼论对中国服务型政府建设的启示[D]．长春：吉林大学，2008．

③ 李军鹏．公共服务型政府建设指南[M]．北京：中共党史出版社，2006：20．

员所共同拥有的需要而不是需要的集合；从公共服务满足的对象来看，所有的社会成员都应该享有权利得到公共服务而不应当排除任何人；从公共服务获得的水平来看，每个社会成员都应该平等地获得公共服务，任何个体都不应该获得不平等的对待。

公共服务的内容十分广泛，目前主要将公共服务分为以下几类（表2-1）：以下对于公共服务的分类从总体上来看都是静态的分类方法，它们更多是从存在的角度对各种公共服务加以区分和对待。但是公共服务作为一项与最广大人民群众日常生活紧密相连的社会事业，与我国所处的历史阶段和国情密切相关，应根据我国经济社会的发展阶段和基本国情，将公共服务分为基本公共服务和非基本公共服务，更符合公共服务动态发展的需要。

表2-1　公共服务分类表①

标准分类	类别	定义	举例
按公共支出的领域划分	维护性公共服务	保证国家机器的存在和运作的公共服务	政府的一般行政管理，法律与司法，国防，等等
	经济性公共服务	政府为促进经济发展而直接进行各种经济投资的公共服务，通常是生产性的	政府对公共项目和国有企业的股本投资，对产业活动提供的价格补贴，应用性研究资金投入，政府对固定资产的投资，等等
	社会性公共服务	政府通过财政转移支付和财政支持对各项社会发展项目所提供的公共服务	教育，社会保障，公共医疗卫生，科技补贴，环境保护，等等
按政府职能体系划分［按联合国“政府职能分类（COFOG）”体系］	普遍性公共服务与公共安全	—	—
	社会服务	—	教育事务和服务，健康事务和服务，社会保障和福利，住房，供水，文化，等等
	经济服务	—	燃油和电力，农林渔业，交通运输与通信，等等
	未按大类划分的支出	—	政府间转移支付等

① 卢映川，万鹏飞，等. 创新公共服务的组织与管理［M］. 北京：人民出版社，2007：30－32.

续表

标准分类	类别	定义	举例
按公共产品与公共服务的性质划分	基本公共服务	—	法律法规体系，公民权利保护，保证分配公正和经济稳定增长的财政税收和金融政策，国防，外资，国家安全，环保，航天科技，免费中小学教育，公费医疗系统，等等
	混合公共服务	—	下水道系统，电话电讯系统，电视广播系统，邮政服务系统，等等
	政府管理私人部门所产生的管理性公共服务	—	政府要求企业生产的产品符合统一的质量标准、卫生标准、技术标准、安全标准等
按资本和劳动力的投入比例划分	劳动密集型	劳动量占据总成本80%或者以上的公共服务，这是地方政府提供的主要服务类型	教育，警察，消防，等等
	资本密集型	资本量占据总成本80%或者以上的公共服务	—
按公共服务所涉及的人类社会生活的领域划分	公共工程建设	—	包括垃圾收集与处理，墓地的维护和管理，监察，供水、排污系统的设置与管理，淤泥的处理，危险材料的处理，等等
	公共交通服务	—	道路维修，道路/停车场清洁，清除积雪，交通信号设置与维修，停车计数器维修与费用收集，道路树种植，公共交通系统的停车点和维修站的经营，公共交通系统的运营与维持，辅助客运系统的运营与维持，机场的经营，等等
	公共安全服务	—	警察（包括预防犯罪、巡逻），消防，医疗急救服务，强制交通管制，拖车和存车服务，等等
	人类健康和社会服务	—	公共卫生检查，动物控制，动物避难所的经营，托儿所的经营，儿童福利计划，老年人计划，医院的经营与管理，公共健康计划，药品和酒精治疗计划，精神病院和救助站的运营，等等

续表

标准分类	类别	定义	举例
按公共服务所涉及的人类社会生活的领域划分	文化和休闲服务		休闲设施的运营，公园的建设和维护，会议中心和大礼堂的运营，文化和艺术计划的操作，图书馆的运营，博物馆的运营，等等
	支持服务	一些缺乏高度可见性的、直接向市民提供的服务	法律服务，建筑安全，交通工具的维护，薪水登记造册，征税，秘书服务，人员服务，公共关系，公共信息，等等
	公共设施		电力、煤气设施的经营与管理、维护、建设，等等

三、公共性视域下的公共服务

“公共”（public）一词来自外文文献，其古典的意义有两个来源，一为希腊字 Pubes，本义为“成熟”（maturity），衍生而成“公共”（public），指的是一个人在身体和心智上的发展成熟，并能够了解自我和他人之间的息息相关或连（联）结；另一个来自另一个希腊字 Koinon，英文字的“共同”（common）由其衍生，而 Koinon 又是从另一个希腊字 kom-ois 衍生而来，本义是“关心”（care with）。[①] “公共”在此更多的是指涉古希腊城邦时期的民主观念和民主生活方式。“公”与“私”、“公共”与“私人”一直是相互对立的概念，同时它们也彼此制约着对方。在封建社会集权制度之中普通社会成员所拥有的“私”极为有限而且也不稳定，因此“公”也在更大程度上只是统治阶层的意志。自近代开始，由于私有制法律地位的确立和“私人”领域合法性的认可，“公共”领域的界限也就随之变得清晰。也正是在这个意义上，公共部门和私人部门才开始出现，而公共性问题才开始为人们所讨论和重视。

公共性（publicity）作为一个成熟的概念，在欧洲流传开来则是 18 世纪末的事情了。[②] 公共性可以在一般意义上理解为“公共”的性质、属性、特性或特质。曹鹏飞将公共性定义为：公共性作为世界普遍存在的本质属性，是在共在的世界中不同的存在者之间广泛具有的普遍联系和相互依存，是多元性与一元性的共同存在和价值共性，并因而构成现实世界的生成机制和展现过程。[③] 但是“公共性”这一概念在哲学、政治学、经济学、法学等领域

---

① 詹中原. 公共政策问题建构过程中的公共性研究[J]. 公共管理学报,2006,3(4):12－21,107.

② 哈贝马斯. 公共领域的结构转型[M]. 曹卫东,王晓珏,刘北城,等译. 上海:学林出版社,1999:3.

③ 曹鹏飞. 公共性理论研究[M]. 北京:党建读物出版社,2006:38.

中运用时，对于其的理解和使用却存在很大的差异。在政治学中，“公共性”一般被认为是衡量政府活动性质和基本价值的分析工具，具体表现在政府活动的长远目标、政府公职人员的职业道德，以及政府决策对于保障公共利益完整性和完全性的意义等方面。在公共行政学中，所谓公共性乃是社群成员之间，针对其生活领域中的公共事物，进行公共讨论（public discussion）和公共对话（public discourse，或称公共论述）后的成果，亦即形成符合公共利益的共识，以确保公共领域的建构及民主价值的实现。在管理学中，公共性被看作是一种有序管理过程和价值期许。而在公共经济学中，公共性则被作为实现公共利益和私人利益均衡的手段。[①] 由此可以看出，公共性是一个非常宽泛而具有多个层次的概念和理论。哲学领域的公共性概念无疑最具有抽象性和广泛性，而在其他领域，公共性主要被作为一种理性观念和价值期许来加以运用。

在分析公共服务的公共性时，将分别对公共服务供给主体、供给目标、供给客体和供给内容的公共性进行阐述。公共性是公共服务的根本属性，是贯穿公共服务的一条主线。它既是公共服务的出发点，也是其归宿。在理解公共服务时必须始终以公共性作为基础，而在公共服务的实践中也必须以公共性作为指导。

（一）公共服务供给主体的公共性——以公共性作为其理念指引

公共组织（政府和行政部门、准政府组织、非政府组织——从根本上也是一种公共组织[②]）从根本上来说是公益性的组织。其组织目标是为社会公众提供公共利益，因此其对公共服务的供给具有不可推卸的责任和义务。而私人组织（企业和个人）从根本上来说是私益性的组织，其组织目标在于为自身谋求私益。对于谋求私益的私人组织而言，应当如何看待其在公共服务中的供给行为呢？公共和私人组织之间对于公益和私益具有不同的追求，因此在供给公共服务中两者之间必然具有某种共同的理念指引其行为，而这种共同的理念即公共性。

公共组织的公共性特别是政府的公共性，是在历史的发展中逐渐明确并为人们所认识的。对于国家和政府的起源，学界存在着多种观点，但是社会成员成立一定的社群组织以求生存和发展是一个重要的原因，这种社群组织在历史上有不同的形式，如古希腊的城邦、封建的极权国家、现代的社区等。

---

① 曹鹏飞.公共性理论研究[M].北京:党建读物出版社,2006:37.

② 张康之,王喜明.公共性、公共物品和自利性的概念辨析[J].行政论坛,2003(58):8-11.

无论是哪种社群组织都必然承担一定的社会公共责任，即使是封建的极权国家，作为社会群体的政治代表也需要承担军事保卫、水利治理等公共事务。随着近代启蒙思想家对于民权、民主、民生思想的论证和传播，以及现代民主国家的确立，政府的公共性也进一步得到了确立。在这种公共性理念的指引下，现代政府担负起更多的社会公共责任，对于教育、医疗、社会保障、健康等社会公共事务也越来越重视。公共组织供给公共体育服务正是体现了其在社会公民健康、休闲、娱乐方面所承担的责任，它不仅能够满足社会公民的个体需求，而且能够促进社会的总体发展。

私人组织的公共性经常为人们所忽视，原因正如前文所述，私人组织是以私益而存在的。但是私人组织同样具有公共性的要求。私人组织的公共性要求体现在两个方面：其一，私人组织是依赖于社会而存在的，并且在社会发展的基础上才能够使自身得到进一步发展，它本身也具有维护社会公共性的要求。私人组织离不开社会为其提供的社会空间，这种社会空间是人、物、信息、制度等广义的社会空间，社会空间的维系和发展对于私人组织而言同样重要。其二，私人组织的公共性体现在利他性上。利他主义的行为是私人组织公共性实现的方式。因此，私人组织在公共体育服务供给中也是以公共性作为理念指引的。私人组织公共体育服务供给以捐赠或赞助公共体育场地设施、资金、比赛、活动为主，以此来满足社会成员对于体育的公共需求，营造良好的体育锻炼、休闲娱乐氛围，促进社会成员的身心健康，促进社会的和谐发展。

对于私人组织广泛参与到公共服务的经营、组织、管理之中的现状，应当与公共服务供给相区别。公共服务供给主要是一种决策行为，包括选择公共服务内容、选择公共服务生产者、对于公共服务生产过程和结果进行监督和评价等内容。公共服务供给方可以直接进行公共服务的生产，同样也可以将生产转由其他生产主体来进行。公共服务供给主体主要是负责在公共性的指引下安排公共服务的生产任务，而公共服务生产者则主要负责完成公共服务的生产任务。

（二）公共服务供给目标的公共性——以公共性作为其价值标准

公共服务供给目标是为了满足广大社会公民对于公共产品和服务的共同需要，即公共服务需求。公共服务既不是每个社会公民对于公共需求的简单相加，也不是部分社会群体或社会公民的公共需求偏好，它是符合公共性价值标准的公共需求。

公共服务需求的公共性价值标准，首先，来自广大社会成员对于公共需要的共同倾向。不同群体的社会成员由于经济社会发展水平的差异，对于公共需要存在差异，但是无论是老年人和青年人、男性和女性，还是健全人和残疾人、城市居民和农村居民，他们都具有共同的生活和发展需要。正是这种共同的需要倾向构成了公共服务需求的公共性价值基础。其次，公共服务需求的公共性价值标准应当与经济社会发展水平相适应。一方面，经济社会发展水平决定社会成员的公共服务需求，在我国当前经济社会发展水平并不很高的现实条件下，广大人民群众的公共服务需求主要包括基础性的教育、就业、医疗、养老、社会服务、住房和文化等方面。另一方面，经济社会发展水平也决定了公共服务的供给能力。公共服务需求与公共服务供给能力之间的差距也不能太大，脱离公共服务供给能力的公共服务需求不可能实现。最后，公共服务需求的公共性价值标准应当与广大社会成员的公共服务需求偏好相匹配。所谓公共服务需求偏好是指社会成员对可能消费的公共产品和服务优先次序的排列。不同社会成员之间的公共服务需求偏好存在差异，而公共服务需求的公共性价值标准应当与社会成员总体公共服务需求偏好相匹配。

公共服务需求以公共性的价值为标准，因此对符合公共性价值标准的公共服务需求进行辨识的前提是公共服务需求能够得到表达。我国普遍存在公共服务需求表达渠道缺失、表达渠道不畅的问题，进而出现公共服务供给与公共服务需求的公共性价值标准大相径庭的局面。在我国群众性体育场地设施大量缺乏而且经费并不充裕的现状下，选择在居民区附近利用闲置空地建设健身路径，设置简易安全的健身设施，能够较好地满足群众的健身休闲需要。但是有不少地方花费大量资金建设所谓的标志性大型体育场馆，其结果是造成体育场馆的闲置和巨额体育场馆维护费用的产生，严重脱离广大人民群众的公共体育服务需求。因此，为了使符合公共性价值标准的公共服务需求能得到有效表达，我国政府需要建立长效的公共服务需求表达机制，使社会成员的公共服务需求能够拥有固定和顺畅的表达渠道。只有建立制度化的公共服务需求表达机制，才能够保证公共服务供给的方向和效果。

（三）公共服务供给客体的公共性——以公共性作为其实现基础

公共服务供给客体是广大拥有权利的社会公民，如果从人权角度来看待权利，甚至还包括被剥夺政治权利或限制人身自由的人。人权作为每个人都享有或都应该享有的权利，指的是每一个个体按其自然属性和社会属性的需要，从他人或社会那里获得的某种作为和不作为。由于这种行为诉求是以“正义”“正当”为前提的，因此社会和他人也应当提供这种作为或不作为。生存和发展的权利作为一项基本的人权是每个个体均享有或应当享有的权利。

而要实现权利从应然向实然的过渡就需要一定的制度设计。法律和政府是现代社会使应然权利向实然权利转化的最重要的制度。法律依靠强大的国家机器作为后盾，对权利的内容进行规定，使权利取得强大的权威和效力。政府则依靠国家权力，通过调配资源以保证权利的真正实现。公共服务是政府为实现广大社会成员生存和发展权利的重要措施。

为了保证广大社会成员权利的实现，政府需要以公共性作为其实现的基础，需要向所有社会成员提供平等的公共服务。平等的公共服务是公民生存和发展权利实现的基础。社会成员公平地享有公共服务也称为公共服务的均等化。公共服务的均等化主要又分为机会的均等化、过程的均等化和结果的均等化。第一，对于处于不同区域、不同阶层、不同环境的社会成员来说都应该同等地享有公共服务的机会和可能。无论是政策的制定、制度的安排，还是财政的投入，都应当以公平作为基本原则，不偏向局部地区、个别阶层、部分环境的社会群体和个人，不以任何理由将任何群体和个人排除在公共服务之外。第二，所有社会成员都应该享有相同的公共服务过程。公共服务的过程是社会成员权利的具体实现阶段，广大社会成员均可以使用公共设施，参与公共活动，获得公共信息，得到各类公共体育服务，在这一过程中所有人都应该获得平等的对待。对于弱势群体和个人来说，公共服务的过程尤为重要。第三，所有社会成员都应该享有相同的公共服务结果。虽然由于个体天赋、个性偏好的差异，即使是拥有同样的公共服务机会、得到相同的公共服务过程的社会成员也不可能得到完全相同的结果。但是尽可能地使广大社会成员通过公共服务得到生存和发展应该是公共服务均等化的重要内容。

（四）公共服务供给内容的公共性——以公共性作为其约束条件

公共服务的供给内容是指满足广大社会成员公共服务需求而具体提供的公共产品。目前对于公共服务供给的“公共产品”属性的认识，主要来自公共产品理论。在公共产品理论中，将某种产品在进行消费时是否具有排他性和竞争性作为判断该产品是否为公共产品的主要标准。以公共服务消费的排他性和竞争性作为标准，可以将公共服务分为纯公共服务、准公共服务和私人服务。具有非排他性和非竞争性的公共服务即为纯公共服务。但是随着社会的日益发展，科技手段已经使公共产品竞争性和排他性的实现成本大为降低。公共产品和私人产品的内容在不断地发生变化，非竞争性和非排他性作为公共产品天然属性的认识需要进行修正。[①] 比如收看体育赛事的转播在过去

① 秦颖. 论公共产品的本质：兼论公共产品理论的局限性[J]. 经济学家，2006(3)：77－82.

由于技术原因很难做到排他，而随着电视转播手段和传播手段的更新，就很容易做到排他——没有定购体育赛事节目就不能收看。那么是否在过去属于公共产品的体育赛事现在就已然成为私人产品？所以我们需要对公共体育服务的公共产品性质重新进行认识，而公共性就是判断公共体育服务供给内容的约束条件。

公共性对于公共服务供给内容的约束，首先，表现在公共服务的供给内容为社会公众所共同需要。这种社会成员的共同需要可能是物质层面的，也可能是精神层面的或者信息层面的。以体育赛事为例，付费体育赛事固然是一种私人产品，但是社会公众有了解体育赛事信息的公共需要，赛事转播权拥有者不应该拥有对体育赛事信息的垄断权。其次，公共服务供给内容的公共性约束表现在它所提供的公共产品和服务应当具有正的外部性，能够使社会及其成员获得最大的收益。外部性又称为外部效应，它是指在经济活动中未在价格中得以反映的经济交易成本或效益。[①] 外部性也用来指一个人的行为对社会及其成员福利的影响。如果在不损害社会及其成员福利的情况下能够增进社会及其成员的福利，则认为存在正的外部性。从总体上来看，公共服务的供给内容均具有正的外部性。当然，在现实中如何准确衡量社会及其成员的收益并不容易。在公共资源有限的条件下，我们需要对不同公共服务内容为社会及其成员可能带来的收益进行分析和比较。

第二节　我国公共体育服务研究的知识图谱分析

本文选用 CNKI 数据库中的学术期刊数据库，在 CNKI 中运用“高级检索”，文献分类选择“体育”，文献类型选择“北大核心”“CSSCI”，以“公共服务”“体育”为主题进行检索，检索时间截至 2020 年，共检索到 1 565 条记录，经过除噪，最终得到 1 475 条，检索日期为 2021 年 6 月 1 日。本文以上述检索到的 1 475 篇论文为研究对象，主要运用知识图谱分析法等对我国公共体育服务研究现状及前沿进行定量分析、定性分析，总结公共体育服务研究的热点和趋势。知识图谱是一种新兴的科研方法，它通过对海量引文的知识进行分析，运用时间切片抓拍来显示研究领域的发展过程[②]，是运用直观图谱表示抽象知识结构关系和发展脉络的科学研究方法。本文以

① 高培勇，杨志勇，杨立刚，等. 公共经济学[M]. 北京：中国社会科学出版社，2007：30.

② 陈悦，刘则渊. 悄然兴起的科学知识图谱[J]. 科学学研究，2005，23(2)：149－154.

CiteSpaceIII 为工具绘制图谱，将下载的文献转换格式后导入软件，时间区间选择为2002—2020年，时间切片为2，节点类型选择为作者、机构与关键词，阈值项选择“top 50”，并运行软件依次生成作者、机构与关键词共现图谱。

一、我国公共体育服务研究的历史沿革

某一时期内科学文献的数量、增长幅度，可以间接反映某一学术领域的发展状况、特点与趋势。[①] 体育类的核心期刊和论文是较为权威的体育学术期刊和最新科研成果的代表，学术价值较高，能较为全面地反映国内体育科研的最新成果和研究前沿。

研究发现2002—2020年文献年发表量呈上升的发展趋势（图2-1），根据文献年发表量，可将公共体育服务研究划分为三个阶段：探索期（2002—2007）、发展期（2008—2011）、成熟完善期（2012年至今）。从检索结果看，公共体育服务研究最早出现在2000年，2002年公共服务被纳入政府职能，从此公共体育服务研究逐渐成为体育领域的研究热点。2002—2007年发展趋势平缓，至2007年发表论文数量增至13篇，我们将这一时期称为探索期。2008年北京奥运会以后国家体育政策发生转变，迎来了全民健身的热潮，公共体育服务相关建设投入力度逐年加大，研究者们抓住了政策风向标，公共体育服务相关研究也随之进入快速发展期。2008—2016年文献年发表量从2008年的近50篇增至2016年的182篇，呈现出了快速发展的势头。2016年后公共体育服务相关研究论文数有所回落。

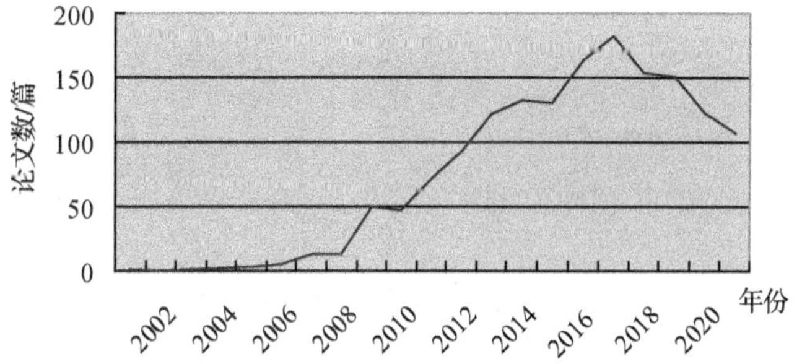

图2-1　2002—2020年我国公共体育服务研究文献数

① 邱均平.信息计量学[M].武汉:武汉大学出版社,2007:45－55.

二、我国公共体育服务研究的主要机构和代表人物分析

网络节点类型选择“作者（Author）”，运行软件后得到我国公共体育服务研究者可视化图谱（图 2-2）。该知识图谱的网络节点（Nodes）为 119，连线（Links）为 88，密度（Density）为 0.012 5，代表人物图谱节点较为分散，作者之间的连线较少，说明作者之间合作较少，合作网络正在形成。核心作者是以普赖斯定律 $M = 0.749\sqrt{n_{max}}$ 来确定的[①]，发文最多的作者发文量达 17 篇，即 $n_{max} = 17$，根据上述公式计算出 $M = 3.08$，取整数 $M = 3$，即发表 3 篇及以上论文的为核心作者。经统计超过 3 篇的作者有 50 人，说明目前从事公共体育服务研究的人员数量已初具规模，其中 7 篇及以上的作者是该研究领域的代表人物。

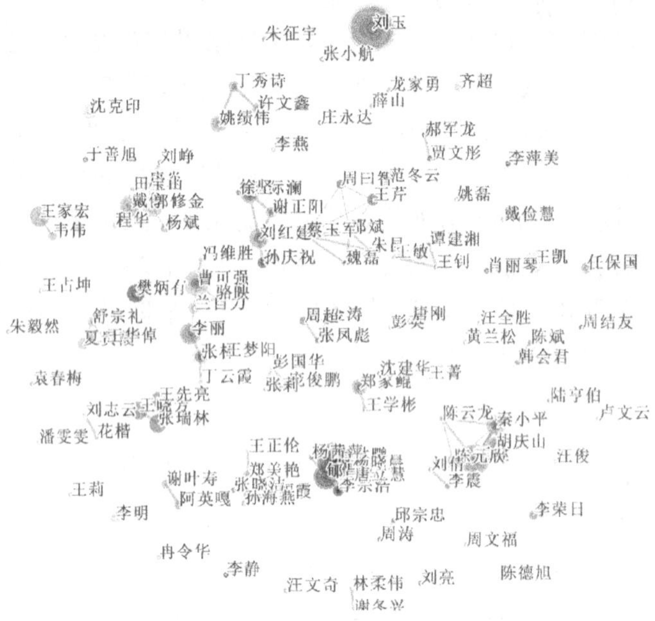

图 2-2　我国公共体育服务研究者图谱

从代表人物图谱中我们可以发现，有部分作者联系紧密，形成几个小团体，这些小团队成员大多数是同事、师生或同学关系。

① 马费成，胡翠华，陈亮. 信息管理学基础[M]. 武汉：武汉大学出版社，2002：83－85.

三、我国公共体育服务研究的关键词共现分析

关键词是科技论文的核心与精华，是对论文主题的高度概括。[①] 因此，一些核心关键词可以体现某一时期的研究前沿和热点。CiteSpaceIII 软件主要根据节点大小和节点的中心性来判断研究热点。[②] 节点越大，关键词频次越高，研究热度越高；中心性越高，关键词的连接作用越大。本文将下载的相关文献导入 CiteSpaceIII 软件，设置“Time Slicing”的值为“1”，选择“Keyword”作为节点类型（Node type），运行 CiteSpaceIII 软件，得到了关键词知识图谱（图 2-3）和高频关键词列表（表 2-2）。

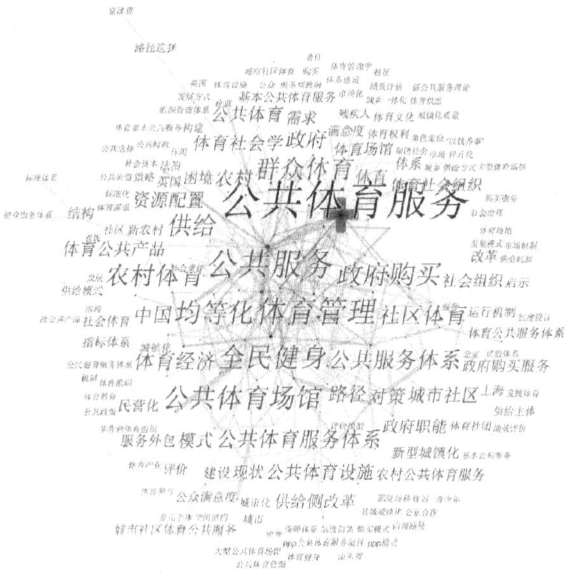

图 2-3 公共体育服务关键词知识图谱

表 2-2 公共体育服务研究高频关键词列表

频次	中心性	关键词
376	0.53	公共体育服务
84	0.43	公共服务
65	0.07	体育管理

① 姜春林，刘盛博，丁堃.《中国科技期刊研究》研究热点及其演进知识图谱[J].中国科技期刊研究，2008(6)：954－958.

② 任增元，陈晓光，靖继鹏.我国信息生态学的文献计量与知识图谱研究(1998—2012 年)[J].情报科学，2014，32(2)：51－57.

续表

频次	中心性	关键词
40	0.22	全民健身
37	0.23	政府购买
36	0.11	均等化
35	0.07	公共体育场馆
29	0.20	供给
27	0.09	群众体育
26	0.21	农村体育
20	0.14	公共服务体系
18	0.26	社区体育
15	0.02	体育经济
14	0.04	政府
14	0.03	公共体育服务体系
13	0.19	中国
12	0.03	路径
12	0.02	对策
11	0.10	农村
10	0.16	城市社区
10	0.12	公共体育
10	0.07	公共体育设施
10	0.02	资源配置
10	0.02	体育社会学

公共体育服务研究关键词知识图谱的网络节点为155，连线为302，密度为0.025 3，Q值为0.556 3。Modularity是网络模块化的评价指标，一个网络的Modularity值越大，则表示网络聚类越好，通常Modularity的Q值取值范围为0~1之间，当Q取值大于0.3时，意味着得到的网络结构是显著的。[①] 因此公共体育服务研究关键词知识图谱聚类是合理的。根据公共体育服务研究关键词知识图谱，可以将公共体育服务研究分为以下几个知识群。

知识群1：主要由“公共体育服务体系”“政府”“政府购买”“运行机

① 李胜男，吴霓.我国创客教育实践研究现状：基于CNKI相关论文的知识图谱分析[J].北京邮电大学学报（社会科学版），2018，20（1）：105－114.

制”等高频关键词构成。机制是协调公共体育服务体系各部分的具体运行方式，决定着效率和质量，具有根本性作用。① 而政府体制、职能最终决定着机制运行，所以研究者从运行机制、决策机制、动力机制方面进行了大量研究。

知识群2：主要由“体育管理”“群众体育”“社区体育”“农村体育”“城乡一体化”构成，另外，通过“现状”“对策”又将“公共体育场馆”“公共体育设施”等关键词联系起来，形成一个研究领域。社区是群众生活的中心，是公共体育服务的基层，研究内容丰富，一直是学界的研究热点。另外，随着城乡公共服务均等化的重要举措的实施，农村公共体育服务的发展取得长足进步。虽然我国农村公共体育服务研究起步较晚，但发展势头迅猛，目前已经成为我国公共体育服务研究的一个重要领域。我国公共体育服务建设较晚，仍存在设施不足、种类单一、布局不合理等问题，所以场地设施方面也成为研究热点。

知识群3：主要由“公共服务体系”“体系”“构建”“评价指标”“全民健身”“满意度”等高频关键词构成。近几年公共体育服务体系建设逐渐被纳入政府的顶层设计中，政策导向直接吸引了学者的研究热情。学者们从不同视角对公共体育服务体系的概念、结构、评价、建设等方面进行了系统研究，促进了对公共体育服务体系全方位的认识。但是大部分研究仍处于宏观层次且缺乏理论支撑，同时具体要素研究不够深入、具体，以致评价体系研究不完善，对实践的指导作用较小。

知识群4：主要由“供给”“均等化”“需求”“资源配置”“多元化”“供给模式”等高频关键词组成。公共体育服务供给及均等化问题是研究热点，学者们从供给模式、供给制度、供给主体、供给对象等方面进行了深入研究。目前我国公共体育服务供给能力有了大幅提升，供给模式逐渐由单一模式向多元化转变，供给内容不断丰富。2006 年，中央提出建立完善的基本公共服务体系后，均等化迅速成为研究热点。学者们主要从均等化概念、现状、现存问题、产生原因、建议、对策等方面进行了研究，认为目前我国公共服务非均等化严重，公共服务水平仍较低，供给总量不够、二元经济结构、区域差异等各种因素造成了现状，并从政府职能、供给机制、组织建设等方面为解决非均等化提出了大量建议。但均等化需要一个过程，需要逐步实现，仍是今后研究的重点。

---

① 范冬云. 我国体育公共服务研究中几个问题的探讨[J]. 成都体育学院学报,2010,36(2):6－8,12.

四、高被引文献分析

皮尔逊认为，引文文献的大量被引经典文献构成了该领域的知识基础。①本文选取了被引次数100次以上的文献21篇（表2-3），这些文献是目前公共体育服务研究领域的知识基础，具有极高的学术价值，被广大研究者引用和关注。

表2-3 公共体育服务研究高被引文献列表

序号	题目	作者	期刊	年份	被引
1	公共体育服务概念及其理论分析	肖林鹏，李宗浩，杨晓晨	天津体育学院学报	2007	583
2	我国公共体育服务体系概念开发及其结构探讨	肖林鹏，李宗浩，杨晓晨	天津体育学院学报	2007	357
3	构建完善的体育公共服务体系	王才兴	体育科研	2008	298
4	从体育公共服务的概念审视政府的地位和作用	周爱光	体育科学	2012	270
5	我国公共体育服务的概念溯源与再认识	刘亮	体育学刊	2011	248
6	中国公共体育服务研究	易剑东	体育学刊	2012	230
7	体育公共服务的理论框架及系统结构	樊炳有	体育学刊	2009	227
8	论我国公共体育服务供给的基本问题	肖林鹏	体育文化导刊	2008	204
9	上海市体育公共服务的实践与探索	王才兴	体育科研	2008	204
10	论我国公共体育服务的供给困境	肖林鹏，李宗浩，杨晓晨，等	山东体育学院学报	2008	202
11	我国体育改革与发展的方向	胡鞍钢	体育科学	2000	201
12	我国公共体育服务研究中几个问题的探讨	范冬云	成都体育学院学报	2010	199

① 张晓鹏，朱晓宇，刘则渊. 国际公共危机管理研究的文献计量学分析[J]. 科学学与科学技术管理，2011(3)：117－121.

续表

序号	题目	作者	期刊	年份	被引
13	我国公共体育服务发展述评	郇昌店，肖林鹏，李宗浩，等	体育学刊	2009	198
14	发达国家公共体育服务均等化政策及启示	刘玉	上海体育学院学报	2010	195
15	城市社区体育公共服务体系建设的供给主体及实现路径	孔祥	体育与科学	2011	178
16	公共体育服务均等化初探	郇昌店，肖林鹏	体育文化导刊	2008	171
17	社会资本与社区公共体育服务	刘艳丽，苗大培	体育学刊	2005	163
18	我国公共体育服务体系研究述评	戴健，郑家鲲	上海体育学院学报	2013	154
19	试论体育公共服务体系建设	李静	南京体育学院学报（社会科学版）	2009	154
20	政府购买体育社会组织公共体育服务的实践、问题与措施——以上海市、广东省为例	郭修金，戴健	上海体育学院学报	2014	152
21	从经济学视角试论我国公共体育服务产业生产主体的多元化	刘艳丽，姚从容	西安体育学院学报	2004	151

（截至 2021 年 6 月 1 日）

经过分析发现，有 16 篇文献发表在 2008 年及之后，说明经过探索期的不断摸索，快速发展期和成熟期发表的论文，观点趋向一致，理论逐渐成熟，所以被大量作者引用。从研究内容上可以将 16 篇高被引文献分为四类：基本概念研究、体系研究、供给研究、均等化研究。其中基本概念研究和体系研究最多，这类研究较多说明我国公共体育服务研究较为年轻，学者们对一些基本概念仍有分歧，没有达成共识。供给研究类排在第三位。排在第四位的是均等化研究。公共体育服务应该做的是享受机会均等和结果均等，但是目前的城乡差异、区域差异等各种差异使得一些弱势群体享受不到应有的公共体育服务，这已经成为制约我国体育事业发展的瓶颈。以上四类研究是目前备受关注的焦点，也是将来很长一段时间内研究的主要内容，总体上与前文所述的研究热点相吻合，符合我国公共体育服务研究的发展过程和趋势。

第三节　基本公共体育服务均等化国内外研究现状

一、国外研究现状

公共体育服务作为公共服务内容的一个方面，随着经济、社会的不断发展而不断得到各国政府的重视，各国政府提供惠及所有社会公民的公共体育服务的具体政策、措施，学者对公民和各社会群体的体育权利、公共体育场地设施的建设和管理、社会各阶层群体享有公共体育服务的情况及对各国公共体育政策的评价和反思等的相关研究对我国基本公共体育服务均等化的实践和研究都具有重要的借鉴意义。

（一）国外政府公共体育服务供给和均等化政策、措施

世界各国政府出于对公民健康的关注和公民体育权利的重视，都先后颁布了促进体育发展、增进公民健康的政策和措施，使全体公民普遍享有公共体育服务是其中的重要内容。

1. 美国

1979 年，美国公共卫生署军官团总医官朱利斯·里士满（Julius B. Richmond）发表了一份具有里程碑意义的报告——《健康公民：美国外科联合会关于促进健康和预防疾病的报告》。这份报告代表了医学界的共识，那就是国家的健康政策必须突出疾病的预防，由此开始了十年一修订的健康公民系列政策报告。1996 年，美国卫生和公共服务部发布了具有里程碑意义的公共卫生署军官团报告——《身体活动和健康》。这份报告，首次采用大量的科学证据揭示身体活动在降低许多主要慢性疾病和避免过早死亡上的重要作用。[①] 这份报告提到了将系统地促进和监测美国人身体活动参与率作为健康公民项目优先领域的迫切性。

健康公民计划的终极目标是减少美国所面临的各种慢性疾病问题，包括心血管疾病、糖尿病、肥胖症和癌症。不同于所有其他及以前发布的项目和指南，健康公民系列计划具有具体和可衡量的目标。通过建立标准并监测进展情况，健康公民系列计划所制定的具体目标是：确立国家提升健康水

---

① U. S. Department of Health and Human Services. Physical activity and health: A report of the surgeon general[R]. Atlanta : U. S. Department of Health and Human Services, Centers for Disease Control and Prevention, National Center for Chronic Disease Prevention and Health Promotion, 1996.

平的优先事项；提高公众对于健康、疾病、残疾的因素及发展机会的认识和理解；提供适用于国家、州和地方水平的可量化任务和目标；通过最可靠的证据和知识促使多个部门采取行动；确定关键研究、评估和数据的采集。

为了实现这些目标，每个健康公民计划都确定了相应的远景目标、主题区域、任务和测量指标（表2-4）。在“健康公民2000年”计划中规定，美国社区每1 000人要建1 610米野营、自行车或健身路径，每25 000人要建一个公共游泳池，每1 000人要建2 667平方米开放的休闲公园。这些指标在1996年就已提前完成。[①] 在“健康公民2020”计划中推动身体活动及其修正的目标和指标被置于42个主题领域之中。这些修正是在“健康公民2010”已完成目标的基础之上演变而来的。“健康公民2020”计划的身体活动目标比“健康公民2010”计划更为广泛，它分为15个目标、36个任务。15个目标包括：降低休闲时间无体育活动的成年人的比例、增加达到国家锻炼要求的成年人的比例、增加达到国家锻炼要求的青少年的比例、增加每天安排体育锻炼公立和私立学校的比例、增加每天参加体育锻炼的青少年学生的比例、增加遵守屏幕限制时间的青少年学生的比例、增加制定幼儿体育锻炼活动规定州的数量、增加公立和私立学校向所有人开放的比例（2006年该比例为28.8%）、增加体育锻炼咨询和指导的比例、增加就业人员参加指导性体育锻炼活动的比例、增加步行公民的比例、增加使用自行车公民的比例、增加使公民能够更好地获得体育锻炼机会的政策等内容。36个任务可以分为几个部分：成年人有氧身体活动和加强肌肉力量的活动；儿童和青少年有氧身体活动和加强肌肉力量的活动；体育教育和课间休息时间；学校身体活动设施的可获得性和提高身体活动机会的环境政策；在儿童保育场所的身体活动政策；与身体活动有关的身体咨询。

① 何文璐，张文亮.“健康公民”的美国社区体育设施[J].环球体育市场，2009(4)：24.

表 2-4　健康公民系列计划比较一览表

目标年份	1990	2000	2010	2020
远景目标	降低婴儿和成年人死亡率；提高老年人的独立能力	提高美国人的健康寿命；减少美国人的健康差异；实现所有美国人可获得的健康预防服务	提高全体美国人的生活质量，延长健康寿命；进一步降低健康差别	实现高质量的生活方式，降低过早死亡率；促进健康公平；建立适宜、健康的社会和物质环境；促进健康发展及改善人生不同阶段的健康行为
主题区域	15	22	28	42
目标/测量指标	226/未制定目标	312/未制定目标	467/1 000	>580/1 200

美国 1972 年颁布的《教育法第九篇修正案》对美国女性学生参与体育活动产生了极为重要的影响。1979 年，美国政府公布了对《教育法第九篇修正案》条款的解释。该解释描述了教育机构的三大责任，并对其中一项责任即对男女生兴趣与能力的容纳，提出了三种评估方法：（1）男性和女性从事体育运动机会同他们在学生总数中所占的比例成正比；（2）有原未充分体现女性参与的项目继续扩展的记录；（3）充分和有效地容纳女性的兴趣和能力。① 该修正案要求给予女性在体育活动中参与机会、获得奖学金、获得场地设施和活动保障等方面与男性平等的地位，其结果极大地促进了美国女子体育的发展和体育均等化的实现。

2. 英国

英国是现代工业革命最早开始的国家，工业革命极大地促进了社会生产力的进步，同时也极大地推动了社会保障等公共服务的发展，并于 1947 年第一个宣布建成“福利国家”。英国公共服务发展之路同时也是一条不断改革之路，在不断运用新的公共服务理念改革公共服务制度和体系的基础之上，新的公共服务模式得以确立和运行，其目的在于不断地提高公共服务的效率和质量。英国是现代体育的发源地，早在 18 世纪就已经拥有了很多具备现代体育运动项目雏形的户外运动项目。随着经济、社会的不断发展，体育在提高身体素质、保持身心健康、养成良好的生活方式、促进社会和谐、发展经济等方面的作用逐渐为人们所认识，体育作为一项公民的权利逐渐为人们所重视。正是在这种经济、社会和体育不断发展的背景下，英国政府开始介入体育公共事务管理领域。英国政府对于公共服务的改革是一项涉及公共服务理

① 俞贞. 美国女性迈向教育机会平等的 30 年历程：以美国《教育法第九篇修正案》为背景[J]. 中华女子学院学报，2005，17(2)：61－64.

念、法律政策制定、管理制度更新的综合改革，它主导着包括体育在内的多项公共事务的改革和发展方向（表2-5）。

表2-5　当代英国公共服务改革与体育政策变迁

党派/领导人	执政时间	政策基础	公共服务改革	体育政策变迁
工党艾德礼	1945—1951	凯恩斯主义社会主义思想	• 公共事业的国有化 • 创造充分就业机会 • 建立国民保险制度 • 建立国民健康制度 • 政府提供住房 • 教育制度改革	• 自发的休闲体育活动 • 无统一的体育管理和政策 • 学校体育教育作为训练青年准备战争的手段
共识政治	1951—1979		• 继续推进国有化改革 • 继续加大对保险、健康、住房、教育、社会服务等公共服务事业的投入	• 1965年体育理事会作为咨询部门成立 • 1972年体育理事会正式成为国家体育事务主管部门 • 1975年发布《体育和娱乐》白皮书，确立体育和娱乐的福利地位 • 1977年发布《城市发展策略》白皮书，利用体育投入拉动经济
保守党撒切尔	1979—1990	新自由主义	• 国有企业私有化改革 • 政府公共服务制度改革 • 社会福利制度改革 • 减少公共服务投入 • 住房私有化 • 地方政府管理引入市场机制（CCT）	• 1982年《今后10年的社区体育》报告发布 • 1988年《90年代的社区体育》报告发布 • 强制性竞标方式（CCT）被引入体育管理领域
保守党梅杰	1990—1997	新保守主义	• 私有化改革继续进行 • 社会福利领域进一步改革 • 公民宪章运动 • 竞争求质量运动	• 1992年国家遗产部（DHN）成立，强调对精英体育的重视 • 1994年国家彩票成立，公共体育服务获得新的资金来源 • 1995年《体育：发展游戏》报告发布，精英体育地位进一步提升，地方政府在大众体育发展中的地位进一步得到确立

续表

党派/领导人	执政时间	政策基础	公共服务改革	体育政策变迁
新工党 布莱尔	1997—2007	第三条道路	• 增加公共服务投入 • 尤其重视教育投入 • 明确中央和地方权责，重视多方合作 • 提供最佳价值（Best Value）公共服务和地方政府全面绩效评价（CPA）	• 1997年文化媒体和体育部（DCMS）成立，英国体育理事会（UK Sports）、英格兰体育理事会（Sport England）成立，权责分工更为明确 • 2000年《大众体育的未来》报告发布，明确体育的价值 • 2002年《游戏计划》报告发布，强调多方合作 • 2005年获得2012年夏季奥运会举办权

英国在1975年发布的《体育和娱乐》白皮书中确定了体育和娱乐在福利国家的合法地位，因此政府也十分重视对体育的投入。各地方政府都力争为当地居民提供最好的体育设施，由地方当局兴建的体育和娱乐中心由1970年的4处迅速上升到70年代末的1 000处[①]。20世纪80年代由撒切尔夫人领导的保守党上台执政，对包括体育在内的公共服务进行了大刀阔斧的改革。由于经济的衰退和财政的紧缩，公共体育服务从体育设施建设的狂热中转移到提高公众的体育参与程度上来。在体育理事会1982年和1988年发布的体育发展策略文件（Sport in the Community：the Next TenYears 和 Sport in the Community：into the 90's）中都对社会目标群体的体育发展提出了规划，特别是针对13～24岁的青年和女性人群。1995年《体育：发展游戏》（Sport：Raising the Game）政策报告发布，地方政府在体育发展中的重要地位被进一步确立。2002年的《游戏计划》（Game Plan）将体育与健康、教育政策联系起来，同时倡导体育休闲娱乐相关部门应该联合行动以共同发展体育。[②] 英国公共体育服务政策及实践中极为重视公共体育服务绩效，在公共体育服务绩效评价中不断地引入绩效回顾、最佳价值、全面绩效评价和全面地区评价。

英国公共体育服务政策、实践和评价中十分重视公共体育服务均等化的问题。这与英国政府一直重视和推进社会公平与平等密不可分——英国政府

① 凯文·希尔顿．体育发展：政策、过程与实践［M］．吴玉伦，韩琳，施伯群，等译．北京：北京体育大学出版社，2007：18.

② 汤际澜．英国公共服务改革和体育政策变迁［J］．南京体育学院学报（社会科学版），2010，24（2）：43－47.

设有专门的平等和人权委员会（Equality and Human Rights Commission）和政府平等办公室（Government Equalities Office）。英国政府和体育主管部门近年来分别发布了多项有关促进体育平等的报告：Making English Sport Inclusive（2000），Achieving Racial Equality：a Standard for Sport（2000），No Limits：Sport England's Equality Policy（2002）。英国公共体育服务均等化的努力已经从不同种族、民族群体的平等逐渐向不同性别、病残群体的平等迈进。2004年，英国政府体育主管部门提出了公共体育服务均等化的发展新标准（The Equality Standard：a Framework for Sport）。发布该标准的目的在于促使英国的公共体育组织继续努力攻克体育领域依然存在的不均等现象，其主要的措施在于公共体育组织自身及其所提供服务的均等化。

3. **日本**

日本在1961年即颁布了《体育振兴法》。该法律对日本体育设施建设和体育经费的使用等问题做了具体的规定，在推动日本体育发展中发挥了巨大作用。2000年，在新的社会发展形势下，日本又颁布了《体育振兴基本计划》。其主要政策包括三个方面：一是为实现终身体育社会，进一步完善地域体育环境的对策；二是提高日本国际竞技水平的综合对策；三是推进终身体育、竞技体育和学校体育之间协调的对策。2006年根据计划实施现状将政策目标修改为：第一，少年儿童体力的提高；第二，终身体育社会的实现；第三，国际竞技水平的提高。[①] 2011年，根据日本所面对的老龄化、少子化、医疗开支扩大及体育纠纷增多等社会问题，日本政府颁布了内容包括目的、理念、计划、措施，涵盖体育权利、国际关系、青少年体育、残疾人体育、大众体育和竞技体育的《体育基本法》。

《体育基本法》的制定目的是以促进国民身心的健康发展及形成愉快、活泼的国民生活为目的，通过规定体育的基本理念、国家和地方公共团体的责任及明确体育团体的努力目标等，制定体育发展的基本措施和事项，从而综合且有计划地推进体育措施，实现具有活力的社会及为国际社会的和谐发展做出贡献。[②] 这在强调公民体育权利的基础之上更从法律文本角度对公共体育服务的操作性进行了基本的规定。《体育基本法》从国家和地方两个层面对于提供公共体育服务进行了责权和事权的初步界定，国家层面需要制订体育基本计划，地方层面则需要在国家层面体育促进基本计划的前提下制订相应的地方体育振兴计划，国家和地方在推进体育发展的基础条件的配备、确保各

---

① 佐藤臣彦，周爱光，陆作生. 日本社会体育的新进展[J]. 体育学刊，2007，14(9)：20－23.

② 范威，宋剑英. 日本2011《体育基本计划》解析[J]. 武汉体育学院学报，2012，46(3)：38－42.

种体育机会的环境配备等方面共同吸引社会相关利益方的参与；国家层面成立体育振兴会，地方层面则成立体育振兴委员会，在国家和地方层面对公共体育服务事业发展需要的资金给予法律规定范围之内的支持。《体育基本法》对从国家层面制定《体育基本计划》做出了规定，自2012年开始日本已经分别制定了2012—2016、2017—2021和2022—2026三期《体育基本计划》，以地方政府所创建的综合性体育俱乐部为基础，在为当地居民提供更好的公共体育服务方面提出了具体的政策目标和量化标准。

除上述列举的三个国家之外，澳大利亚、新西兰、加拿大、巴西、瑞士、荷兰和芬兰等世界多个国家也都制定有全国性的体育活动促进政策和发展规划，其目的在于通过体育活动增进公民健康，促进社会发展。通过比较这些国家推进体育活动的政策可以发现，所有国家都会与多个部门共同合作，将体育活动政策与国家其他政策相结合，采取多种策略，与不同层级政府合作，并通过调查对体育活动开展状况进行监控；部分国家采取政府机构与非政府机构和私人机构合作的策略，拥有开展全国性健康运动的统一标识，并将成年人作为主要的目标人群。①

（二）国外公共体育服务均等化研究

国外针对公共体育服务及其均等化也进行了大量的学术研究，其研究视域包括探讨公民和各社会群体的体育权利，公共体育场地设施的建设和管理，社会各阶层群体享有公共体育服务的现状（个别阶层群体接受公共体育服务过程中是否受到歧视）和对公共体育政策、体育均等化政策的评析等。当然，由于国内外经济、社会和体育发展环境和水平存在差异，因此国外对公共体育服务均等化问题的探讨与国内相关研究有着较大存在差异，如公共体育服务领域的种族歧视问题在国外研究中就占据了很大的比例。在国外公共体育场地设施较为完善的条件下，关于公共体育场地设施如何为各阶层人群提供均等的高质量的服务则成为重要的主题。

有大量关于社会各群体体育发展和人类体育权利的研究。哈特曼和菲斯特编著的《体育运动与女性》对世界女子体育运动发展问题进行了跨文化的探讨②，布雷克对美国1972年《教育法第九篇修正案》对美国女子体育运动

① Bellew B., Schöeppe S., Fiona C. Bull, et al. The rise and fall of Australian physical activity policy 1996—2006: A national review framed in an international context[J]. Australia and New Zealand Health Policy, 2008,5(18): 5-18.

② Hartmann-Tews I., Pfister G. Sport and Women: Social issues in international perspective[M]. London: Routledge, 2003: 2-3.

的影响进行了系统研究[①]，罗斯编著的《种族和体育运动》对体育运动各领域中种族问题进行了探讨[②]，戴维德对青少年体育运动中的人权状况进行了系统的阐述[③]，托马斯和史密斯从社会学角度对残疾人体育进行了探讨[④]。我们可以看出，广大研究者对各社会群体特别是弱势群体的体育权利和发展现状进行了广泛的探讨，这对于推动体育权利的研究和实现无疑会发挥积极的作用。

社会不同群体体育权利的基础是体育权利对于人类整体的重要意义，在此基础之上如何看待不同社会特质群体的差异并实现体育权利是一个关键问题。基德和唐纳利对人类体育权利的历史进程进行了回顾，虽然人们现在认为体育是全人类所共有的、公平的一项活动，但是现代体育在起初只是王室贵族和上层男性的专利，[⑤] 因此20世纪20年代，欧洲工人阶级自己组织了工人奥林匹克运动会，中产阶级女性组织了世界女子运动会。20世纪30年代后期，西方国家开始制定体育教育和娱乐的相关政策。1975年欧洲大众体育宪章率先提出“每个人都应该拥有参与体育运动的权利”，1978年国际体育运动宪章提出“接受体育教育和进行运动是每个人的基本权利”。此后，体育权利开始逐渐为人们所广泛接受。

体育权利普及和实现的过程也是一个不断协调、斗争的过程。关于种族歧视的斗争、争取女性和儿童体育权利、维护体育产品工人和运动员的权利、保障公众的体育权利，无论是过去还是现在，都是重要的问题。基德和唐纳利对于体育权利提出了一个重要的观点，均等（equality）意味着一视同仁地对待每个人，公平（equity）意味着在承认不同人具有不同需要和兴趣的前提下使所有人获得合理的资源，如果以体育的形式打个比方，均等表示每个人起点相同，公平表示使每个人到达合适的终点。[⑥] 因此，对于体育权利，我们既要看到所有个体所应当拥有的起点，也要为不同的个体设定适合的终点，这对于区分和实现不同社会群体的体育权利提供了重要的启示。

体育场地设施对于体育活动的开展至关重要，体育场地设施是公共体育

---

① Brake D. L. Getting in the game: Title IX and the women's sports revolution[M]. NewYork: NYU Press, 2010: 10－12.

② Ross C. K. Race and sport: The struggle for equality on and off the field[M]. Mississippi: Univ Pr of Mississippi, 2006: X－Xiv.

③ David P. Human rights in youth sport[M]. New York: Routledge, 2005: X.

④ Thomas N., Smith A. Disability, sport, and society: An introduction[M]. New York: Routledge, 2009.

⑤ Kidd B., Donnelly P. Human rights in sports[J]. International Review for the Sociology of Sport, 2000, 35(2): 131－148.

⑥ 同上。

服务中的重要一环，研究者也非常关注体育场地设施的均等化现状。罗宾逊在《公共体育娱乐设施管理》中对英国公共体育娱乐设施管理进行了研究。在英国，地方政府是公共体育娱乐设施的主要供给者。虽然地方政府负有向公众提供公共体育娱乐设施和服务的责任，但是并不一定需要参与具体的运营工作，公共体育娱乐设施管理区别于过去最大的不同在于需要专业人士广泛运用现代企业管理技术。英国审计署（Audit Commission）2006 年对地方政府的室内公共体育中心和游泳馆进行了调查，从管理主体来看，政府直接管理（47%）、委托私人管理（10%）和基金管理（15%）成为英国公共体育设施管理中的三种主要方式。从管理主体的变化来看，地方政府直接管理的比例在下降，而通过基金管理公共体育娱乐设施的比例在增加。公共体育场地设施供给不均的现象在国外同样存在。彭尼等人通过调查发现，在美国经济社会较好的地区的体育场地设施要好于较差的地区，而体育场地设施的差异也同样表现在体育活动开展的情况之中。① 在澳大利亚较为富裕的城市进行的调查也表现出同样的情况。② 麦尔因等人对英格兰地区的公共体育场地设施的分布情况进行了分析，结果表明城市公共体育场地设施明显要多于乡村，而私人体育场地设施的分布则更为均匀。③ 公共部门在承担公共体育场地设施供给责任的同时需要通过多种经营和管理的方式以降低成本提供服务，公共体育场地设施不可避免地会出现分布不均的情况。而如何看待和解决这种分布不均的现象则是公共体育服务研究中的一个重要问题。

社会各群体使用公共体育场地设施的情况能够体现社会成员是否均等地享有公共体育服务。埃尔基普对土耳其安卡拉城市公园使用的现状进行了调查，研究结果表明：当地公园的分布并不均等，使用情况最主要取决于使用者的收入水平及其距公园的距离。同时使用者并不对公园质量做过多的评价，除非其身边已经有人对该公园做出差的评价。对于公园的规划者而言，需要在收入较低居住区周围多建小型的公园，因为他们由于孩子和锻炼的需要更经常使用公园。④ 刘对英格兰地区 1997 至 2007 年之间 5 个相对弱势的社会群

---

① Gordon-Larsen P., Nelson M. C., Popkin B. M, et al. Inequality in the built environment underlies key health disparities in physical activity and obesity[J]. Pediatrics, 2006, 117(2): 417 – 424.

② Giles-Corti B., Donovan R. J. Socioeconomic status differences in recreational physical activity levels and real and perceived access to a supportive physical environment[J]. Preventive Medicine, 2002, 35(6): 601 – 611.

③ Hillsdon M., PanterJ., Foster C., et al. Equitable access to exercise facilities[J]. American journal of preventive medicine, 2007, 32(6): 506 – 508.

④ Erkip F. The distribution of urban public services: The case of parks and recreational services in Ankara [J]. Cities, 1997, 14(6): 353 – 361.

体使用公共体育场地设施的情况进行了分析，研究表明，少数族裔和 11～19 岁的青少年使用公共体育场地设施的比例与其人口比例相适应，60 岁以上及就业和半就业人群使用公共体育场地设施的比例与其人口比例不相匹配。从 10 年间的变化来看，11～19 岁青少年和 60 岁以下残疾人使用公共体育场地设施的比例存在下降的趋势。[①] 柯林斯的研究表明，处于社会中上阶层的人群较其他社会阶层会更多地使用体育场地设施。对于社会弱势群体而言，交通是影响其使用体育场地设施的重要因素，体育场地设施的具体结构和设计也会影响到弱势群体使用体育场地设施。[②③] 琼斯针对美国 6 个州公共健身活动设施的调查表明，少数族裔地区的公共健身活动设施显著少于非西班牙裔白人地区；低收入人群地区与子女高比例地区的公园数量相同甚至还略高一些，但是娱乐设施相对要少；不同地区的健身活动资源存在着差异。[④] 泰勒将"好"体育场地设施的特征归纳为距离相关人群较近、低价格和有针对特定人群的优惠项目。对社会各群体使用公共体育场地设施的情况进行调查的结果可以用来评价公共体育服务的绩效。各群体使用公共体育场地设施（特别是能提供多种项目的公共体育场地设施）的比例与当地人口比例相匹配，即意味着各群体都拥有大致相同的体育活动参与率。[⑤]

公共体育政策研究随着各国纷纷制定与体育发展相关的公共政策而不断得到重视和深入开展，有关体育发展的各类公共政策都受到研究者的关注。约翰逊较早对公共体育政策问题进行了介绍[⑥]；霍利汉较早开始选择澳大利亚、加拿大、爱尔兰、英国和美国，对其体育、政策和政治的关系进行了探讨[⑦]；霍利汉和格林对澳大利亚、加拿大、英国，其后又增加对中国、日本、新加坡、德国、法国、波兰、挪威、新西兰和美国等多个国家的竞技体育政

---

① Liu Yi-De. Sport and social inclusion: Evidence from the performance of public leisure facilities[J]. Social Indicators Research, 2009, 90(2): 325－337.

② Collins M. Sport, physical activity and social exclusion[J]. Journal of Sports Sciences, 2004, 22(8): 727－740.

③ Collins M. Sport and social exclusion[M]. London: Routledge, 2014: 238－242.

④ Jones S. A., Moore L. V., Moore K., et al. Disparities in physical activity resource availability in six US regions[J]. Preventive Medicine, 2015, 78: 17－22.

⑤ Taylor P., Godfrey A. Performance measurement in English local authority sports facilities[J]. Public Performance & Management Review, 2003: 251－262.

⑥ Johnson A. Public sports policy[J]. American Behavioral Scientist, 1978, 21(3): 319.

⑦ Houlihan B. Sport, policy, and politics: A comparative analysis[M]. London: Routledge, 1997: 9－10.

策进行了比较研究[①][②]；霍耶等人对体育组织、体育活动、体育教育、体育环境、媒体等体育公共政策问题进行了阐述[③]；伯格斯加德等人对加拿大、英国、德国和挪威四国公共体育政策变迁的情况进行了比较研究[④]；金从地方政府的角度对体育政策与管理问题进行了探讨[⑤]。还有许多研究是围绕某一国家的体育政策而展开的，如斯图尔特对澳大利亚体育政策所做的历史回顾[⑥]，格林对英国公共体育政策中向竞技体育倾斜的现象进行了分析[⑦]，曼泽雷特等人对当代日本公共政策用于体育的投资对地区发展的影响进行了分析[⑧]，皮金等人对新西兰的公共体育政策文本进行了分析。[⑨] 对公共资源的使用是公共体育政策研究中的一个热点问题。德莱尼和埃克斯坦（2003）就美国各州普遍存在的运用公共资源建设大型体育场馆的问题进行了深入探讨，在分析了出现这种现象的政治、经济、社会原因的同时也提出了一些建议。[⑩] 同样，有学者对英国政府的体育均等政策进行了反思。肖对英国体育委员会2004年发布的体育均等的标准框架进行了考察，认为该标准的发布标志着体育组织制定均等政策的多元化理念的出现，该评价标准主要是以评估的形式来加以制定的，这使各体育组织无法参与到均等政策的制定过程之中，从而无法意识到均等的意义，也无法使各组织根据自身的历史和文化做出调整；同时，提出应当以系统的观点来批判地看待体育组织的均等政策。[⑪] 杜怀特等人对该政策10

① Green M., Houlihan B. Elite sport development: Policy learning and political priorities[M]. Oxon: Routledge, 2005: 2-3.

② Houlihan B., Green M. Comparative elite sport development: Systems, structures and public policy[M]. Oxford: Butterworth Heinemann, 2008: 20-21.

③ Hoye R., Nicholson M., Houlihan B. Sport and policy: Issues and analysis[M]. Oxford: Butterworth Heinemann, 2009: 2.

④ Bergsgard N. A., Houlihan B., Mangset P., et al. Sport Policy: A Comparative analysis of stability and change[M]. London: Routledge, 2007: 2.

⑤ King N. Sport policy and governance: Local perspectives[M]. Oxford: Butterworth-Heinemann, 2009: 5.

⑥ Stewart B., M. Nicholson, A. Smith, et al. Australian sport: Better by design?: The evolution of Australian sport policy[M]. London: Routledge, 2004: 15.

⑦ Green M. Changing policy priorities for sport in England: The emergence of elite sport development as a key policy concern[J]. Leisure Studies, 2004, 23(4): 365-385.

⑧ Manzenreiter W., Horne J. Public policy, sports investments and regional development initiatives in contemporary Japan[J]. The Political Economy of Sport, London: Palgrave Macmillan, 2005: 152-182.

⑨ Piggin J., Jackson S., Lewis M. Telling the truth in public policy: An analysis of New Zealand sport policy discourse[J]. Sociology of Sport Journal, 2009, 26(3): 462-482.

⑩ Delaney K., Eckstein R. Public dollars, private stadiums: The battle over building sports stadiums[M]. New Brunswick, New Jersey, and London: Rutgers Univ Pr, 2003: 4-5.

⑪ Shaw S. Touching the intangible? An analysis of the equality standard: A framework for sport[J]. Equal Opportunities International, 2007, 26(5): 420-434.

年后的再次反思认为，相关体育组织在吸引弱势群体参与不足方面无疑取得了成果，但是还不太清楚这些成果是否是直接来自该政策本身，而且体育组织在达到初级的均等水平之后也很少能够再提高一个水平。①

各国社区体育中心建设情况如表2-6 所示。

表2-6 各国社区体育中心建设情况一览表②

国家	层次	主要设施种类标准
日本	基层社区	多用途的运动广场 10 000 m^2；多用途的球场 2 200 m^2；社区体育馆床面积 720 m^2；柔剑道场床面积 300 m^2；游泳池水面积 25 m^2（6～8 泳道）
	市区町村	综合运动场要达到公用标准；体育馆床面积 3 000 m^2；柔剑道馆床面积 400 m^2；游泳池 50 m^2 或 25 m^2（8 泳道）
	都道府县	综合竞技体育设施达到公用标准；综合娱乐设施、研修设施和情报中心设施标准（略）
英国	村镇与社区厅	一个可以兼作室内体育场地和会议室的大厅，以及村镇与社区厅的辅助设施，大型的村镇与社区厅还设有第 2 体育活动厅
	社区体育厅	一般内部场地的规模分为 4 个、6 个、8 个、9 个、12 个羽毛球场大小
新加坡	20 万人左右的居民区	一条跑道和一个运动场，一个游泳中心（包括 3 个 50 m 泳道的游泳池），一个多用途的室内体育馆，一个健身中心、户外健身站点，一个有氧运动影音室、会议室和办公室
美国	小型公园	通常是为某类特殊年龄群体设计的
	街区公园	10%～20% 的面积保持自然景观，其余地方则建有游泳池、体育活动设施、游戏场与运动场等。有些街区公园往往和学校的体育设施融为一体，可以满足不同年龄群体的体育需求
	社区公园	20%～40% 的面积保持自然景观。除常规体育活动场地外，还辟有高尔夫球场、儿童游戏场、野餐区域、运动场、游泳池、自行车与徒步旅行道
	管区公园	40%～60% 为自然景观。辟有自行车运动、徒步旅行、散步道路、高尔夫球场、野餐区域以及水上运动区域，可进行游泳、划船、垂钓等活动
	地区公园	在地区公园中 50%～80% 是自然地带，可进行骑马、徒步旅行、自行车、野餐、划船、游泳、钓鱼、野营、冬季运动、登山及其他体育活动

① Dwight A., Biscomb K. Ten years of the UK's equality standard for sport[J]. European Journal for Sport and Society, 2018, 15(2): 171－188.

② 林显鹏，刘云发. 国外社区体育中心的建设与经营管理研究：兼论我国体育场馆建设与发展思路[J]. 体育科学，2005，25(12)：12－16，27.

（三）国外公共体育服务标准化进程和相关研究

1. 社区公共体育服务标准

国外基本公共体育服务中社区体育中心是重要内容，多个国家都建立了社区体育中心建设的相应标准。例如：在日本由于从小学到高中100%拥有室内外体育场馆，并且学校体育设施对外开放程度较高，因此社会体育发展主要利用学校体育设施在全国各市、街、村至少发展、建立1个综合型地域体育俱乐部，在各都、道、府、县至少发展、建立1个泛区域体育中心。[①] 2001年日本又对各层级体育设施建设标准进行了更新（表2-7）。

表2-7　2001年日本体育设施建设标准

层次	设施机能	主要种类	主要设施种类标准	主要附属设备	备注
社区设施	社区居民日常运动的常用设施（供体育俱乐部和各种例行体育活动，如体育节等）	多功能运动场	10 000 m^2（可开展棒球、垒球、足球等运动）	长椅、场地围栏、更衣室、夜间照明、洒水设备	在市区及村镇内，根据实际情况，以人口和中小学的区域为基础设定社区的范围，幼儿游乐场应另外考虑
		多功能球场	2 200 m^2（可进行网球、门球等运动）		
		社区体育中心	720 m^2（要开展排球、篮球、羽毛球、乒乓球、体操等运动）	长椅、厕所、更衣室、夜间照明训练房、会议室	
		柔道、剑道场地	300 m^2	夜间照明	
		游泳池（最好是温水）	25 m^2 泳池，6～8个泳道		
市区町村设备	市区町村范围内发挥作用的设施（开展各种运动会或例行体育活动如运动节、体育节；居民就近日常体育活动）	综合运动场（包括田径场、各种球场）	可进行正式比赛	娱乐室、保健咨询室、资料室、西餐厅、交流室、会议室、研修室、观众席、夜间照明	
		社区体育中心	3 000 m^2 以上		
		柔道、剑道场地	400 m^2		
		游泳池（最好是温水）	50 m^2 或 25 m^2 泳池，6～8个泳道		

① 佐藤臣彦，周爱光，陆作生. 日本社会体育的新进展[J]. 体育学刊，2007，14（9）：20－23.

续表

层次	设施机能	主要种类	主要设施种类标准	主要附属设备	备注
都道府县设施	培养社区体育骨干，推动社区体育健身方法；供国内、全县体育运动会使用为主，也供培养运动员、教练员和收集提供体育科研信息时使用	综合比赛设施（田径场、足球场、橄榄球场、网球场、棒球场等室外设施），体育馆、柔道剑道馆、游泳池等室内设施、滑冰场	可进行正式比赛	看台、西餐厅、谈话室、夜间照明	“主要种类”一栏所指设施在设置和运营时最好有机结合
		综合训练设施		训练房，体力、体育咨询室，住宿设施，研修室，研究室	
		研究、研修设施		体育资料室、住宿、研修室、研究室、训练房	
		情报中心		体育资料室	

（资料来源：2001 年日本大众体育白皮书）

2. 公共体育服务标准化评价

基本公共体育服务中的重要内容是关于促进身体活动的相关政策，比如澳大利亚2004 年发布的《活跃澳大利亚：关于身体活动的健身部门行动框架》、英国 2009 年发布的《活动 · 健康：使国家动起来的计划》、美国和毛里求斯在 2010 年分别发布的《国家身体活动行动计划》、芬兰 2013 年发布的《在行动：促进健康和福利身体活动的国家策略》 等，在各项政策的文本或者完成规划的要求中都提供了或者提出要制定相应的绩效评价标准。①

3. 公共体育服务绩效标准评价研究

对于英国政府基本公共体育服务标准评价的研究也较多。泰勒和罗宾逊对英国政府公共体育厅和游泳池绩效评价的历史和评价结果进行了回顾、分

① 楚英兰，汤际澜，上俊峰，等. 促进健康身体活动政策及实施策略的国际比较研究[J]. 南京体育学院学报（社会科学版），2016，30（1）：39－46，67.

析和反思。[①][②] 刘等人对英国公共体育设施的运作效率进行了探讨，并从集体和个人的层面对影响运作效率的原因进行了分析，[③] 还从分析公共体育设施不同人群的使用情况对基本公共体育服务绩效进行了评价。[④] 龚等人也注意到管理方式不同对于基本公共体育服务绩效的影响。[⑤] 拉姆钱达尼等人则对管理绩优奖励能否促进基本公共体育服务的问题进行了探讨。[⑥] 贝尼托对西班牙地方政府提供公共体育设施效率的研究认为环境因素对于供给效率有较大影响。[⑦] 拉姆钱达尼等人在对英国地方政府面临支出减少情况下的公共体育设施的整体财务效率进行研究后发现，通过外包服务和提高服务价格，公共体育服务设施的整体财务效率获得了显著提高，但是也影响到公众对于体育设施的均等使用。[⑧]

总体来看，国外有关公共体育服务及其均等化的研究具有研究内容多样、研究范围广阔的特点，其作为社会公平发展和公共服务均等化的重要内容被予以理论关注和实践重视。与此同时，由于一些国家的经济社会和体育发展水平较高，公平和平等作为社会普遍价值观具有深厚的社会心理和行政伦理基础，因此其公共体育服务均等化的内涵更为丰富，均等化的标准也更高，同时也更侧重于通过各种类型的社会公共体育组织促进体育的均等化发展。

二、国内研究现状

自 2005 年“十一五”规划建议提出公共服务均等化问题后，对公共服务均等化问题的探讨逐渐成为热点。通过文献梳理，国内基本公共体育服务均

---

① Taylor P., Godfrey A. Performance measurement in English local authority sports facilities[J]. Public Performance and Management Review, 2003, 26(3): 251 – 262.

② Robinson L., Taylor P. The performance of local authority sports halls and swimming pools in England [J]. Managing Leisure, 2003, 8(1): 1 – 16.

③ Liu Y-D., Taylor P., Shibli S. The operational efficiency of English public sport facilities[J]. Managing Leisure, 2007, 12(4): 251 – 272.

④ Liu Y-D, Taylor P., Shibli S. Sport equity: Benchmarking the performance of English public sport facilities[J]. European Sport Management Quarterly, 2009, 9(1): 3 – 21.

⑤ Kung S. P., Taylor P. The effect of management types on the performance of English public sports centres [J]. International Journal of Sport Policy, 2010, 2(3): 303 – 326.

⑥ Ramchandani G., Taylor P. Quality management awards and sports facilities' performance[J]. Local Government Studies, 2011, 37(2): 121 – 143.

⑦ Benito B., Solana J., Moreno M. R. Assessing the efficiency of local entities in the provision of public sports facilities[J]. International Journal of Sport Finance, 2012, 7(1): 46 – 72.

⑧ Ramchandani G., Shibli S., Kung S. P. The performance of local authority sports facilities in England during a period of recession and austerity[J]. International Journal of Sport Policy and Politics, 2018, 10(1): 95 – 111.

等化问题的相关研究主要包括以下几个方面。

（一）公共体育服务研究现状

1. 公共体育服务的概念界定

概念是学术研究的起点和基础，但是在现有体育领域的公共服务研究中概念的使用较为混乱。研究者在“体育公共服务”和“公共体育服务”两个概念间摇摆，甚至在同一篇文章中两个概念同时出现。[①] 属加种差是进行概念定义的通常方式，但是由于研究者对于“服务”和“公共服务”的种差存在多种认识，包括认为服务是与具体物质一样的产品，认为服务是一种活动，认为服务是一种过程，或者兼而有之，因此，对于体育公共服务和公共体育服务的认识也存在差异。

多数学者从产品性质来看待“体育公共服务”和“公共体育服务”，并倾向于将其包括公共产品（物质产品）和公共服务（非物质产品）。刘艳丽等人认为体育公共服务是指满足社会共同需求，具有非竞争性和非排他性公共物品性质的体育服务。[②③] 闵健等人认为公共体育服务是指公共体育组织和公共体育服务人员，为社会公众的体育活动所提供的体育产品和体育劳务。[④] 肖林鹏等人认为公共体育服务是公共组织为满足公共体育需要而提供的公共物品或混合物品。[⑤⑥]

部分学者认为公共体育服务是一种活动。王景波认为所谓体育公共服务即满足公共需求的行为，是为公共利益提供的基本的和广泛的服务。[⑦] 郇昌店等人认为公共体育服务是为满足公众的公共体育需求而提供的各种体育服务和活动的总称。[⑧⑨] 樊炳有认为体育公共服务就是提供体育公共产品和服务行

---

① 范冬云. 我国体育公共服务研究中几个问题的探讨[J]. 成都体育学院学报,2010,36(2):6-8,12.

② 刘艳丽,姚从容. 从经济学视角试论我国体育公共服务产业生产主体的多元化[J]. 西安体育学院学报,2004,21(5):16-18.

③ 刘艳丽,苗大培. 社会资本与社区体育公共服务[J]. 体育学刊,2005,12(3):126-128.

④ 闵健,李万来,刘青. 公共体育管理概论[M]. 北京:北京体育大学出版社,2005:163.

⑤ 肖林鹏,李宗浩,杨晓晨. 公共体育服务概念及其理论分析[J]. 天津体育学院学报,2007,22(2):97-101.

⑥ 肖林鹏,李宗浩,杨晓晨. 我国公共体育服务体系概念开发及其结构探讨[J]. 天津体育学院学报,2007,22(6):472-475.

⑦ 王景波. 加强体育行政部门体育公共服务职能的研究[J]. 沈阳体育学院学报,2009,28(1):18-20.

⑧ 郇昌店,肖林鹏,李宗浩,等. 我国公共体育服务发展述评[J]. 体育学刊,2009,16(6):20-24.

⑨ 郇昌店,肖林鹏,杨晓晨. 我国公共体育服务研究框架探讨[J]. 山东体育学院学报,2009,25(2):4-9.

为的总称。[①] 刘亮认为体育公共服务是为实现和维护社会公众或社会共同体的体育公共利益，保障其体育权益的目标实现，以政府为核心的公共部门，依据法定职责，运用公共权力，通过多种方式与途径，以不同形态的体育公共物品为载体，所实施的公共行为的总称。[②]

还有学者将公共体育服务作为是一种服务过程。范冬云认为体育公共服务是政府、企业和第三部门等供给主体为满足社会成员体育需要而提供体育公共产品的过程。[③] 王才兴主张的是产品和活动综合说，认为“体育公共服务”指由公共部门或准公共部门共同提供的，以满足社会成员的基本体育需要为目的，着眼于提高市民身体素质和生活质量，既给市民提供基本的体育文化享受，也提供并保障社会生存与发展所必需的体育环境与条件的公共产品和服务行为的总称。[④]

虽然学者对“公共体育服务”和“体育公共服务”概念的使用存在分歧，但是学者们对两者进行定义时从供给主体、供给发端、供给客体、供给内容等方面出发，都较为认同公共组织、部门作为供给的主体（但并不是唯一的主体），满足公共的体育需求作为供给的发端，广大社会成员作为供给的客体，产品和（或）服务作为供给的内容，因此对所指称对象认识的差异并不大。对于“公共体育服务”和“体育公共服务”概念的规范使用，郇昌店等人认为，教科文卫体长期以来并称为我国五大公共事业，即当前普遍使用并获得广泛认可的“公共教育服务”“公共文化服务”“公共卫生服务”和“公共科技服务”等指称，因此应该用“公共体育服务”全面取代“体育公共服务”。[⑤⑥] 而范冬云则认为“公共体育服务”概念在使用中若不加特别说明就会出现歧义，因此“体育公共服务”更为适合[⑦]。此外，2009 年国务院办公厅下发的《国家体育总局主要职责内设机构和人员编制规定》（国办发〔2009〕23 号）的职责调整中提到要“加强体育公共服务，促进多元化体育服务体系建设，推动全民健身的职责”，同时将“推进体育公共服务和体育体

---

① 樊炳有. 体育公共服务的理论框架及系统结构[J]. 体育学刊,2009,16(6):14－19.

② 刘亮. 我国体育公共服务的概念溯源与再认识[J]. 体育学刊. 2011,18(3):34－40.

③ 范冬云. 我国体育公共服务研究中几个问题的探讨[J]. 成都体育学院学报,2010,36(2):6－8,12.

④ 王才兴. 上海市体育公共服务的实践与探索[J]. 体育科研,2008,29(2):20－27.

⑤ 郇昌店,肖林鹏,李宗浩,等. 我国公共体育服务发展述评[J]. 体育学刊,2009,16(6):20－24.

⑥ 郇昌店,肖林鹏,杨晓晨. 我国公共体育服务研究框架探讨[J]. 山东体育学院学报,2009,25(2):4－9.

⑦ 范冬云. 我国体育公共服务研究中几个问题的探讨[J]. 成都体育学院学报,2010,36(2):6－8,12.

制改革”作为主要职责，这为“体育公共服务”概念的使用提供了最好的官方支持。

为了使“公共体育服务”和“体育公共服务”概念术语的使用更为明晰，笔者对文化、教育、卫生领域公共服务相关概念的使用情况进行了考查。在2008年文化部（现文化和旅游部）职责调整中将“加强推进公共文化服务、指导基层文化建设和保护非物质文化遗产的职责”作为加强的职责，“推进文化艺术领域的公共文化服务，规划、引导公共文化产品生产，指导国家重点文化设施建设和基层文化设施建设”被列为主要职责。2009年《中共中央国务院关于深化医药卫生体制改革的意见》提出要建设覆盖城乡居民的公共卫生服务体系，实施国家基本公共卫生服务项目［其后颁布了《国家基本公共卫生服务规范（2009年版）》］并促进基本公共卫生服务逐步均等化。2010年颁布的《国家中长期教育改革和发展规划纲要（2010—2020年）》提出“形成惠及全民的公平教育，建成覆盖城乡的基本公共教育服务体系，逐步实现基本公共教育服务均等化，缩小区域差距”的发展战略，提高“公共教育服务水平”、转变和明确“公共教育服务职责”在规划纲要中得以明确。

通过比较，本文认为在体育领域使用“公共体育服务”概念可以与其他领域保持统一，因此采用“公共体育服务”这一概念（本文在引用文献时为尊重作者原意仍保留“体育公共服务”概念的使用）。直到2011年《体育事业发展“十二五”规划》中统一使用“公共体育服务”的表述后，术语的使用才逐渐趋于统一。[①] 在本研究中也相应地使用“公共体育服务体系”“基本公共体育服务”和“基本公共体育服务均等化”等概念。

2. 公共体育服务需求——供给维度的研究

进行体育公共服务满意度调查能够较好地了解市民的体育公共服务需求。通过调查发现，上海市市民对体育公共服务的满意度低，主要反映在公共体育服务的法制化程度较低，政策、法规较滞后，各种制度建设不够健全，没有很好地为公共体育服务提供制度性保障。[②] 对乌鲁木齐的城市居民调查显示，居民对社区体育服务的满意度较低，并且集中于场地和配套设施、健身知识普及和指导员、多元化和个性化公共体育服务等方面。[③] 对河南省城市公

---

① 王学彬，郑家鲲．回顾与展望：近10年我国公共体育服务研究述评［J］．武汉体育学院学报，2017，51（6）：5－12．

② 沈建华．上海市体育公共服务的需求［J］．体育科研，2008，29（2）：37－42．

③ 刘卫东．乌鲁木齐市城市社区居民体育服务需求分析［J］．绵阳师范学院学报，2008，27（11）：131－133．

共体育服务的调查也表明，体育组织服务对城市体育公共服务居民满意度的贡献率最大。[①] 现有的公共体育服务需求研究表明，社会成员对于体育的需求具有多元化、组织化和个性化的趋势，在注重公共体育服务硬件的同时对于软件的要求也越来越高、越来越迫切。体育主管部门在关注公共体育服务需求的同时也应当建立长效的公共体育服务需求表达机制。只有建立制度化的公共体育服务需求表达机制，才能够保证公共体育服务供给的方向和效果。

肖林鹏认为所谓公共体育服务供给是指社会组织或个人通过一定方式配置资源，为公众提供公共体育服务的过程。[②] 公共体育服务供给具有两个层面的内涵：一个是供给主体层面，这是讨论由谁来供给的问题；另一个是提供过程层面，这是讨论怎么供给的问题。肖林鹏认为政府和体育行政部门、准政府组织、非政府组织、企业和个人都可以成为公共体育服务的供给主体。[③] 陈静霜在分析我国公共体育服务供给主体时认为政府是核心主体，企业是参与主体，非政府组织是重要主体。[④] 与此同时，政府供给在公共体育服务多元供给主体之中的重要地位也被人们所重视。从公共体育服务供给方式来看，主要可以分为政府供给、市场供给和社会供给三种主要的方式。多种公共体育服务方式的存在提示我们并不存在哪种供给方式更为有效的现成答案，在实践中应根据公共体育服务内容选择较优的供给方式。因此，公共体育服务供给不是以“市场主体（力量）”取代“政府主体（力量）”，而是以“竞争”取代“垄断”[⑤]，应当“采用体育公共服务供给主体多元竞争机制”[⑥]。在现阶段，我国公共体育服务面临的供给困境主要体现为：公共体育服务供给的主体单一，公共体育服务供给的对象有限，公共体育服务供给的总量不足，公共体育服务供给的结构失衡，公共体育服务供给的方式简单和公共体育服务供给的制度缺位等。[⑦] 对于怎么供给这个问题，需要分两个环节来看待，一个是资源的提供方，另一个是产品的生产方。资源的提供者并不必然是生产

① 蔡景台，樊炳有，王继帅. 城市体育公共服务居民满意度调查分析：以河南省 10 个城市为例[J]. 北京体育大学学报，2009，32(6)：31－34.

② 肖林鹏. 论我国公共体育服务供给的基本问题[J]. 体育文化导刊，2008(1)：10－13.

③ 同上。

④ 陈静霜. 我国公共体育服务模式选择与供给主体分析[J]. 成都体育学院学报，2009，35(6)：32－34，65.

⑤ 郇昌店. 我国公共体育服务供给市场化运作方式研究[D]. 天津：天津体育学院，2008.

⑥ 樊炳有. 我国体育公共服务供给制度及实践路径选择探讨[J]. 体育与科学，2009，30(4)：27－31，26.

⑦ 肖林鹏，李宗浩，杨晓晨，等. 论我国公共体育服务的供给困境[J]. 山东体育学院学报，2008，24(8)：1－4.

者，例如政府作为场地建设资金的提供者可以把场地的建造任务交由建筑企业来具体完成，在没有明确区分资源提供和产品生产的情况下很容易混淆供给主体。

3. 公共体育服务体系的概念界定

体系是若干有关事物互相联系、互相制约而构成的一个整体。① 组成体系的事物之间相互联系、相互制约，构成一个整体并执行某种功能，这种体系的功能由各组成部分所支撑，同时又不单独为各组成部分所拥有。肖林鹏等人认为公共体育服务体系即由满足公共体育需求的要素构成的有机整体。② 王才兴等人认为公共体育服务体系是指以政府部门为主的公共部门提供的、以满足市民的基本体育生活需求为目的的、向市民提供公共体育产品和服务的制度和系统的总称。③ 李静认为体育公共服务体系是政府主导、社会参与形成的以满足人民群众体育需求、保障人民群众体育权益的各种公益性体育机构和服务的总和。④ 郇昌店从广义和狭义两个方面提出公共体育服务体系是实现公共体育服务供需均衡的要素集合和满足公共体育服务需求的内容集合。⑤

对公共体育服务体系的理解，学者们都以满足公共体育需求为出发点，但是对具体的公共体育服务体系要素的理解各有不同（表2-8）。学者们对公共体育服务设施、组织管理、资金、绩效评估的认同度较高，其余要素之间则存在不同程度的重叠。由于公共体育服务体系涉及的要素较多，因此在构建公共体育服务体系时确立了一个统一的视角。从满足公共体育服务需求、提供公共体育服务这一视角，可将公共体育服务体系分为四个方面：公共体育服务由谁提供、公共体育服务提供什么、公共体育服务如何提供及公共体育服务提供的效果。公共体育服务体系与全民健身服务体系、多元化体育服务体系在范畴上有部分重叠，在研究公共体育服务体系时应充分借鉴这些研究的成果。

---

① 辞海编委会. 辞海[M]. 上海:上海辞书出版社,2000:274.

② 肖林鹏,李宗浩,杨晓晨. 我国公共体育服务体系概念开发及其结构探讨[J]. 天津体育学院学报, 2007,22(6):472 475.

③ 王才兴. 构建完善的体育公共服务体系[J]. 体育科研,2008,29(2):1 –13.

④ 李静. 试论体育公共服务体系建设[J]. 南京体育学院学报(社会科学版),2009,23(1):62 –65.

⑤ 郇昌店,肖林鹏,李宗浩,等. 我国公共体育服务体系概念再讨论:基于功能主义的视角[J]. 山东体育学院学报,2013,29(2):1 –6.

表 2-8　公共体育服务体系研究一览表

作者	公共体育服务体系	特征	评价指标
肖林鹏等人（2007）	体育活动体系 体育组织体系 体育场地设施体系 体育信息体系 体育指导体系 体育资金体系 体育政策法规体系 体育监督反馈体系 体育绩效评价体系	需求导向性 公共性 “人本”性 多样性	
王才兴等人（2008）	体育公共服务主体 体育公共服务设施 体育公共服务平台 体育公共服务产品 体育公共服务信息 体育公共服务便利 体育遗产保护 体育公共服务机制 体育公共绩效评估 体育公共服务的资金、人才、政策法规保障体系		发展规模指标（10 个） 政府投入指标（10 个） 社会参与指标（8 个）
李静（2009）	体育公共政策法规 体育公共基础设施建设 体育公共组织机构和人才 体育公共服务的方式 体育公共服务的主体 体育公共服务的事业经费	公平均等性 公益性 多样性 便利性 普及性	
樊炳有（2009）	体育公共服务管理系统 体育公共服务规划系统 体育公共服务融资 体育公共服务提供系统 体育公共服务绩效评估系统		
任春香等人（2011）	公共体育设施建设服务体系 公共体育信息服务体系 公共体育指导服务体系 公共体育组织管理服务体系 国民体质监测服务体系 公共体育政策服务体系 公共体育保险服务体系		

续表

作者	公共体育服务体系	特征	评价指标
郇昌店等人（2013）	广义： 公共体育服务需求体系 公共体育服务内容体系 公共体育服务供给体系 公共体育服务保障体系 狭义 公共体育设施 公共体育活动 公共体育信息 公共体育指导 国民体质监测 奥运争光服务		
郑家鲲（2013）	公共体育服务规章制度 公共体育服务经费投入 公共体育服务场地设施 公共体育服务组织队伍 公共体育服务信息宣传 公共体育服务活动开展	公共性 科学性 尊重我国国情和体育特色	社会保障指标（9个） 发展规模指标（8个） 满意度指标（6个） 健身宣传指标（4个） 群众参与（3个）
王家宏（2016）	公共体育服务供给体系 公共体育服务组织保障体系 公共体育服务财政保障体系 公共体育服务政策法规保障体系 公共体育服务评价体系	系统性 公共性 统筹性 服务性 保障性 科学性 创新性	资金投入（4个） 场地设施（4个） 组织机构（2个） 公共信息（4个） 人力资源（4个） 体质健康（4个） 经常参与体育锻炼的人群（6个）

近年来，对公共体育服务体系的研究更加注重于操作性评价体系的构建。宋娜梅等人（2012）构建了一个涵盖公共服务效能、公众满意度、公共服务投入度3个一级指标及与之相关的14个二级指标和58个三级指标的体育公共服务绩效评价指标体系。① 郑家鲲等人（2013）依据公共性等原则，构建包含规章制度、经费投入、场地设施、组织队伍、信息宣传、活动开展6项一级指标及30项二级指标的基本公共体育服务评价指标体系。② 王梦阳（2013）

① 宋娜梅，罗彦平，郑丽. 体育公共服务绩效评价：指标体系构建与评分计算方法[J]. 体育与科学，2012，33(5)：30－34.

② 郑家鲲，黄聚云. 基本公共体育服务评价指标体系的构建[J]. 上海体育学院学报，2013，37(1)：9－13.

构建了由公共体育场地设施、体育活动、体育组织和服务效果4个维度、19个指标构成的政府公共体育服务满意度绩效评估指标体系。[①] 韦伟等人（2015）建立了包含资源利用、效益这2个一级指标；资金投入、场地设施、组织机构、人力资源、体质健康、经常参加体育活动人群这6个二级指标；年度场地设施建设投入资金、年度群众体育资金投入总数、体育健身场所总数、晨（晚）练点数量、体育组织数量、体质监测点数量、体育指导员总数、晨（晚）练点配备指导员数量、年度体质监测受测人数、年度体质监测达标率、晨（晚）练点每天1h相对稳定活动人数这11个三级指标的公共体育服务绩效评价体系。[②] 刘涛等人（2016）利用WSR方法论把公共体育服务结构体系分为物理因素、事理因素和人理因素3个一级指标，并确立了经费投入、场地设施、政策法规、人员配置、体育社团和指导站、管理机制、使用效率、服务对象、宣传工具、人员培训、活动组织、环境资源和锻炼氛围13个二级指标。[③]

4. 公共体育服务的发展趋向

对公共体育服务发展趋向的研究，当前研究成果体现出两种不同的指向，第一种是以效率至上的公共体育服务市场化（社会化）改革；另一种则是以公平至上的公共体育服务均等化改革。[④]

刘艳丽等人提出在破除政府公共体育服务垄断配置高成本的条件下，在我国公共体育服务供给过程中，提供主体和生产主体可以适当分离，构建政府、市场、第三部门的多元生产趋势。[⑤] 郭惠平等人提出现阶段我国公共体育服务生产供给存在的供求失衡、资源行政垄断和“政府管理型”的体制性障碍等基本问题，通过对经济学中社会物品分类标准的重新解读和对公共管理对象、管理内容动态变化观点的研究，并借鉴近年来富有成效的文化服务改革经验，提出深化公共体育服务社会化改革的主张。[⑥] 俞琳等人提出在体育公

---

① 王梦阳. 政府公共体育服务满意度绩效评估指标的构建：以上海市为例[J]. 体育科学，2013，33(10)：63－70.

② 韦伟，王家宏. 我国公共体育服务绩效评价体系构建及实证研究[J]. 体育科学，2015，35(7)：35－47.

③ 刘涛，李显国，戴俭慧. 基于WSR方法论的公共体育服务结构体系的构建[J]. 苏州大学学报（哲学社会科学版），2016，37(4)：41－48.

④ 郇昌店，肖林鹏，李宗浩，等. 我国公共体育服务发展述评[J]. 体育学刊，2009，16(6)：20－24.

⑤ 刘艳丽，姚从容. 从经济学视角试论我国体育公共服务产业生产主体的多元化[J]. 西安体育学院学报，2004，21(5)：16－18.

⑥ 郭惠平，唐宏贵，李喜杰，等. 对我国公共体育服务社会化改革的再思考[J]. 武汉体育学院学报，2007，41(11)：1－6.

共服务领域中，应该注重创新服务模式的培育，推进体育公共服务市场化与社会化，而其重要抓手之一就是在深化体育体制改革的同时，努力挖掘和发挥非营利组织应有的价值与作用。①

公共体育服务市场化和社会化改革的步伐是与我国社会主义市场经济体制建设和我国政府行政制度改革相一致的，其核心在于对“效率”的追求。对于公共体育服务供给主体单一及在公共体育服务中同时存在的失位和越位情况，这迫切需要进行改革以满足人们不断增长的公共体育服务需求。但是市场化和社会化改革并不是“万能药”，特别是对于公共体育服务这种具有广泛公共性的社会需求，在追求效率的同时也绝不能忽视公平。

陈玉忠认为我国体育公共服务管理体制需要完善政府体育公共服务职能；兼顾不同社会阶层的体育公共服务需求，促进社会公平；充分发挥民间社会体育组织社团的作用等。② 针对我国公共体育服务较为薄弱的现状，公共体育服务均等化问题开始得到学者们的关注。

综上所述，广大学者虽然对于公共体育服务问题进行了广泛的探讨，但是对公共体育服务的认识有较大的差异，主要反映在对公共体育服务概念内涵和外延的不同理解。然而，研究者普遍认同构建公共体育服务体系是一种必然的选择，公共体育服务市场和公平发展方向的选择也同样重要。此外，学者们对于公共体育服务公平问题即公共体育服务均等化问题也进行了深入的探讨。

（二）公共体育服务均等化研究现状

1. 公共体育服务均等化的概念和内涵

冯国有认为，“体育公共服务均等化”是政府公共服务均等化政策在体育领域的体现，指在某一行政区域内（区县、省市乃至全国），无论身处何地、无论何种社会阶层的公众，都能享有大体相同的公共体育资源和公共体育服务。③ 郇昌店、范宏伟等人认为公共体育服务均等化一般是指公共组织考虑到公民的生活娱乐需要，能够按照全国一般和一致的标准，提供基本的公共体育产品和服务。④⑤ 张利等人、刘玉认为，体育公共服务均等化是指政府要为

---

① 俞琳，曹可强，沈建华，等. 非营利性组织在体育公共服务中的作用[J]. 体育科研，2008，29(2)：42 – 47.

② 陈玉忠. 社会转型与体育公共服务管理体制改革[J]. 体育文化导刊，2008(3)：9 – 12.

③ 冯国有. 体育公共服务均等化及其财政政策选择[J]. 上海体育学院学报，2007，31(6)：26 – 31.

④ 郇昌店，肖林鹏. 公共体育服务均等化初探[J]. 体育文化导刊，2008(2)：29 – 31.

⑤ 范宏伟，靳厚忠，秦椿林，等. 中国都市公共体育服务均等化发展的实证研究[J]. 武汉体育学院学报，2009，43(9)：12 – 16.

社会公众提供基本的、在不同阶段具有不同标准的、最终大致均等的体育公共产品和体育公共服务。[①][②] 以上三者都强调了政府在公共体育服务均等化供给中的主体地位，但是前者侧重于社会成员享有大体相同的公共体育服务，而后两者则侧重于公共组织为社会成员提供相同标准的公共体育服务；前者更为注重公众所享有的公共体育服务的均等化，后两者更为注重向公众提供公共体育服务的均等化。刘玉认为，对于“均等化”的理解包含：一是体育公共服务均等化必须如其他公共服务一样以公平的理念为基础；二是均等化不等于平均化，既允许存在地区差异，但又要保证最低水平全国均等；三是均等化的标准和内容随着人们对体育利益的认识理解和社会经济文化的发展变化而变化。[③]

对公共体育服务均等化概念和内涵在认识上的差异决定了不同学者对公共体育服务均等化现状的把握也存在不同的侧重点，进而影响到其实现公共体育服务均等化的发展策略和对策建议。

2. 我国公共体育服务均等化发展水平

从总体看，学者们普遍认为非均等化是我国公共体育服务发展的真实现状，但是直接对公共体育服务非均等化现状进行阐述的研究并不多。冯国有对我国公共体育服务非均等化的理性描述为：公共体育资源总量短缺导致人均水平较低、城乡之间体育资源存在较大差异、区域之间大众体育人口和消费存在较大差异、城市弱势群体公共体育资源的享有被相对剥夺、公众社会体育相关服务存在严重缺失。[④] 张利等人则描述为：总量严重不足、区域差异明显、城乡差异明显、阶层性差异明显。[⑤] 刘亮（2012）的研究结果也同样表明我国体育公共服务资源配置呈现出不均等的趋势，即区域差异十分明显，省际差距不断拉大，城乡之间存在鸿沟。[⑥]

范宏伟等人对北京市、天津市、上海市、江苏省、浙江省、广东省6个经济社会发展水平较高省市的公共体育服务均等化现状进行了研究，在这6省市中人均全民健身活动场地占地面积最大和最小的比值为15.49，变异系数

---

① 张利，田雨普. 我国体育公共服务均等化现状及发展对策研究[J]. 西安体育学院学报，2010，27(2)：137－141.

② 刘玉. 发达国家体育公共服务均等化政策及启示[J]. 上海体育学院学报，2010，34(3)：1－5.

③ 同上。

④ 冯国有. 体育公共服务均等化及其财政政策选择[J]. 上海体育学院学报，2007，31(6)：26－31.

⑤ 张利，田雨普. 我国体育公共服务均等化现状及发展对策研究[J]. 西安体育学院学报，2010，27(2)：137－141.

⑥ 刘亮. 我国体育公共服务均等化的现状：基于资源配置的多维度分析[J]. 武汉体育学院学报，2012，46(12)：5－9.

为0.9；2006年度用于全民健身活动设施的投资占年度体育支出的比例最大值为65.6%，最小值为11.08%，最大和最小的比值为5.923 4，变异系数为0.491 9；每万人拥有体育管理人员数最大和最小的比值为3.800 9，变异系数为0.570 2；每万人拥有社会体育指导员人数最大和最小的比值为2.33，变异系数为0.38。[①] 由于该研究中6省市在城市规模、发展水平上存在一定的不可比性，因此我们对研究结论的解读需要谨慎。同时鉴于该6省市在国内经济社会发展水平均较高的现状，因此我国整体的公共体育服务均等化水平差异应该更大。

我国省域内公共体育服务发展水平同样呈现非均等化的现状。孙荣辉（2015）对陕西省公共体育服务均等化程度进行研究，结果表明，陕西公共体育总体保障水平、投入水平、产出水平、受益水平呈现区域阶梯分布特征，关中地区明显高于陕北、陕南地区。陕西公共体育服务总体保障水平、产出水平的不均等化程度在逐年加深，投入水平、受益保障水平均等化相对进程呈现先降后升的趋势。[②]

对我国公共体育服务均等化发展现状的把握是公共体育服务均等化研究的重点，但是从目前来看，相关研究无论从数量上还是从质量上都存在明显不足。如何使公共体育服务均等化概念可操作化和具体化，从而获得较高信效度，而且能够获取相关数据的指标是研究的一个难点。

3. 我国公共体育服务均等化评价指标体系的构建

范宏伟对我国地区间公共体育服务均等化水平从“投入”“产出”“结果”三个维度建立了一个包括1项一级指标、1项二级指标、3项三级指标及其所辖17项四级指标的评价指标体系，并运用综合评价法加以测评（表2-9）。[③] 该公共体育服务均等化评价指标体系主要是用于衡量地区间的公共体育服务均等化水平，因此所采用的指标以人均指标为主。这虽然使指标具有了较强的可得性，但是不得不面对这样一个问题——即使在不考虑地区经济、社会发展水平的情况下，以人均数值为标准的指标在衡量地区间（主要为省与省之间）公共体育服务均等化水平的同时，也可能会出现忽视地区内公共体育服务的不均等现象。

---

① 范宏伟，靳厚忠，秦椿林，等. 中国都市公共体育服务均等化发展的实证研究[J]. 武汉体育学院学报，2009，43(9)：12－16.

② 孙荣辉. 陕西公共体育服务均等化程度的研究[J]. 西安体育学院学报，2015，32(5)：562－566.

③ 范宏伟. 公共体育服务均等化研究[D]. 北京：北京体育大学，2010.

表 2-9　公共体育服务均等化评价指标体系

一级指标	二级指标	三级指标	四级指标
公共体育服务均等化	地区间公共体育服务均等化	投入类	人均体育事业财政拨款
			公共体育事业财政拨款占总财政支出的比重
			人均公共体育服务财政投入
			人均体育基本建设支出
			人均公共体育活动设施投资额
			每万人拥有公共体育服务机构数
			公共体育服务从业人员占体育从业人员的比重
			每万人拥有公共体育服务从业人员数
			每万人拥有体育志愿者数
		产出类	公共体育活动普及化程度
			公共体育服务教育普及化程度
			每万人拥有公共体育活动设施数
			人均公共体育用地面积
			公共体育信息普及率
			体育场馆全年开放率
		结果类	国民体质健康合格率
			公众满意度

刘亮等人（2015）构建的体育公共服务均等化评价的指标体系，包括投入、产出与效果 3 个一级指标、16 个二级指标，其中 14 个为定量指标，2 个为定性指标（表 2-10）。[①] 该公共体育服务均等化评价指标体系更加注重覆盖率和达标率，只在体育场地面积和国民体质监测点数指标上采用了人均指标，从而使均等化水平能够获得更为客观的评价。

① 刘亮，刘元元，王鹤，等. 我国体育公共服务均等化的评价模型及指标体系构建研究[J]. 武汉体育学院学报，2015，49(5)：13－18，55.

表 2-10 体育公共服务均等化评价指标体系

一级指标（A）	二级指标（B）	指标说明
体育公共服务投入（A_1）	体育事业费占财政支出比重（B_{11}） 人均体育场地面积（B_{12}） 社会体育指导员覆盖率（B_{13}） 学校体育教师配备达标率（B_{14}） 公共体育场地设施覆盖率（B_{15}）	水平性指标，定量 水平性指标，定量 普惠性指标，定量 普惠性指标，定量 普惠性指标，定量
体育公共服务产出（A_2）	经常参加体育锻炼人数比例（B_{21}） 体育社会组织覆盖率（B_{22}） 公共体育场馆开放率（B_{23}） 青少年体育俱乐部覆盖率（B_{24}） 学校体育课开课率（B_{25}） 人均国民体质监测点数（B_{26}） 体育产业增加值占 GDP 比重（B_{27}）	普惠性指标，定量 普惠性指标，定量 普惠性指标，定量 普惠性指标，定量 普惠性指标，定量 水平性指标，定量 水平性指标，定量
体育公共服务效果（A_3）	公众的总体满意度（B_{31}） 规划国民体质测试达标率（B_{32}） 学生体质健康标准达标率（B_{33}） 弱势群体获取服务可及性（B_{34}）	综合性指标，定性 综合性指标，定量 综合性指标，定量 综合性指标，定性

4. 我国公共体育服务非均等化的原因和实现公共体育服务均等化的措施

冯国有[①]和贾文彤等人[②]分别从财政和法律视域对公共体育服务非均等化的原因进行分析，并主要从财政角度和法律角度提出实现均等化的措施。其他学者在分析公共体育服务非均等化原因时，对于公共体育服务事权、财权不对称，体育发展管理决策机制缺陷的认可度较高，地域、城乡的经济社会发展水平和过度体育市场化的倾向等也有所论述（表 2-11）。研究者们都极为重视公共财政在实现公共体育服务均等化过程中的重要地位，同时需要建立公共服务型政府，完善公共财政预算、决策、投入和绩效评定机制，以保证公共财政在公共体育服务均等化中的有效运行。

---

① 冯国有. 体育公共服务均等化及其财政政策选择[J]. 上海体育学院学报，2007，31(6)：26－31.

② 贾文彤，郝军龙，刘慧芳，等. 法律视野下的体育公共服务均等化研究[J]. 南京体育学院学报（社会科学版），2009，23(3)：78－81.

表 2-11　公共体育服务非均等化原因及实现均等化的措施

作者	非均等化原因	均等化措施
冯国有（2007）	政府体育财政投入的“缺位”与“错位”；区域经济发展水平差异；过度体育市场化倾向	以推进体育公共服务均等化为财政政策选择的基础；充分尊重公众体育公共服务均等化的选择权；准确把握体育公共服务均等化进程的财政着力点；积极发挥体育财政政策的激励作用；不断加大体育财政对体育公共服务体系的支撑力度
郇昌店等人（2008）	事权、财权不对称；体育行政部门发展策略存在缺陷；农村公共体育服务供给决策机制不规范；公共体育组织不健全	加快公共服务型政府建设；建立公共财政预算机制；发挥转移支付制度的作用；改进供给决策机制；加强组织建设
黄晓（2008）	地域、城乡差异；社会阶层分化；过度体育市场化；体育管理体制改革滞后	在公平与效率之间寻求均衡点；把“弱势群体”纳入公共体育服务框架；开发农村公共体育服务的基础设施与服务项目
蔡景台（2009）	事权、财权不对称；体育发展策略缺陷；供给决策机制不规范；体育组织不健全	城乡统一的体育公共服务制度；绩效评价体系；社会参与机制；公共财政投入力度；城乡协调发展制度
贾文彤等人（2009）	缺乏一般法规范；程序性法律滞后以及监管不力	明确法律地位；采取市场机制；明确财源和财政支出；建立鼓励制度及评估制度
钱伟良（2009）	“城乡二元制度”造成了农村体育公共服务享有权力上的不均等；分税制财政体制改革不到位造成了农村公共体育服务财政供给上的不均等；政府的理性与农民的理性选择造成了农村公共体育服务结果上的不均等	宏观上切实改变城乡二元制度结构；优化政府的财政体制，确保农村公共体育服务的资金供给；建立农村公共体育服务的绩效评价机制
秦小平等人（2010）	政治、经济还是社会环境都与公共服务均等化所需要的环境和条件存在着差距	社会转型；经济转轨；政治改革
张利等人（2010）	政府投入比重过低；基层财政供给能力严重不足；区域经济发展水平差距明显；投资方式单一；城乡二元体制；单位体制；居民收入差距	加大投入力度；增强地方政府供给能力；推动服务型政府的建立；建立多元参与机制；发展城乡统筹供给体制；加大场馆利用；加强管理监督

续表

作者	非均等化原因	均等化措施
范宏伟（2010）	客观历史条件的制约；同质性发展的思维定势；政府履行职能的结构失衡；中央和地方政府间体育事权与财权划分不匹配，机制欠健全；市场化改革的负效应	实现体育权利与义务的统一；完善财政转移支付制度
蓝国彬（2010）	公共服务供给制度；财政体制；区域社会经济发展水平；体育行政部门的体育发展策略缺陷；公共体育组织不健全	建立城乡统筹的公共体育服务供给制度；完善与公共体育服务均等化发展相适应的政府财力分配机制；建立农民对农村公共体育服务的需求偏好表达机制；建立与完善公共体育服务的绩效评价与监管机制
刘亮（2013）	财权、事权不匹配；政府责任不到位；制度设计不完善	固根基——完善公共财政供给体制；全覆盖——确保弱势群体体育权利；解难题——缩小城乡之间服务差距

（三）基本公共体育服务及其均等化

如何理解基本公共体育服务均等化中的“基本”一词的含义是进一步研究的基础。鲍明晓认为现阶段政府提供的基本体育服务在内容上只能是基础性的健身设施和必要的与大众健身直接关联的人才、技术和信息方面的公共服务。① 而即使是这种低标准、全覆盖的基本公共体育服务在西北少数民族地区仍然存在着非均衡情况。② 郁俊等人认为基本体育服务是非营利性的公共体育服务，是以公益性事业为主体的体育服务。基本体育服务的主要形式和内容大致应包括以下几个主要方面：群众性的体育健身组织与管理服务；提供公共体育设施与活动场所服务；组织开展群众性体育活动服务；提供体育健身指导与咨询服务；提供体质测定服务；提供体育文化信息服务；开展体育科普知识宣传服务；开展送体育下乡活动服务；等等。③ 秦小平等人认为体育基本公共服务一般是指公共组织考虑到公民的生活娱乐需要，能够按照全国

① 鲍明晓．经济学视野中的群众体育[C]//国家体育总局政策法规司．群众体育战略研究：2005 年全国体育发展战略研讨会文集．北京：北京体育大学出版社，2005：117－119.

② 芦平生．西北少数民族群众享有基本体育服务研究[J]．天津体育学院学报，2007，22(5)：405－407.

③ 郁俊，杨建营，李萍美，等．浙苏皖赣鲁农民享有基本体育服务现状调查与对策研究[J]．体育科学，2006，26(4)：21－27.

一般和一致的标准，提供基本的公共体育产品和服务。①

谢正阳将基本公共体育服务均等化界定为：中央和上级政府通过制定、颁布基本公共体育服务均等化的基本内容、国家最低标准（基本公共体育服务的最低设备标准、最低场地设施标准、最低人员配备标准、最低日常运行费用标准等），地方政府按照这一标准，促使社会、政府及服务性机构提供基本公共体育服务，确保社会所有成员能够机会均等地接近所提供的产品和服务的过程。②

对基本公共体育服务均等化的其他研究集中在对城乡体育发展现状和对策研究之上。戴维红等人（2008）的研究结果表明，城乡小学生体育教育的机会和权利不均等，体育课程资源不均衡。城乡二元结构、学校体育的地位和教育经费投入的差距、体育教师待遇不公平等是城乡小学体育教育不公平的主要原因，并从教育主体层面提出了完善制度、加强督导、加大投资、扶持弱势群体、促进师资流动等建议。③ 秦小平等人（2009）提出实现我国体育基本公共服务均等化需要保证大众体育与竞技体育地位平等这一前提；完善体育基本公共服务供给制度；秉承“为人民服务”的行政思想；构建科学的体育基本服务绩效评估体系和完善财政转移支付制度，强化均等化效应。④ 马进等人（2009）认为我国城乡群众体育发展中存在投入上重城镇、轻乡村，场地设施的建设和使用上重硬件、轻软件，群众体育活动的开展上重典型、轻全局，社会体育指导员的培养上重数量、轻质量的现象。现行的发展对策应以农村为重点，以小城镇为桥梁，制定统筹城乡的群众体育发展规划，建立统一协调的城乡群众体育管理机构，开展城乡融合、城乡一体的体育文化活动，促进城乡群众体育的联动发展，构建城乡和谐新格局。⑤ 根据汪俊等人（2017）的研究，深圳6个市辖行政区在公共体育场地设施、社会体育指导员、体育社会组织等方面存在非均等现象，制度体系缺失，为此提出：完善基本公共体育基础设施网络，促进各区协调均衡发展；健全社会体育指导员

① 秦小平，王健，鲁长芬. 实现我国体育基本公共服务均等化问题刍议[J]. 体育学刊，2009，16(8)：32－24.

② 谢正阳. 基本公共体育服务均等化的理论蕴涵与目标选择[J]. 南京体育学院学报(社会科学版)，2017，31(1)：1－6.

③ 戴维红，许红峰. 教育公平视野下城乡小学体育教育的均衡发展[J]. 体育学刊，2008，15(8)：76－79.

④ 秦小平，王健，鲁长芬. 实现我国体育基本公共服务均等化问题刍议[J]. 体育学刊，2009，16(8)：32－34.

⑤ 马进，田雨普. 和谐社会构建中城乡群众体育统筹发展的思考[J]. 西安体育学院学报，2009，26(6)：665－667，694.

制度体系，推进社会体育指导员队伍建设；大力发展体育社会组织，使公共体育服务供给主体多元化；健全绩效考评体系，建立行政问责机制。①

秦小平等人（2016）提出了城乡体育基本公共服务均等化评价指标体系，该体系包括体育基本公共服务能力、投入、产出和结果四个方面。鉴于现阶段我国体育基本公共服务投入的总量不足，历史欠账太多，所以在初期阶段指标的重点可以放在“投入”上。随着体育基本公共服务在投入上的逐渐充足，“产出”和“结果”指标就应该成为评价的重点，具体指标情况见表2-12。②

表2-12　城乡体育基本公共服务均等化评价指标

一级指标	二级指标	产出单项指标	结果指标
体育基本公共服务均等化指数	城乡体育基本公共服务均等化指数	资金投入	人均体育事业的财政拨款（元）
			人均体育基本公共服务的财政投入
			人均体育基本公共活动的投放投资额
		体育指导服务	每千人拥有社会体育指导员的数量
			居民每周接受体育指导服务与咨询的次数
			城乡体育指导员与人口比率的均衡程度
		体育组织服务	站点疏密程度（每千人拥有体育组织或机构个数）
			体育组织服务工作人员的服务效率
			工作人员的服务态度
		体育信息服务	城乡体育赛事传播的快慢程度
			体育信息服务锻炼案例知识传播的普及率
			居民健康知识宣传的普及率
		体育活动服务	体育活动开展的标准化程度
			体育活动项目开展数量的均等程度
			月均体育活动的次数
			参加体育活动的人数比率

① 汪俊,黄昆仑,秦豫璠.深圳基本公共体育服务均等化现状与推进措施[J].山东体育学院学报,2017,33(2):22-26.

② 秦小平,黎文普.城乡体育基本公共体育服务均等化[M].北京:北京体育大学出版社,2016:123-126.

续表

一级指标	二级指标	产出单项指标	结果指标
体育基本公共服务均等化指数	城乡体育基本公共服务均等化指数	体育设施服务投入	质量均衡指标（场地设施安全性、场地设施能否及时维修、体育设施服务场地设施使用状况、场地设施能否满足锻炼需要、场地设施更新周期）
			人均体育场地设施数量的均衡程度
			人均体育场地设施的拥有量、面积
			体育场地设施与人口的比率的均衡程度

（四）基本公共体育服务标准化

1. 基本公共体育服务标准化的概念

胡庆山在《论农村体育基本公共服务标准化》中认为，农村体育基本公共服务标准化是指为了更好地满足农村居民对体育基本公共服务的需求，实现体育公共服务均等化的目标，由国家制定体育基本公共服务的标准和措施，以获得最大社会效益和规范化服务程序的过程。① 杨明将体育公共服务标准化定义为：通过将标准化的原则和方法运用到体育公共服务领域，通过对体育公共服务制定标准并付诸实施，达到服务质量目标化、服务方法规范化、服务过程程序化，从而获得最佳服务秩序和社会效益的过程。② 李静等人认为，政府基本公共体育服务标准化是指政府在为居民提供基本公共体育服务和公共产品的实践中，对政府职能的界定、服务的内容标准、服务对象、服务流程、监管流程等制订具体的标准，并通过各级体育行政部门和标准化行政主管部门审批和颁布，以求不断满足居民的基本公共体育需求，取得最佳社会效益的活动过程。③ 王学彬等人认为，基本公共体育服务标准化是指，为了满足公众最根本的体育需求，实现基本公共体育服务均等化发展目标，政府在履行基本公共体育服务职责的过程中，通过对体育场地、体育活动、体育组织、体育信息、体育指导、体育监测等具有重复性特征的工作进行标准的制订、发布与实施工作，以求达到目标明确化、方法规范化、过程程序化，进一步提升政府基本公共体育服务成效，并取得良好社会效益的

① 胡庆山. 论农村体育基本公共服务标准化[J]. 北京体育大学学报,2013,36(12):16－22,37.

② 杨明. 我国实施体育公共服务标准化的研究[J]. 体育学刊,2013,20(6):38－43.

③ 李静,张林虎. 我国政府基本公共体育服务标准化建设的初步研究[J]. 成都体育学院学报,2014,40(7):33－36.

活动过程。[①] 以上概念都将基本公共体育服务标准化归于活动过程这一属性，即基本公共体育服务标准化是关于基本公共体育服务标准的动态行为。

2. 基本公共体育服务标准化的内容和实施

张昊认为，体育属于服务业范畴，按照原国家质检总局颁布的《服务标准化工作指南　第1部分：总则》的规定，体育服务标准应包括以下内容：(1) 体育服务基础标准。它是适合各种体育项目的通用标准，如体育方面的名词、术语符号、代号、标识、方法、基本参数系列、可靠性要求等。(2) 体育服务管理标准。它是适合为满足体育组织建立质量管理体系的各项要求制定的标准，如体育组织制定的岗位责任制及人事、财务、销售、设备的管理制度等。(3) 体育服务质量标准。它是针对体育服务的质量特性、各项服务指标的要求及相关的方法和手段制定的标准，如提供体育服务的操作规程和阶段作业内容等。(4) 体育服务资质标准。它是针对评价体育服务提供能力制定的标准，如针对体育服务设施、设备、用品配置的基本条件、数量及有关体育服务组织开业的其他基本条件制定的标准；针对体育服务从业人员的职业素质、职业行为、职业工种数量、工种类别等要求制定的标准。(5) 体育服务设施标准。它是针对体育服务组织提供服务产品应配置的资源条件和安全要求制定的标准，如游泳场馆内应配置的游泳池、跳水台或跳水板、更衣室、淋浴室等设施的使用条件，以及这些设施的安全技术要求，如游泳池应设置几个救生观察台等。(6) 体育服务安全、卫生标准。它是针对体育服务组织提供的服务产品应具备的安全、卫生要求制定的标准，如体育场馆中的安全通道的畅通、游泳救生员的配置、危险警示等安全要求，室内空气细菌含量、游泳池水质要求等卫生条件。(7) 体育服务环境保护标准。它是针对体育服务组织提供的服务产品应具备的，对环境保护的要求制定的标准，如保龄球馆的噪声不得影响保龄球馆外的周边环境，高尔夫球场草皮的养护不得给周边环境造成污染等。(8) 保护消费者权益的标准。它是针对体育服务组织提供的产品在保护消费者权益方面的要求制定的标准，如顾客须知、体育场地和体育器材使用须知、服务项目和服务价目表等。[②] 体育标准的这些内容也应当成为标准化的内容。

---

① 王学彬，郑家鲲. 基本公共体育服务标准化建设：内容、困境与策略[J]. 体育科学，2015，35(9)：11－23.

② 张昊，陈雪玲. 标准、标准化与体育[J]. 体育文化导刊，2004(7)：6－8.

张宏对于我国公共体育服务体系服务项目设定了相应的标准，公共体育服务体系服务项目即公共体育服务内容，包括场地设施、体育组织、体育活动、体育知识信息、体育培训指导、体质监测、供给主体、管理职能、资金、政策法规,① 各项公共体育服务内容均可被视作标准化的内容。

全民健身公共服务作为基本公共体育服务的重要内容，其标准化范围包括组织、全民健身公共体育设施、人力资源、群众体育竞赛和活动、运动项目、国家国民体质监测、经费、体育锻炼标准、全民健身公共服务管理。从全民健身公共服务要素的视角看，全民健身公共服务标准分为 7 个类型：全民健身公共服务基础标准、全民健身公共服务资质标准、全民健身公共服务质量标准、全民健身公共服务提供规范、全民健身公共服务评价与改进标准、全民健身公共服务安全与应急标准、全民健身公共服务信息化标准。② 郝晨认为全民健身公共服务内容标准主要包括全民健身公共服务基础性标准、支持性标准、保障性标准。全民健身公共服务内容基础性标准包括体育信息标准、体育指导标准、体育培训标准、体育活动标准、国民体质测试标准；全民健身公共服务内容支持性标准包括体育环境保护标准、体育场地设施标准；全民健身公共服务内容保障性标准包括人力资源标准、经费标准。③ 王莉等人认为全民健身公共体育服务标准化的实施路径应注重 3 个环节：（1）进一步推动资源合理配置；（2）建立供需对接机制提供精准服务；（3）完善考核评价机制。④

杨明认为我国实施体育公共服务标准化存在尚未建立体育公共服务标准化体系、缺乏全国统一标准及标准制定滞后、体育公共服务标准化的研究力度不足、缺乏宣传培训及政策法规引导等问题。由此，他提出构建体育公共服务标准化体系应明确阶段定位，分层实施推进；加强体育公共服务标准化研究；加强宣传培训和政策法规引导等实施体育公共服务标准化的主要设想与对策。⑤ 胡庆山等人分析了我国体育服务国家基本标准实施中的实践困境包括场馆（场地）设施不足、人员队伍缺乏、公共财政保障不足、绩效评估乏力。他提出的促进体育服务国家基本标准完善及实施的建议包括加强体育服

---

① 张宏,陈琦. 我国公共体育服务体系服务项目标准研究[J]. 成都体育学院学报,2012,38(9):21 -24.

② 王飞. 全民健身公共服务标准化研究[J]. 体育学刊,2016,23(3):46 -52.

③ 郝晨. 全民健身公共服务内容标准化初探:以重庆市九龙坡区为例[D]. 重庆:西南大学,2015.

④ 王莉,孟亚峥,黄亚玲,等. 全民健身公共服务体系构成与标准化研究[J]. 北京体育大学学报,2015,38(3):1 -7.

⑤ 杨明. 我国实施体育公共服务标准化的研究[J]. 体育学刊,2013(6):38 -43.

务标准化理论研究，完善体育服务国家基本标准，加大人、财、物的投入力度，规范政府的财政支出责权；及时评估体育服务国家基本标准实施的效果，建立绩效评估机制。①

3. 基本公共体育服务标准体系

标准体系是运用系统工程方法将相关标准按照其内在联系组成的整体系统。② 公共体育服务标准体系主要指在公共体育服务领域能够共同使用和重复使用、统一规定的一系列内在联系的公共体育服务标准构成的有机整体。③ 基本公共体育服务标准体系可以视为由基本公共体育服务标准构成的有机整体，一方面规范了标准工作的秩序④，另一方面也为组织标准制定、修订和管理提供了基本依据⑤，目前已有政府和学者构建完成了各有侧重的基本公共体育服务标准体系。

苏州市于2012年9月7日正式启动城市综合服务标准化试点工作，成为全国首个开展此项工作的地级市。试点工作范围涵盖体育服务在内的九大与广大人民生活密切相关的公共服务领域。苏州市社区体育服务标准体系分为通用基础标准体系、保障标准体系和提供标准体系（图2-4）。⑥

---

① 胡庆山，吕钶. 体育服务国家基本标准实施的难点预期及建议[J]. 武汉体育学院学报，2014，48(10)：10－13.

② 岳高峰，赵祖明，邢立强. 标准体系理论与实务[M]. 北京：中国计量出版社，2011：20－28.

③ 樊炳有，王家宏. 公共体育服务标准体系框架构建及运行模式[J]. 体育学刊，2018，25(2)：39－44.

④ 王学彬，郑家鲲. 基本公共体育服务标准化建设：内容、困境与策略[J]. 体育科学，2015，35(9)：11－23.

⑤ 黄希发，冯连世，张彦群，等. 高危险性体育项目经营活动标准化建设研究[J]. 体育科学，2013，33(10)：45－51，97.

⑥ 上海市质量和标准化研究院. 公共服务标准化理论与实务[M]. 北京：中国质检出版社，中国标准出版社，2015：173.

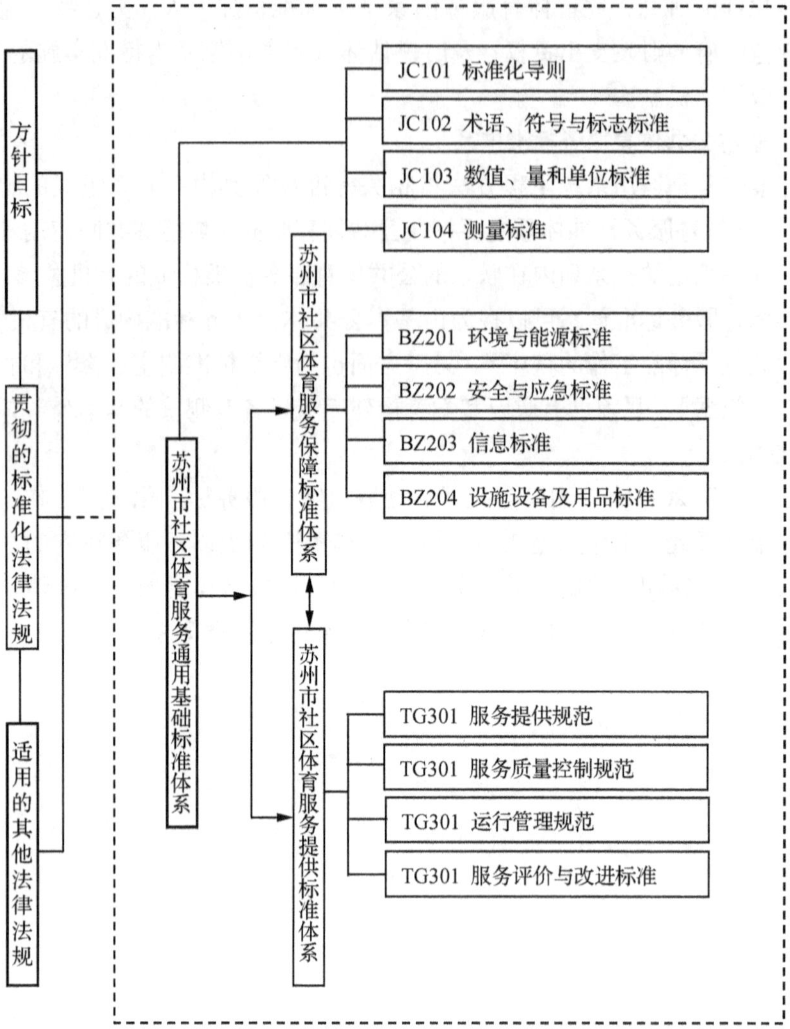

图 2-4　苏州市社区体育服务标准体系框架

王学彬等人将基本公共体育服务标准体系分为基础标准体系、服务保障标准体系和服务提供标准体系（图 2-5）。①

① 王学彬，郑家鲲．基本公共体育服务标准化建设：内容、困境与策略［J］．体育科学，2015，35（9）：11－23．

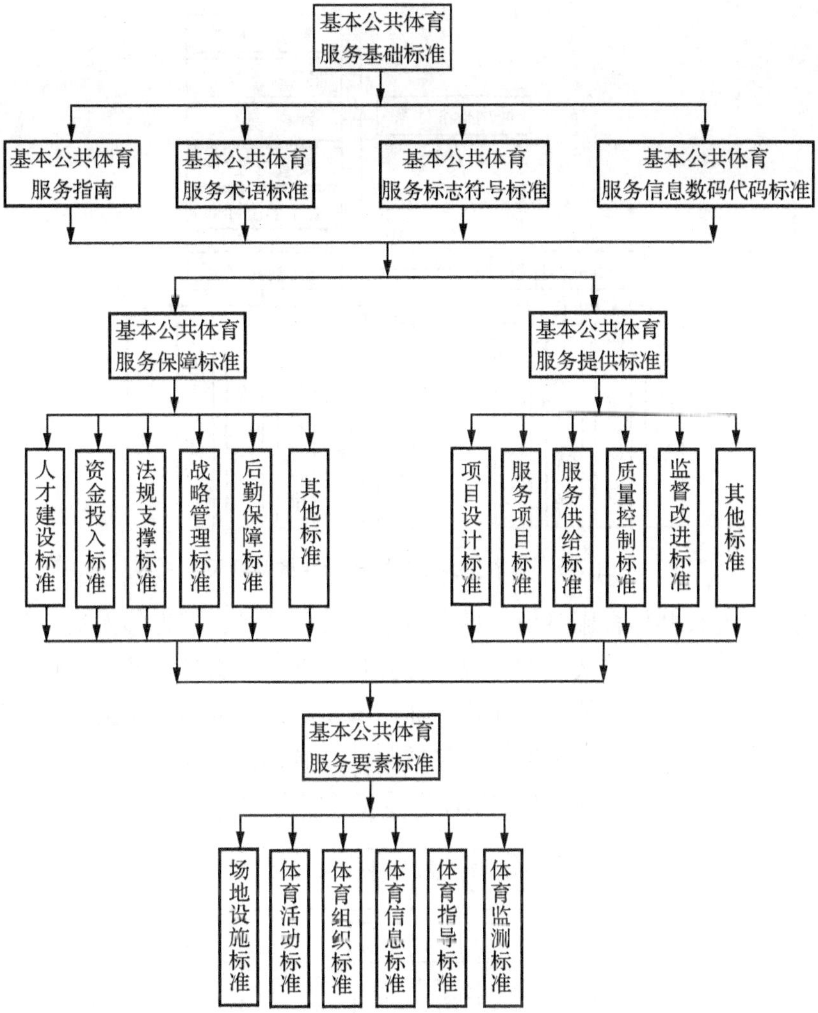

图 2-5 基本公共体育服务标准化建设框架及内容示意图

樊炳有等人以公共体育服务通用基础标准体系五大类要素、提供标准体系的四大类要素、保障标准体系六大类要素构建基本公共体育服务标准体系框架（图 2-6）。[①]

① 樊炳有，王家宏. 公共体育服务标准体系框架构建及运行模式[J]. 体育学刊，2018，25(2)：39－44.

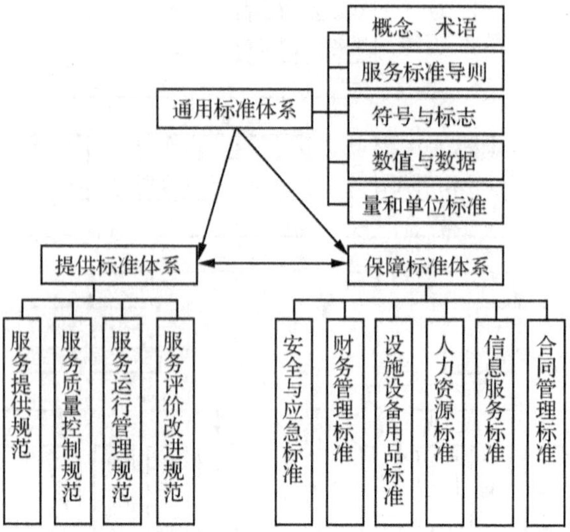

图 2-6　基本公共体育服务标准体系框架

有学者对公共体育服务内容标准体系进行了分析，丁青等人根据公众的信息需求产生、形成、实现的过程，将公共体育信息服务标准体系划分为供给标准体系、保障标准体系和评价标准体系，供给标准体系包括基础通用标准和信息内容标准，保障标准体系包括服务人员标准和媒介功能标准，评价标准体系包括受众评价标准和效果评价标准（图 2-7）。①

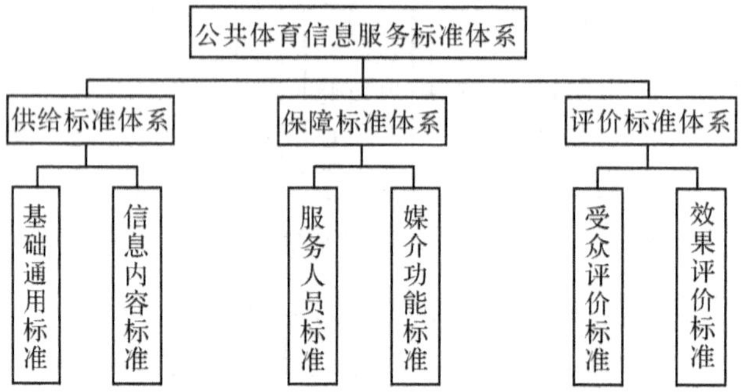

图 2-7　公共体育信息服务标准体系框架结构

另有学者则对涉及部分人群的公共体育服务标准体系进行了探讨，李冬庭将残疾人公共体育服务标准体系分为残疾人公共体育服务通用基础标准体系、残疾人公共体育服务保障标准体系和残疾人公共体育服务提供标准体系

① 丁青，王家宏. 公共体育信息服务标准体系构建研究[J]. 中国体育科技，2020，56(3)：3－13.

三大子体系（图 2-8）。①

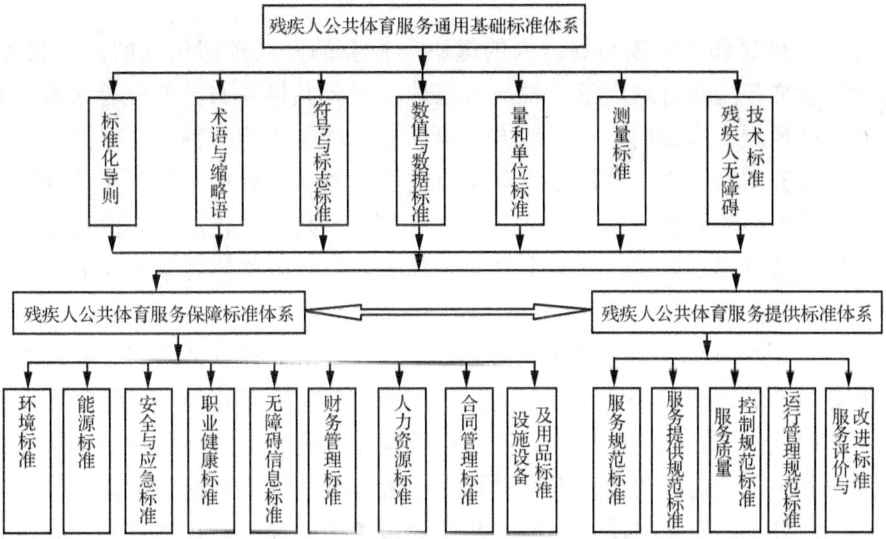

图 2-8　残疾人公共体育服务标准体系内容框架图

还有学者对区域公共体育服务标准体系进行了设计，梁静等人基于基本公共服务均等化背景，分析福建省公共体育服务标准需求，并结合公共体育服务的行业分类与特点，从要素层、实践层和评价层 3 个层级构建福建省公共体育服务标准体系（图 2-9）。②

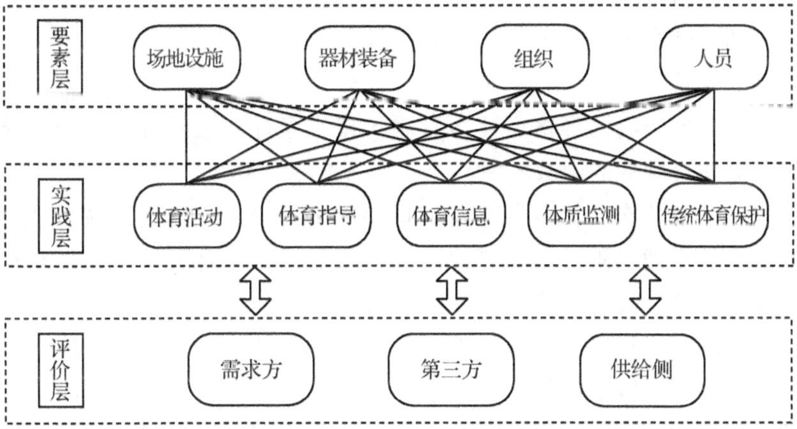

图 2-9　福建省公共体育服务标准体系层次设计

① 李冬庭. 我国残疾人公共体育服务现状及其标准体系建设研究[J]. 残疾人研究,2016(2):52－57.

② 梁静,陈光华,林美如,等. 基本公共服务均等化背景下的福建省公共体育服务标准体系研究[J]. 标准科学,2021(2):56－61.

三、小结

（1）体育作为一项与促进人的健康和社会的发展密切相关的公共服务，得到了世界各国政府的广泛重视。从国外发展公共体育服务的经验来看，其具有总体规划、多部门联合、地方政府为主、均等供给的特点，努力实现公共体育服务的均等化供给并使所有社会成员都能够均等地享有公共体育服务是公共体育服务发展的核心。对公共体育服务及其均等化的研究涉及基本理念、宏观政策和具体实践等多个方面，其中如何对公共体育服务均等化进行适当和准确的评价是一个重大的挑战。

（2）对公共体育服务的认识仍然存在较大差异。体育公共服务和公共体育服务概念的使用仍未能统一，就其内涵而言，主要存在产品、活动和过程三种不同认识，并且主要从公共物品性质角度界定公共体育服务。在依据公共服务相关理论对公共体育服务进行理论阐释时，仅将其视为在体育领域的具体运用并不利于从本质上把握公共体育服务的内涵，公共体育服务既具有公共服务的一般特征，也具有其自身的特点，对公共体育服务认识不足将会进一步影响到对于基本公共体育服务及其均等化问题的探讨。

（3）对公共体育服务均等化的认识与对现状的分析相脱节，同时缺乏对公共服务均等化发展现状的实证性研究。虽然学者们都将公共体育服务均等化视为政府提供人人享有相同的公共体育服务，但是对我国公共体育服务均等化现状的分析却主要集中于总量、区域、城乡、阶层领域，并且是在以省域为单位的基础之上对我国公共体育服务均等化现状进行分析，这无疑与公共体育服务均等化的认识有一定距离。此外，在分析我国公共体育服务均等化现状时应立足于我国经济、社会发展的现实条件和宏观背景，而不能仅仅局限于公共体育服务的论域之中。

（4）对于基本公共体育服务及其均等化的理论研究仍然欠缺。基本公共体育服务均等化理论研究最重要的内容有两个，首先是关于什么是基本公共体育服务的问题，其次是关于均等化如何在基本公共体育服务中得以体现的问题，前者决定了在现实发展条件下均等化对象的合理性，后者决定了均等化实现的必要性。但是目前无论是关于基本公共体育服务还是均等化问题的研究都还不够充分，内容还不够丰富，目前的研究中还有很多没有涉及或研究不够深入的问题。比如基本公共体育服务的正义、公平基础问题；正义、公平、均等和均等化之间的关系问题；基本公共体育服务的内涵和外延；实现基本公共体育服务均等化的模式、路径和政策建议；基本公共体育服务均等化评价指标体系的构建；基本公共体育服务标准化相关研究；等等。

第三章　基本公共体育服务均等化价值：诉求、立场与意义

对于基本公共体育服务均等化的探讨具有重要的价值，应从历史维度立足于均等化的诉求而展开，均等化蕴含着人类对于正义、公平等基本社会发展观念的久远追求，同时也应当结合我国基本公共服务发展的现实，确立对于我国基本公共体育服务均等化理论认识的恰当立场，明晰我国基本公共体育服务均等化发展的重要意义。

第一节　均等化的诉求

虽然我国对于基本公共服务均等化的讨论是一个源于当代中国社会发展现状的问题，但是从其本质来看却可以追溯至正义和公平——这一人类社会古老而极具生命力的话题。正义和公平作为人类社会的基本价值观影响和支撑着人类社会的整个发展历程，有关正义和公平的讨论由来已久，有关正义和公平的论述也纷繁复杂，但是不同学者之间相同或相左的观点都是为了保障和促进人类社会获得可持续的良性发展。均等化作为正义和公平理念下所制定的现实策略，其所进行的实践对于公民实现个人权利和享有社会福利具有重大意义，基本公共体育服务均等化正是为了保障公民基本体育权利的实现，促进公民个体和社会整体的共同发展。

一、正义（Justice）

正义这一范畴在人类的思想史上占据着十分重要的地位，对正义问题的不懈探讨是人类理性对于道德和价值问题不断思索的体现，它对人之为人、人之为何人、人之如何为人等问题的理解及对社会的发展都起着决定性的作用。在使用正义一词时经常会出现与公正相互混用的情况。在英语中正义和公正均为Justice，学者们一般认为两者意思相同，有学者认为“正义”通常

是一个道德范畴里的词汇，而“公正”是一个政治范畴的词汇[1]。但是有关正义的相关论述不仅具有道德意义而且具有政治意义。

在古希腊先哲的认识中，正义是与人的行为相联系的一种德性。柏拉图认为个人的本性即灵魂是由欲望、意志和理性三个居于不同等级的部分所组成的，这三个部分各有其德性：节制、勇敢和智慧。当灵魂的这三个部分都恪守自己的德性时，整个灵魂就达到了自然的和谐，从而实现了个人心灵的最高德性——正义。[2] 而国家是由个人组成的，它不过是放大了的个人，国家的正义可以通过对应于个人心灵的正义来加以把握[2]，因此正义也就成了国家和社会的德性。在中国古代没有明确的以“正义”为核心的政治伦理思想，但是儒家所奉行的“仁、义、礼、智、信”作为对个人道德的至高要求也是当时社会的正义观念。所谓仁是仁爱之心；义是处事合宜；礼是遵从礼法；智（古书或作「知」）是明辨是非；信是实言确凿。因此儒家对个人提出了具体的德性要求，当每个人能够安分守己即尽到了责任也即实现了社会的和谐。当然现代对于正义的理解已经远远超出了个人的德性层面而拥有了更为广阔的论域，较有影响力的正义理论主要有罗尔斯的公平正义理论、诺奇克权利至上的正义理论、桑德尔的社群主义正义理论和阿马蒂亚·森的分配正义理论。

对于正义，学者们的认识各有不同，但是正义对于人类社会的重要价值是毋庸置疑的，对正义的追求是人类永恒的话题。正义对于协调人与人之间的关系、促进社会的全面发展、改善社会运行制度、实现人类发展的理想与现实的和谐统一都具有重大的意义。虽然不同学者出于价值取向的不同对于正义的理论和现实表征具有不同甚至互为相左的观点，但是公平和均等作为正义的重要内涵确实得到了普遍认同（即使是诺奇克权利至上的正义理论也被认为是平等主义的[3]）。因此对正义问题的思考可以在一定程度和范围上转化为对公平问题的思考。

二、公平（Equity）

对于公平，首先需要明确的一点是公平是一个关系范畴，针对不同个体或者群体才能够谈论公平或者不公平的问题。其次公平是一个具有历史性和相对性的概念，由于人类发展处于不同经济社会历史阶段，人们的公平观一

---

① 姚洋. 转轨中国：审视社会公正和平等[M]. 北京：中国人民大学出版社，2004：31.
② 赵明. 正义的历史映像[M]. 北京：法律出版社，2007：173.
③ 姚大志. 何谓正义：当代西方政治哲学研究[M]. 北京：人民出版社，2007：76.

直处于变化之中，因此公平不具有绝对性。但是在一个社会界域的给定历史时期内，公平观又是相对地具有稳定的社会共同意识倾向。这种相对稳定的社会共同意识倾向较之于正义的“善”具有更为直观的操作性质，公平即是衡量事物的同一标准，当我们说某事物是公平的是指该事物是依照同一标准而运行的。

按照公平所衡量事物的性质，我们可以把公平分为质的公平和量的公平两种。质的公平主要是衡量事物本身是否公平，量的公平主要是通过衡量事物的实现过程或者结果而衡量事物是否公平。质的公平和量的公平既相互区别又相互联系，区别如上所述，而联系在于，对事物的评价质与量总是不可偏弃的。相对而言，量的公平问题较易于衡量，因为它是在现有事物的一定标准之下而进行的衡量。在现有法律条文和历史判例条件下较易判断行人闯红灯与醉酒驾车所获得的不同刑罚是否公平，而对于死刑是否是一种公平的刑罚的判断则要困难和复杂很多，也许这就需要借助于正义问题的相关讨论——这也可以被看作正义和公平的差异所在。

在探讨公平问题时，通常离不开对于均等（平等）的考量，公平和均等（平等）概念甚至在一定程度上可以相互替换，如机会公平、条件公平、公平竞争也可以称为机会均等、条件均等、均等竞争，公平中的同一标准也可以描述为均等的标准，因此公平和均等的关系十分密切。但是公平和均等之间的差异也是十分明显的，一方面公平更多的是描述规则运行的性质，而均等更多的是描述规则运行的结果。公平的分配所带来的并不一定是均等的结果，对于拥有不同天赋的人来说获得并不均等的报酬才是公平的分配。另一方面均等更多的是定量地描述环境和条件的状况，它不受时代、社会发展的影响，而公平的标准其内容是随着时代和社会的发展而发展的，对于均等所描述的事实本身并没有好或坏、合理或不合理的意义。

三、均等（Equality）和均等化 (Equalization)

“均等”一词在《现代汉语词典》里的解释是平均、相等的意思，如机会均等[①]。均等的思想源远流长，孔子在《论语·季氏》中就曾表达过均等的思想，“丘也闻有国有家者，不患寡而患不均，不患贫而患不安。盖均无贫，和无寡，安无倾。”“平等”一词在《现代汉语词典》中的解释是指人们在社会、政治、经济、法律等方面享有相等待遇；泛指地位相等，如平等互

① 中国社会科学院语言研究所词典编辑室.现代汉语词典[M].北京:商务印书馆,2005:751.

利、男女平等。[①] 西方自启蒙运动以来最为珍视的价值就已经体现在法国大革命的旗帜之上——自由、平等和博爱，其中前两者作为基本的社会和政治价值而为人们所普遍认同，为了反对各种种族歧视和不平等的社会制度，“人生而平等”的观点开始得到广泛的传播。在英文中均等和平等也都用 Equality 表示，就从相等角度来看可将均等与平等作为相同的概念进行使用，当然深入分析两者之间也存在着一定的差异，平等一般同时兼有公正（质的判断）和均等（量的判断）的意思。正如约翰·斯图亚特·穆勒所言，平等和公正，无论在普通人看来还是在思想最深刻的智者眼中，都被包含于正义理念之中。[②] 因此正义居于价值判断的最高层面，公平、平等、均等在正义的统摄下更逐渐侧重于数量判断。对正义的思辨属于哲学层面的规范研究，对均等的论证属于工具层面的经验研究。根据正义、公平、平等、均等相关理论在价值判断和数量判断上所具有的不同倾向性特征可绘制图 3-1。对于均等，我们应从均等的主体、均等的客体及均等的原则等方面厘清相关问题。

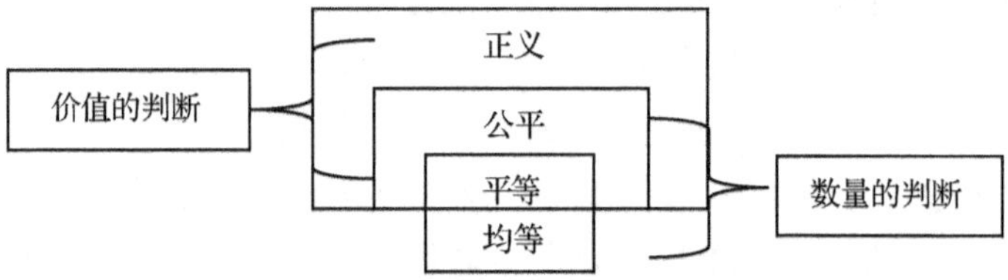

图 3-1　正义、公平、平等、均等的价值、数量判断倾向

（一）均等的主体

有关均等主体的问题就是“谁与谁之间均等”的问题。如果将万物置于宇宙与时空的宏观背景下则万物之间都是均等的，均等的主体即是宇宙万物。而在人类社会的背景之下均等问题主要是针对人类自身而言的，因此均等是指人类个体与个体之间相等。人类所有个体之间的均等是其最高目标。然而，无论是从现实条件来看还是从事物发展规律来看，人类这一目标的实现都需要通过一定的阶段和步骤。因此，由具有某种共同特征的个体所组成的群体之间的均等已然成为实现均等化的重要主体，如以性别区分为男性群体和女性群体，以年龄区分为少龄群体、中龄群体和老龄群体，以居住地区分为城镇群体、农村群体等，努力实现不同群体之间的均等是一种普遍的做法。目前，我国基本公共服务研究均等化研究中很多都集中于探讨城乡区域和东西

① 中国社会科学院语言研究所词典编辑室. 现代汉语词典[M]. 北京：商务印书馆，2005：1051.
② 约翰·斯图亚特·穆勒. 功利主义[M]. 叶建新，译. 北京：九州出版社，2007：141.

部区域之间实现均等的问题，而在国外的相关研究中更侧重于不同收入阶层、不同种族、不同性别等群体之间实现均等的问题。另外，有学者认为公共服务的某些可量化的需求也可以作为均等的主体。[①]

（二）均等的客体

有关均等客体的问题，实际上就是均等主体在哪些方面实现均等的问题，而对均等内容的选择更多需要依靠对公平和正义的理解而进行。每个人对这种均等内容的选择都会有不同的倾向，总体来说权利、自由、资源、财富、能力是人们通常会论及的内容。

关于权利的均等。与人类个体均等相关的权利主要是人权。1948 年联合国通过了《世界人权宣言》，并于其后颁布了两份具有强制性的联合国人权公约——《公民权利和政治权利国际公约》和《经济、社会及文化权利国际公约》。就人权所包含的内容来看大致包括人身、司法、政治、经济、文化、社会等权利[②]，具体来说包括健康、教育、卫生、工作、休闲等内容。每个人都应该享有相同的生存和发展的权利，每个人的生存和发展的权利也应当得到相同的保护，这即是所谓的权利均等。

关于资源的均等。对于资源同样有不同的理解，对于哪些资源需要均等的看法同样如此。一般来看用于均等的资源可以分为自然的和社会的两种，自然的资源主要是受之于自然而较不为人所控之力，如健康、智力等，虽然从一定程度上看这种自然之力也不同程度地受到人力的影响，如父母教育程度较高者子女智力水平也较高。社会的资源主要受到人类社会的影响，如财富、受教育机会、社会阶层等。从满足人的生存和发展的需要来看，健康、受教育机会是较为基础的资源，也被认为是最需要得到均等的资源。

可以看到均等的内容是相当丰富的，而为了实现某一方面内容的均等，从其均等实现过程的角度可以分为投入、提供和结果三个方面的内容。而投入、提供和结果也可以作为均等的客体，比如以实现教育均等为例，首先需要保证教育投入的均等，教育投入包括课室、课本等硬件投入，也包括教师等软件投入，需要保证每个学生得到相等的教育资源。其次要保证教育过程中教育提供的均等，保证每个学生在教育过程中得到相等的对待，即 2006 年《中华人民共和国义务教育法》第二十九条中提到的“教师在教育教学中应当平等对待学生”。最后要保证得到均等的教育结果，这其中既包括产出也包括

① 任强. 公共服务均等化问题研究[M]. 北京：经济科学出版社，2009：42.

② 关今华. 简论基本人权[J]. 福建法学，2007(4)：2－6.

效果，所有学校应当拥有相同的学业等级比率，所有地区应当拥有相同的适龄儿童入学率。

（三）均等的原则

由于均等是一个应用于个体或群体之间的概念，因此对均等的判断必须遵循一定的原则。在均等过程中首先就应遵循的是普遍原则，即在确定均等主体集合的前提下所有成员都不应被遗漏，在主体均等这一问题上不能以大多数原则作为指导而只能是普遍原则。其次需要注意的是对等原则，即用相同的具有量化特征的均等指标对均等程度进行比较。有学者从不同的角度看待均等，比如对于每个人来说生与死都是必然发生的，因此人在诸如此类的比较中都是均等的，即使存在不均等，但因为每个人都会碰到非此即彼的不均等，所以人生是均等的。这种将不同性质并且大都不能量化的事物进行比较的均等观其实已经大大超出了本文关于均等的讨论范围。同时均等的比较也主要在一定时间区间和社会空间范围内进行，广义均等观那种“把人生各个时期各个方面的因素综合相加减”[①] 的比较方式并不适用于本文有关均等的讨论。

（四）均等化

对于均等化，首先需要理解“化”。《现代汉语词典》（第6版）中将“化”解释为：后缀。加在名词或形容词之后构成动词，表示转变成某种性质或状态：绿化、美化、恶化、电气化、机械化、水利化。[②] 另外一些使用频率更高的词汇如现代化、产业化、全球化、信息化等也都可以看作是实行现代发展、形成产业规模、开始全球沟通、进行信息转化的过程，并最终达到某种理想的状态。对“均等化”的理解也可以遵循上述的方式，所谓均等化，可以理解成“平均、相等的状态（Equalization）”，此时它是一个名词；也可以理解成“使之平均或相等（Equalize）”，此时它是一个动词。因此，可以将均等化的静态状态和动态过程结合起来进行理解。均等化作为一种静态状态既可以指不同事物所具有的相同起始状态，也可以指不同事物所达到的相同结果状态。均等化作为一个动态过程则是指不同事物为实现均等状态而采取的各种行为的总和。但是“均等化”词汇主体的“均等”本身是一个描述状态的词汇，它不具有上述“化”词汇在内容上的指向性，因此“均等化”一般都需要与明确的对象和内容相联系才具有实在的意义。

---

① 宾昊. 均等人生[M]. 长沙：湖南人民出版社. 2005：55.

② 中国社会科学院语言研究所词典编辑室. 现代汉语词典[M]. 6版. 北京：商务印书馆，2005：559.

以世界范围内较早实行均等化的国家——加拿大为例。1982 年的加拿大宪法中有关均等化条款如下：（一）在不改变联邦议会和各省议会权力及在他们的所有权力得到尊重的前提下，议会和立法机构与加拿大联邦政府、各省政府一道承诺：第一，促进加拿大人民福祉机会平等；第二，通过经济发展减少机会差别；第三，为所有加拿大居民提供品质适度的基本社会保障。（二）加拿大议会和联邦政府承诺：在可比较的、相等税负前提下，确保各省财政均等化，使之有足够的财政收入来提供质量适度的基本社会保障。从中我们可以看到，均等化只有与适当的内容相匹配才具有明确和现实的意义。在加拿大宪法中，均等化包括三层含义：居民福祉机会平等；通过经济发展减少机会差别；所有加拿大居民享有质量适度的基本公共服务。一些学者把这三个方面称为均等化体系。①

均等化既包括个人层面在福利方面的均等化，也包括地方政府层面在财政能力上的均等化。在现代意义的财政均衡制度产生以前，1707 年苏格兰加入大不列颠联合王国时英国中央政府与苏格兰政府的财政安排可以被认为是世界上最早的财政支付制度，虽然这种财政转移支付主要是以政治统治为目的的。② 在此之后以财政转移支付方式为主的财政均等化制度在世界各国被广泛运用，其目的是使分权之下的各地方政府能够获得均衡的财政和提供全社会基本均等的公共服务。澳大利亚自 1933 年就确立了规范的均等化转移支付制度，同时因为其彻底的均等化目标设置（综合考虑收支两方面，覆盖全国各州的全面均等化）、彻底的公式化估算程序（详细估算收支，同时也考虑到部分专项转移支付的影响）而取得了相对更好的均等化实效。③ 佩洛奎因等在 2002 年的研究表明澳大利亚是财政均衡最彻底的国家，基本消除了州际政府间财政收入能力与公共服务支出需求之间的差异，其次是德国和加拿大。④

我国学者对于财政均等化也给予了充分的重视，这主要是基于“基本公共服务均等化问题的实质是公共财政问题，其核心和关键是如何实现公共财

---

① 丁元竹. 理解均等化[J]. 读书,2009(11):34－45.

② “政府间财政均衡制度研究”课题组. 各国财政均衡制度的主要做法及经验教训[J]. 经济研究参考, 2006(10):14－41.

③ 吕晨飞. 澳大利亚均等化转移支付制度研究[M]. 北京:北京大学出版社,2010:4.

④ “政府间财政均衡制度研究”课题组. 各国财政均衡制度的主要做法及经验教训[J]. 经济研究参考,2006(10):14－41.

政资源的公平分配”[①] 的判断。从总体看，我国财政转移支付政策在地区间财力均等化方面起到一定的作用。然而无论是从规模还是从比重来看，财政转移支付对于缩小地区财政差距的影响都极为有限，而现行的税收返回制度在很大程度上甚至使地区财政差距进一步拉大。[②] 同时，无论是从理论分析还是从现实来看，地区间财政均等化与基本公共服务均等化之间的距离依然较远。首先，财政支出并不等于公共财政支出。从近年来我国飞涨的行政事业费数量和比例可以看出这一情况较为突出。其次，公共财政支出并不等于公共服务。我国每年大量的公共财政支出都被作为生产资金而被投入经济建设领域。再次，以地区间（主要是省级）人均财政均等作为衡量指标极有可能出现财政分配更不均等的状况，城市占据了大量的公共财政资源。

从以上各国政府对于均等化的理解和实践来看，均等化是一个内容丰富的范畴，而实现均等化的普遍做法是政府通过转移支付手段使地方政府获得均等的财政收入能力，从而使所有居民能够享有大致均等的国民待遇。这对于国家的安全、社会的稳定和公民的安宁都具有重大意义。基本公共服务均等化作为均等化的重要内容得到了世界各国政府的广泛重视。同时由于各国经济社会发展水平不同，各国对基本公共服务的理解及具体实施的政策也各有特点。我国基本公共服务均等化同样需要立足于我国国情来进行。

第二节　基本公共体育服务均等化的立场

2006 年十届全国人大四次会议通过的《中华人民共和国国民经济和社会发展第十一个五年规划纲要》中“基本公共服务均等化”被首次表述。此后有关基本公共服务均等化的相关讨论逐渐成为理论界的热点。学者们对基本公共体育服务均等化的概念从多个角度进行了界定，关于均等化内涵的不同认识很大程度上取决于对基本公共服务均等化的理解。

一、基本公共服务均等化的概念

有的学者从社会公平正义和社会主义本质的角度对基本公共服务均等化

① 项继权，袁方成. 我国基本公共服务均等化的财政投入与需求分析[J]. 公共行政评论，2008(3)：89－123.

② 田发，周琛影. 基本公共服务均等化：一个财政体制变迁的分析框架[J]. 社会科学，2010(2)：30－36.

进行了界定。楼继伟认为，公共服务均等化是以人为本理念的具体体现，对促进社会公正，维护社会稳定和国家统一，具有重要的政治意义。一个国家的公民无论居住在哪个地区，都有平等享受国家最低标准的基本公共服务的权利。……公共服务均等化作为缓解因发展不平衡所引发的地区间矛盾、实现地区间和谐均衡发展的重要途径，体现的是一种公平正义的发展理念，与社会主义本质规定及和谐社会的发展目标完全一致。①

有的学者从公共财政的角度进行了界定。丁元竹认为，全国性基本公共服务均等化是指中央政府通过制定相关基本公共服务国家标准，在财政上确保负责提供服务的地方政府具有均等支付这些基本公共服务的能力，确保在社会、政府、服务机构不存在偏见、歧视、特殊门槛的前提下使每个公民不分城乡、不分地区地能够有机会接近法定基本公共服务项目的过程。②③ 2006年基本公共服务均等化在《中华人民共和国国民经济和社会发展第十一个五年规划纲要》中首次得到表述时也是从公共财政角度予以理解的。

有的学者从消费需求角度进行了界定。刘尚希认为，吃饱、生存、安全、穿衣等最低基本需求和无差异消费需求（如对食品和药品的消费，无论是穷人还是富人都要求保证质量安全）都属于基本公共服务，全体公民享受这些基本公共服务的机会均等，结果也大体相等。④

有的学者从公民的权利和人权的角度进行了界定。陈海威认为，所谓基本公共服务，是指一定经济社会条件下，为了保障全体公民最基本的人权，全体公民都应公平、平等、普遍享有的公共服务，是诸多公共服务中具有保障性质和平等色彩的服务类型。基本公共服务是以保障公民基本人权为主要目的、以均等化为主要特征、以公共资源为主要支撑的公共服务。⑤ 陈海威等人进一步提出了三要素均等：结果公正，即每一成员享受大致相等的基本公共服务，对应于平等自由原则和受益均等原则；起点公正，即全体社会成员享受某种服务具有大致均等的机会，对应机会均等原则和主体广泛原则；过程公正，即享受额外的照顾和优惠必须有合理合法的理由和程序，对应于差

① 刘明中. 推进基本公共服务均等化的重要手段(上)：财政部副部长楼继伟答本报记者问[N]. 中国财经报，2006-02-07.

② 丁元竹. 基本公共服务均等化：战略与对策[J]. 中共宁波市委党校学报，2008(4)：5-12.

③ 国家发展改革委宏观经济研究院课题组. 促进我国的基本公共服务均等化[J]. 宏观经济研究，2008(5)：7-12，21.

④ 刘尚希. 基本公共服务均等化：现实要求和政策路径[J]. 浙江经济，2007(13)：24-27.

⑤ 陈海威. 中国基本公共服务体系研究[J]. 科学社会主义，2007(3)：98-100.

别原则和优惠合理原则。①

以上学者关于基本公共服务均等化的论述中都重视机会（起点）均等，无论是将公共服务均等化作为手段和过程还是结果和目标，机会（起点）均等都至关重要，同时在保证机会（起点）均等的前提下注重过程和结果均等。正如柏良泽认为，在一般意义上，政府提供基本公共服务的目标是为所有公民提供基本生存和发展的必要条件，基本公共服务均等化就是基本生存和发展必要条件的均等化，不是基本生存和发展状态的均等化。② 而基本公共服务的制度、财政投入、多方参与、绩效评估则更多地可以视为是实现基本公共服务均等化的重要途径。总结对于基本公共服务均等化的认识，可以认为，基本公共服务均等化是指政府为了回应社会的基本公共需求，保护公民基本的生存权与基础性的发展权，以公平正义为价值理念，运用手中所掌握的公共资源，为社会公众提供基本的、在不同阶段具有不同标准的、最终大致均等的公共服务。③基本公共服务均等化是指全体公民都能公平可及地获得大致均等的基本公共服务，其核心是促进机会均等，重点是保障人民群众得到基本公共服务的机会，而不是简单的平均化。④

二、基本公共体育服务均等化的把握

将公共服务、基本公共服务、均等化的相关论述结合体育领域的具体情况，本文认为基本公共体育服务均等化是指政府为了满足社会及其成员的基本公共体育需要，保护公民基本的体育权利，以正义公平为价值理念，运用手中所掌握的公共资源，在一定的基本公共体育服务供给水平之上，为社会成员提供均等的基本公共服务。

基本公共体育服务均等化的内涵：（1）观念层面上的基本体育权利均等。指的是每个公民都享有同等的基本体育权利，并根据法律赋予他们这种特定的权利，禁止任何形式的排斥和歧视。（2）现实层面上的机会均等。指的是每个人都享有同行的接受基本公共体育服务的可能性，这种机会的均等包括接近基本公共体育服务的机会均等、接受基本公共体育服务过程机会的均等和获得基本公共体育服务成果机会的均等。（3）国家管理层面上的制度均等。

---

① 陈海威，田侃．我国基本公共服务均等化问题探讨[J]．中州学刊，2007(3)：31－34.

② 柏良泽．中国基本公共服务均等化的路径和策略[J]．中国浦东干部学院学报，2009，3(1)：50－56.

③ 郭厚禄．我国基本公共服务均等化研究[D]．北京：中共中央党校，2009.

④ 中华人民共和国中央人民政府．国务院印发《“十三五”推进基本公共服务均等化规划》．[EB/OL](2017－03－01)[2022－2－20]．http：//www.gov.cn/xinwen/2017－03/01/content_5172248.htm.

指的是国家建立的基本公共体育服务政策能够保障所有社会成员的基本体育权利，并促进其由形式权利向实质权利的实现。

对于基本公共体育服务均等化需要把握以下几个问题：

（一）政府是推进基本公共体育服务均等化的主体

由于公共服务所具有的公共产品性质，因此政府在基本公共体育服务供给和均等化推进过程中占据着主导地位。另外，推进基本公共体育服务通常需要运用公共资源——无论是有形的物质资源还是无形的社会资源，因此作为公共权力合法代表的政府必然承担着基本公共体育服务的供给和均等化的使命。虽然政府是基本公共体育服务供给和均等化推进的主体，但是这并不意味着政府需要进行直接的基本公共体育服务生产活动。政府的这种主体地位主要体现在政策的制定、措施的安排和绩效的评估方面。

（二）正义和公平是实现基本公共体育服务均等化的主要原则

正义和公平既是推进基本公共体育服务均等化的原因，也是实现基本公共体育服务均等化的主要原则。正义和公平的原则决定了基本公共体育服务均等化过程中应以广大社会成员的基本公共体育需要为前提，进而根据经济社会发展现状和文化体育传统确定基本公共体育服务的供给内容和供给方式，在满足公共体育需要的过程中能够平等地对待每个个体和群体。同时在正义和公平原则下，为了实现基本公共体育服务均等化的目标，对于弱势个体和群体，在一定条件下需要采用额外和补偿的措施。

（三）社区体育服务是基本公共体育服务均等化的着力点

自1881年德国社会学家斐迪南·滕尼斯首先使用“社区”这一名词以来，人们对社区的理解已从当时所指的“由具有共同的习俗和价值观念的同质人口组成的，关系密切的社会团体或共同体”，逐渐扩展至地域领域和精神领域，社区成为现代社会运行的基本空间、聚合和组织形式。社区体育服务，主要是指在一定基层区域内［相当于街道、乡镇、社区、居（村）委会辖区范围］为满足社区成员基本公共体育需求而提供公共体育产品的服务行为的总称。社区体育服务作为覆盖最广大社会成员的体育服务，能够为最广大社会成员提供基本公共体育服务。因此普遍提升我国社区体育服务的水准和质量，将极大地提高我国基本公共体育服务均等化的水平。社区体育服务也应当成为我国基本公共体育服务均等化的重要着力点。

（四）基本公共体育服务均等化主要从投入、产出和效果三个方面进行评价

无论是出于对基本公共体育服务均等化现状进行评估还是对基本公共体育服务均等化实施绩效进行评价的目的，确立相关的评价指标并形成一定的评价体系都是必要的。在确立具体指标之前依据评价目的，应先对指标进行分层和分类，这也是综合评价方法的基本步骤之一。基本公共体育服务均等化的评价主要从投入、产出和效果三个方面来进行。所谓投入，就是政府供给基本公共体育服务，主要包括人、财、物、信息等。所谓产出，就是政府供给基本公共体育服务所带来的结果，主要是指通过政府供给带来基本公共体育服务的改善。所谓效果，就是广大社会成员所能够享有的基本公共体育服务，主要是指广大社会成员通过享有基本公共体育服务达到强身健体、健康生活的目的。

（五）基本公共体育服务均等化需要以一定基准水平为基础

对基本公共体育服务均等化基准服务的要求是防止只有“均等”而没有“服务”现象的发生。从极端来说，当没有基本公共体育服务时均等化水平最高，这正如过去在“贫困社会主义”意识下对“社会主义”的认识一样。当然只有“服务”而没有“均等”更是与基本公共体育服务均等化的要求相违背。所以基本公共体育服务均等化就应当是在一定基准服务水平之上而进行的均等化。基准服务应当是符合基本公共体育需要、部分地区已经提供、部分地区能够提供、部分地区应努力实现提供的基本公共体育服务。基本公共体育服务标准是实现基本公共体育服务均等化的操作性文本。基本公共体育服务标准化是实现基本公共体育服务均等化的重要活动过程。

第三节　基本公共体育服务均等化的意义

公共体育服务作为我国公共服务的组成部分，随着我国经济、社会和体育的发展越来越得到重视。基本公共体育服务作为公共服务的基础部分在公共体育服务发展中占据优先地位。基本公共体育服务均等化是现阶段公共体育服务发展的现实要求和必然选择，因此，实现基本公共体育服务均等化具有重要意义。

一、基本公共体育服务均等化有利于科学发展观的落实与和谐社会的构建

科学发展观的核心是以人为本。坚持以人为本，就是要以实现人的全面

发展为目标，从人民群众的根本利益出发谋发展、促发展，不断满足人民群众日益增长的物质文化需要，切实保障人民群众的经济、政治和文化权益，让发展的成果惠及全体人民。[①] 基本公共体育服务均等化的目的在于满足广大社会成员的基本体育需要，保障广大社会成员基本体育权利的实现。义务教育阶段的学校体育教育促进学生体质发展和体育技能的学习，社区领域推广大众体育，通过开展体育健身、休闲、娱乐活动让居民身心健康，享受快乐生活。基本公共体育服务均等化使每个社会成员都能够享有基本的公共体育服务是科学发展观的具体落实。

社会主义和谐社会是民主法治、公平正义、诚信友爱、充满活力、安定有序、人与自然和谐相处的社会，它所要达到的目标是实现人与人、人与自然、人与社会的和谐发展。公平正义是实现社会主义和谐的核心价值取向。基本公共体育服务均等化是在正义公平原则指导下使每个公民都能够享有和实现基本体育权利，在基本公共体育服务过程中达到个体的身心和谐。这在很大程度上能够推进社会主义和谐社会的构建。作为公共服务均等化的组成部分，基本公共体育服务均等化的相关政策、制度、措施并不是单一领域的独特个案，它所赖以实现的宏观机制对于维护社会公平、缓和社会矛盾、促进社会和谐均至关重要。

二、基本公共体育服务均等化有利于深化建设公共服务型政府的理念

公共服务型政府就是满足社会公共需求，提供充足优质公共产品与公共服务的现代政府。[②] 党的十六大报告明确提出在社会主义市场经济条件下，政府应当履行好经济调节、市场监管、社会管理和公共服务四大职能。构建公共服务型政府的理念直接来源于政府的公共服务职能。我国政府也将构建公共服务型政府作为政府改革的目标，其中最突出表现在扩大公共服务的供给范围、增加公共服务的供给数量和质量上。公共体育服务作为公共服务的重要内容在近几年也得到了快速发展，通过全民健身工程、农民体育健身工程，体育健身设施的数量有了明显的增加，社会体育组织和社会体育指导员的数量不断增加，政府对于广大人民群众健身活动的组织和指导也更加频繁。

基本公共体育服务均等化促使公共体育服务供给中首先明确了占据基础性地位的内容，即将与广大人民群众公共需要和公共权利最为相关的基本公

① 胡锦涛．在中央人口资源环境工作座谈会上的讲话[C]//科学发展观重要论述摘编．北京：中央文献出版社，党建读物出版社，2009：29.

② 李军鹏．公共服务型政府建设指南[M]．北京：中共党史出版社．2006：30.

共体育服务作为优先供给的对象，同时在供给时使所有社会成员都能够获得均等的服务。它在我国不断提高公共体育服务数量、质量和效率的同时，开始注重基本公共体育服务的均等化供给，使政府对于体育发展的干预控制向服务导向转化。这种在社会具体领域的实践活动有力地深化了对公共服务型政府的认识，必将进一步推动对公共服务型政府理念的进一步探讨。

三、基本公共体育服务均等化有利于推动公共服务的发展

基本公共体育服务以社区体育服务为主，它与公共卫生服务密切相连。社区体育服务与公共卫生保健、预防的关系正越来越为人们所重视。在国际预防医学与公共卫生领域，临床预防服务被当作主要的防治手段。2000 年后社区预防服务的出现在该领域引起了很大的震动①，它丰富了预防医学和公共卫生领域的理论认识和实践操作。在社区预防服务中体育锻炼被置于十分重要的位置。“将体育锻炼和健康饮食融入每日生活当中”② 甚至被作为美国面临的十大公共卫生保健挑战之一。而社区体育服务均等化将体育锻炼空间融入生活空间之中，通过社会支持使体育锻炼活动融入每个社区成员的日常生活之中，这更有利于公共卫生预防和保健活动的开展。在 2016 年发布的《“健康中国 2030”规划纲要》战略目标中提出了“基本体育健身服务”，并且将“提高全民身体素质”作为“普及健康生活”篇的重要内容加以阐述，反映了社区体育服务由于其“防患于未然”的理念和功能，将在公共服务发展之中发挥更为重要的作用，社区体育服务均等化必将有力地推动国家整体健康水平的提高。

四、基本公共体育服务均等化有利于为个体和社会发展提供人力资本

20 世纪 60 年代美国著名的经济学家西奥多·舒尔茨提出传统的主要依靠物质和劳力增加来促进经济增长的观念已经落后。对于现代经济而言，人的知识、能力和健康等人力资本的提高，对经济增长的贡献更为重要。虽然学者们对于人力资本的内涵具有不同的看法，但是对于以健康等内容为主的人力资本的重视都是一致的。一方面，社区体育服务主要通过体育锻炼增进健康、预防疾病、调节心理来发展个体的人力资本，健康对于宏观经济的增长

---

① 傅华，李洋，朱凯旋. 当今预防医学与公共卫生的两大里程碑：临床预防服务和社区预防服务[J]. 中国慢性病预防与控制，2003，11(3)：121 - 122.

② 胡发明. 美国面临的十大公共卫生保健挑战[J]. 国外医学(医院管理分册)，2001(4)：163 - 165.

存在很强的弹性，进一步验证了健康作为人力资本的重要组成部分在经济发展中的作用①。另一方面，健康与工作效率、工作强度和工作效果的关系已经得到广泛证实②，社区体育服务以减少人力资本损耗为主，这也能够保证人力资本能够得到充分的运用。

① 彭现美. 健康投资绩效研究[M]. 合肥：合肥工业大学出版社，2006：4.
② 李万来. 人力资本理论与发展体育的经济意义[J]. 成都体育学院学报，2000，26(6)：12－14，24.

第四章 我国基本公共体育服务均等化调查：现状与分析

基本公共体育服务以政府供给基本体育公共产品和服务为主要内容，政府主要运用公共资源供给基本公共体育服务，而基本公共体育服务制度是实现基本公共体育服务供给的重要保障。基本公共体育服务制度在总体上可以看作是政府和体育主管部门为了实现基本公共体育服务目标所制定和实施的各项正式法律、法规、政策和措施。基本公共体育服务制度在基本公共体育服务均等化发展中至关重要，考查我国基本公共体育服务制度的变迁过程能够明确我国政府和体育主管部门在基本公共体育服务供给中的角色和责任，有利于对我国基本公共体育服务均等化现状进行把握和分析。

第一节 我国基本公共体育服务均等化现状

国家基本公共服务体系“十二五”规划中将“向全民免费开放基层公共文化体育设施”和“为城乡居民参加全民健身活动提供免费指导服务”作为政府提供的公共体育服务内容，并将群众体育发展作为重点任务，包括基层公共体育设施建设和开放、全面实施全民健身计划等方面。社区体育服务无论是在物理空间上还是在社会空间上与社区成员的关系最为紧密，因此本研究将社区体育服务视为基本公共体育服务之本，我国社区体育服务均等化现状很大程度上决定着我国基本公共体育服务的均等化水平。

鉴于对社区的多种认识和看法，社区体育服务可以宽泛地界定为：以基层社区和社会服务机构为主体，以社区成员的自助—互助为基础，利用社区内外的体育资源，专门为居民的体育活动创造条件、提供帮助的各种活动的总称。① 而在基本公共体育服务视域下的社区体育服务，主要是指在一定基层

---

① 刘艳丽，苗大培. 社会资本与社区体育公共服务[J]. 体育学刊，2005，12(3)：126 – 128.

区域内［相当于街道、乡镇、社区、居（村）委会辖区范围］满足社区成员基本公共体育需求而提供公共体育产品的服务行为的总称。

一、我国社区体育服务的制度变迁

我国社区体育是在新中国成立之后大力提倡和发展群众体育的基础之上，伴随着我国经济、社会和国际大众体育的发展而逐渐成为我国体育发展中的重要一环的。在新中国诞生前夕通过的具有宪法性质的《中国人民政治协商会议共同纲领》第四十八条中提到要“提倡国民体育”。同时，中华全国体育总会筹备会议提出了“为人民的健康、新民主主义的建设和人民的国防而发展体育”的口号。1954 年 1 月，中共中央发出了《关于加强人民体育运动工作的指示》，明确指出：“改善人民的健康状况，增强人民体质，是党的一项重要政治任务。”1954 年 2 月，《人民日报》发表了题为《积极开展群众性的体育运动》的重要社论。之后，中华全国总工会、各行业系统都下发了开展职工体育运动的文件，在农村也以“服从生产，坚持业余、自愿原则，开展简单易行的体育活动”的思路发展体育运动。① 我国体育从此走上了全面普及、深入开展、生产性和政治性深厚的体育发展之路，这一时期群众体育的发展完全由政府意志推动。在体育运动场地设施、器材普遍极其落后的条件下，我国群众体育主要以单位、系统等组织化的形式，通过带有极大政治意义的“劳卫制”，群众体育在较低水平时得到了较为均等的发展。

这种由政府包办、单位和系统为主导的群众体育发展制度在市场经济和社会多元化发展的新形势下已经无法继续维持和推动群众体育的发展。1986 年，原国家体委制定的《关于体育体制改革的决定（草案）》就提出，要实现由国家包办体育到国家办与社会办相结合的转变，实现群众体育的社会化。虽然该项改革在引进社会办体育的同时，在一定程度上以资源优先向竞技体育配置的方式使群众体育的发展面临一定的困境，但是从另一方面看，政府和体育主管部门将其职能更加准确地定位于体育发展的推动者而不是直接的生产者。

社区体育服务的具体供给制度可以分为以下三个方面。首先是关于体育场地设施的相关法规。自 1984 年中共中央发出的《关于进一步发展体育运动的通知》中提到“体育设施远远不能适应体育事业发展的需要，必须增加数量，提高质量”以来，相继颁布了多项有关体育场地设施建设的法规，如国

① 伍绍祖. 中华人民共和国体育史（1949 ~ 1998）综合卷［M］. 北京：中国书籍出版社，1999：71 - 82.

家体委和城乡建设环境保护部于1986年联合下发的《城市公共体育运动设施用地定额指标暂行规定》的通知、国家技术监督局和国家建设部1994年发布的国家标准《城市居住区规划设计规范》、2003年国务院发布的《公共文化体育设施条例》、2005年多部门批准发布实施的《城市社区体育设施建设用地指标》等，都对城市社区体育场地设施做出了相关的规定。其次是全民健身事业对于社区体育服务的推动。1995年，国务院正式颁布了《全民健身计划纲要》，明确规定了群众体育的目标和任务、对象和重点、对策和措施及实施步骤。① 2003年，《国民体质测定标准》实施，2004年，《全国城市体育先进社区标准》《全国城市体育先进社区标准指标》颁布，这些对我国社区体育的组织领导、体育活动、队伍建设、场地设施提出了明确的标准。在参照《全国城市体育先进社区评定办法》的基础上，浙江、广东、福建等省份相应颁布了各省的评定办法，浙江省更是建立起了体育强县（市、区）、体育强乡镇、城市体育先进街道、城市体育先进社区和先进体育总会的一整套评比制度，全国各地和各省域范围内争强创先的活动极大地推动了城市社区体育服务的发展。2009年8月30日，国务院颁布的《全民健身条例》标志着我国全民健身事业进入新的历史阶段，它反映了国家对发展全民健身事业和增进人民体质健康的高度重视与关怀，表现出国家推进以全民健身为代表的公共体育服务所进行的制度安排和法律保障。② 最后是多项体育场地设施建设工程对于社区体育服务的提升。在社区体育服务中场地设施缺乏已经成为制约社区体育发展的重要因素，政府和体育主管部门利用财政和体育彩票公益金，通过实施全民健身工程（包括全民健身路径、全民健身活动中心、雪炭工程、民康工程、全民健身户外活动基地）、农民体育健身工程，力争改善我国体育场地设施特别是城市社区、落后地区和农村地区体育场地设施严重匮乏的问题。相关规章、制度、工程的颁布和实施极大地推动了我国社区公共体育服务和均等化的发展。

二、我国社区体育服务均等化水平现状

本研究对东部7个街道、9个乡镇和中部2个街道、9个乡镇的社区体育服务现状进行了调查（调查问卷见附录1），从地区（东部和中部）、城乡（街道和乡镇），从公共体育服务场地、设施、组织、活动等角度对我国社区

① 董新光. 全民健身大视野[M]. 北京：北京体育大学出版社，2003：82.

② 于善旭. 论《全民健身条例》对公共体育服务的制度推进[J]. 天津体育学院学报，2010，25(4)：277－281.

体育服务均等化水平现状进行了分析。

（一）我国地区之间、城乡之间社区体育服务均等化水平现状

1. 东中部地区和街道、乡镇之间体育场地、设施情况

从基本公共体育服务这一视角出发，研究者在调查中选取贴近广大人民群众日常锻炼的，以普及型的、免费的体育场地、设施、组织、活动作为我国东中部城乡社区体育服务调查的主要指标，在此基础上对我国社区体育服务均等化现状进行了分析（表4-1）。本调查中的公共体育场地主要是指街道、乡镇建设的拥有一定体育设施并向当地居民免费开放的公共体育场地。从公共体育场地项目来看主要是以篮球、乒乓球、健身器械为主，多数公共体育场地兼具体育场地和文化广场的功能。根据调查，我们可以发现，拥有公共体育场地设施的社区比例并不高，东部地区要多于中部地区。从东部来看，公共体育场地设施乡镇与街道差距不大，主要在于乡镇较之于街道拥有较为宽裕的建设用地。

表4-1　东中部地区社区体育服务场地、设施情况一览表

地区	社区类型	数量	体育健身场地				
			公共体育场地设施	全民健身广场（中心）	健身苑、健身路径	健身苑、健身路径社区（行政村）覆盖率	行政村篮球场覆盖率
东部地区	街道	7	5	5	149	59%	100%
	乡镇	9	5	7	92	35%	79%
中部地区	街道	2	1	2	11	40%	100%
	乡镇	9	2	4	35	21%	48%

资料来源：本研究调查。

健身苑、健身路径是建设于居民身边、易于居民进行日常锻炼活动的体育健身场地。从调查情况看，东部与中部之间在健身苑、健身路径数量上的差距较为明显。东中部区域之间、东中部街道之间、东中部乡镇之间和东中部地区街道与乡镇之间，在体育场地、设施方面最大的差距在于其社区（行政村）覆盖率方面。调查显示，东部地区街道、乡镇健身苑、健身路径社区（行政村）覆盖率分别达到了59%、35%，中部地区街道、乡镇健身苑、健身路径社区（行政村）覆盖率分别仅为40%、21%。健身苑、健身路径的分布，东部地区多于中部地区（包括街道和乡镇之间）、街道多于乡镇的现状较为明显。

农民健身工程自2006年开始实施，“这是我国历史上第一次有计划、大

规模、广覆盖地在全国村庄为农民建设身边的公共体育设施”①，主要建设内容是一个水泥硬地标准篮球场和两张乒乓球台。本研究调查行政村篮球场覆盖率，其中包括近年来农民健身工程建设的篮球场地，从调查结果来看，东中部地区街道所属行政村篮球场覆盖率达到了100%，东部地区乡镇行政村覆盖率为79%，乡镇覆盖率为48%，东中部区域之间、街道与乡镇之间行政村篮球场覆盖率差异较为明显。

在社区体育服务场地、设施中，全民健身广场（中心）是一种规模较大、设施较完善、由多个体育健身项目设施组成的体育健身场所，就目前来看，全民健身广场（中心）是广大人民群众能够免费进行较正式体育锻炼的最好场所。例如，广东省中山市区的全民健身广场总面积约10万平方米，内设多功能休闲健身广场1个、小型足球场8个、篮球场12个、网球场8个、排球场6个、门球场2个、溜冰场1个、羽毛球场4个、乒乓球台32张、环场跑道及军事跑道各1条、健身路径3条等体育设施，每天有数以万计的群众在此进行健身锻炼。全民健身广场（中心）的体育设施建设标准较高，一般有体育彩票公益金予以资助，因此，其在建设和命名上具有一定的要求，如《广东省“全民健身广场”工程建设项目申报办法》第五条项目建设的基本要求的第一点规定：由省体育彩票公益金资助建设的全民健身广场，是“全民健身工程”的一部分，其名称统称为“广东省全民健身广场”。因此，全民健身广场（中心）并不是普通意义上的用于全民健身的广场。本调查显示，东部地区街道和乡镇全民健身广场（中心）的数量和分布要明显高于中部地区，但是这种过高的差距（包括街道和乡镇之间的差距）可能是来自填写人员对全民健身广场（中心）认识的差异。

2. 东中部地区和街道、乡镇之间组织、活动情况

在社区体育服务中场地、设施是基础，组织、活动是社区体育服务发展的重要表现，掌握东中部地区和街道、乡镇之间的组织和活动情况，可以对我国社区体育服务的均等化现状进行分析（表4-2）。

从晨（晚）练点和体育社团、组织数量和分布情况看，东部地区要多于中部地区、街道要多（好）于乡镇，这主要是由于居民体育锻炼意识和体育人口的差距。在活动方面也表现出同样的特征，同时开展体育活动的次数明显要多于健身讲座，从某种程度上来说，开展全民健身活动就等于搞体育活

---

① 国家体育总局. 改革开放30年的中国体育[M]. 北京：人民体育出版社，2008：40.

动的观念仍然具有普遍性。①

表 4-2　东中部地区社区体育服务组织、活动情况一览表

地区	社区类型	体育健身组织、活动						
		晨（晚）练点	社区（行政村）覆盖率	体育社团、组织	社区（行政村）覆盖率	健身讲座	发放健身资料	体育活动
东部地区	街道	70	45%	88	35%	15	2 519	41
	镇乡	133	38%	62	24%	10	5 000	49
中部地区	街道	20	44%	11	32%	3	500	15
	镇乡	51	22%	35	12%	12	2 000	39

资料来源：本研究调查。

3. 东中部地区和街道、乡镇之间人力、经费投入情况

人力和经费投入是社区体育服务的保障条件，直接决定着社区体育服务的发展，但是对于“上面千条线，下面一根针”的基层行政管理部门而言，人力十分有限，经费的投入（仅包括本级经费投入并且不包括某些年份场地建设资金）更是因部门财政情况而差异巨大。在调查中每个街道和乡镇都表示有专、兼职主管人员，比例为4∶6，但是由于基层部门大都已经取消了体育专干的编制，所以体育专职主管人员的业务范围较之过去已远为扩大，因此对于体育业务的投入也相对缩减。从经费投入情况看，东部地区普遍好于中部地区，东部地区某镇的年体育经费投入达到了45万元，基层体育经费普遍在5万元以上，而中部地区普遍在1万元左右。在社区体育服务中另一项重要的内容是居民体质测试，从调查情况来看，社区体育服务中居民体质测试的实施仍未达到常规化和正规化，仅有少数基层建设有体质测试功能室，配备有体质测试的仪器，并且其开放程度极为有限。通常情况下，社区只在接到居民体质测试分配名额时，在上级体育主管部门和体质测试人员的组织下才安排社区居民进行体质测试。

（二）我国区域内社区体育服务均等化水平现状

本研究以省域范围内经济社会发达地区与欠发达地区社区体育服务作为研究对象，主要从场地、组织两个方面利用体育主管部门的资料对其社区体育服务现状进行比较，明确区域内社区体育服务的差距。本调查选取广东省

① 董新光，刘小平，白永惠. 群众体育中忽视建设带来的问题及发展思路[J]. 体育文化导刊，2005(4)：11－13.

内的广州市和韶关市作为区域社区体育服务情况调查的对象，通过两市 2009 年和 2016 年基本公共体育服务发展水平比较，评估 2009 年和 2016 年广东省区域内基本公共体育服务均等化发展水平，并探析 7 年间广东省区域内基本公共体育服务均等化的发展状况。

广州市是广东省省会城市，韶关市位于广东省最北部，属于落后城市，两市 2009 年、2016 年经济、收入与财政情况见表 4-3，可以看出，两市地区人均生产总值差距较大但呈缩小趋势，然而两市地区生产总值总量仍然差距巨大。广州市人均城镇可支配收入与韶关市的比值从 2009 年的 1.7 拉大至 2.0，两市的人均财政收入比值从 5 下降至 3.3。

表 4-3　广州市、韶关市经济、社会发展数据表

地区	广州市		韶关市		两市比值	
年度	2009	2016	2009	2016	2009	2016
（地区）生产总值/亿元	9 138.21	19 547.44	578.75	1 218.39	15.8∶1	16.0∶1
人均生产总值/元	89 082.00	141 933.00	19 549.00	41 388.00	4.6∶1	3.4∶1
人均城镇可支配收入/元	27 609.60	50 940.70	16 288.70	25 854.60	1.7∶1	2.0∶1
人均财政收入/元	6 799.13	10 119.18	1 370.96	2 889.10	5∶1	3.3∶1

资料来源：广东省统计局，广东省统计年鉴（2010，2017）

首先，从街道社区体育服务情况来看，由于广州和韶关城市化水平存有较大差异，街道办事处数量差异很大，因此，对成立有体育工作机构的街道办事处数量、辖区内建设有公共体育场地设施的街道办事处数量和达到体育强省全面小康社会体育场地标准的街道办事处数量的比较意义不大。从覆盖率来看，2009 年两个地方街道的情况差距并不大，处于欠发达地区的韶关能够在两个指标上甚至超过广州（表 4-4），这说明韶关街道层面社区体育服务的发展状况并不落后。

其次，从社区居委会层面成立的体育组织总数、建设有健身路径或乒乓球台或小篮板的全民健身点数和完全没有体育场地设施的社区数（表 4-5）来看，广州和韶关的差距十分巨大。2009 年，在广州和韶关社区居委会数量比达到 10 倍的情况下，韶关社区居委会成立体育组织的比例仅为广州的一半稍强，而完全没有体育场地设施的社区比例竟然为广州的 7 倍，由此可以看出，广州和韶关在社区居委会层面社区体育服务所存在的巨大差距。

再次，从建有体育机构的乡镇数、成立体育组织乡镇数和达到场地设施标准乡镇数（表 4-6）来看，2009 年广州和韶关在乡镇一级组织建设方面存在的差距并不大，但是在达到场地设施建设标准的乡镇数的比例方面存在明显的差距。

最后，从成立有体育组织和已建有一个篮球场行政村数（表 4-7）来看，2009 年，广州和韶关同样存在着不小的差距，整个韶关市实施农民健身工程完成率只有 60%，要实现广东省 2016 年 100% 行政村建有公共体育场地设施的目标存在不小的难度。

而在 2016 年对广州市和韶关市社区体育服务的再次调查之中，发现两市无论是在街道社区层面还是在乡镇行政村层面相关指标都达到了 100% 的完成率。尤其是在 2009 年落后幅度较大的韶关市行政村基本公共体育服务建设，在经过 7 年之后也全部达到了指标要求。

表 4-4　广州市、韶关市街道社区体育服务情况

	街道办事处数量	成立有体育工作机构（配有体育专职人员）的街道办事处数	街道办事处成立的体育组织（含体育类社会团体）总数	辖区内建设有公共体育场地设施的街道办事处数	达到体育强省全面小康社会体育场地标准的街道办事处数①
广州（2009）	130	87（67%）	371	128（98%）	61（47%）
广州（2016）	136	136（100%）	371	136（100%）	136（100%）
韶关（2009）	17	13（76%）	27	16（94%）	10（59%）
韶关（2016）	10	10（100%）	27	10（100%）	10（100%）

资料来源：广东省体育局群体处，数据截至 2009 年年底和 2016 年年底。

表 4-5　广州市、韶关市居委社区体育服务情况

	全市社区居委会数	成立有体育组织（含体育类社会团体）的社区居委会数	社区居委会成立的体育组织（含体育类社会团体）总数	社区辖区内建设有健身路径或乒乓球台或小篮板的全民健身点数	完全没有体育场地设施的社区数	全市全民健身站点总数②
广州（2009）	1 513	813	880（54%）	1 899	88（6%）	1 387
广州（2016）	1 513	1 513	1 513（100%）	1 899	1 513（100%）	1 387

① 指街道建有占地 1 500 平方米以上的健身小广场或公园（内有健身路径、羽毛球场、室外乒乓球台等）和使用面积累计达 600 平方米以上的室内活动场所。

② 健身站点（含建设有体育器材和没有体育器材的健身站点）：指有 5 个以上健身团队的站点（每个团队规模在 10 人以上），此处不包括农民体育健身工程。

续表

	全市社区居委会数	成立有体育组织（含体育类社会团体）的社区居委会数	社区居委会成立的体育组织（含体育类社会团体）总数	社区辖区内建设有健身路径或乒乓球台或小篮板的全民健身点数	完全没有体育场地设施的社区数	全市全民健身站点总数
韶关（2009）	130	37	49（28%）	55	55（42%）	90
韶关（2016）	223	223	223（100%）	223	223（100%）	223

资料来源：广东省体育局群体处，数据截至2009年年底和2016年年底。

表4-6　广州市、韶关市乡镇社区体育服务情况

	全市乡镇数	建有体育机构（乡镇综合文化站、文体站、体育指导站等）的乡镇数	乡镇成立的体育组织（含体育类社会团体）总数	成立有体育组织（含体育类社会团体）的乡镇数	建有公共体育场地设施的乡镇数	达到场地设施标准的乡镇数①
广州（2009）	35	35（100%）	104	35（100%）	34（97%）	11（31%）
广州（2016）	34	34（100%）	104	34（100%）	34（100%）	34（100%）
韶关（2009）	91	86（95%）	81	86（95%）	86（95%）	11（12%）
韶关（2016）	94	94（100%）	207	94（100%）	94（100%）	94（100%）

资料来源：广东省体育局群体处，数据截至2009年年底和2016年年底。

表4-7　广州、韶关行政村社区体育服务情况

	全市行政村数	行政村成立的体育组织（含体育类社会团体）数	成立有体育组织（含体育类社会团体）的行政村数	已建有一个篮球场（含篮球架）的行政村数
广州（2009）	1 142	535	868（76%）	1 065（93%）
广州（2016）	1 151	1 151	1 151（100%）	1 151（100%）

① 指乡镇建有占地3 000平方米以上的健身广场或公园（内有灯光篮球场、羽毛球场、室外乒乓球台、健身路径等）和1处600平方米以上的室内活动场所。

续表

	全市行政村数	行政村成立的体育组织（含体育类社会团体）数	成立有体育组织（含体育类社会团体）的行政村数	已建有一个篮球场（含篮球架）的行政村数
韶关（2009）	1 202	572	702（58%）	720（60%）
韶关（2016）	1 202	1 202	1 202（100%）	1 202（100%）

资料来源：广东省体育局群体处，数据截至2009年年底和2016年年底。

（三）小结

通过对我国地区、城乡和区域社区体育服务在场地设施、组织、人力、经费等方面进行调查，研究者认为我国地区之间、城乡之间和区域之间存在着社区体育服务不均等的现象，总体表现为东部地区、城市街道和经济社会发达地区在社区体育服务上明显要好于中部地区、乡镇农村和经济社会欠发达地区。在我国社区体育服务均等化发展中场地设施问题已经得到普遍的重视并且采取了相应的措施，而对于组织建设、人力资源配备和经费投入等方面在认识到问题的同时仍然缺少有力的发展规划。基本公共体育服务均等化面临着更高水平发展的问题。

第二节　我国基本公共体育服务非均等现状原因分析

基本公共体育服务作为经济、社会宏观背景下公共服务的一个组成部分，对于我国基本公共体育服务非均等现状进行分析也无法脱离我国经济、社会发展的外部环境。我国基本公共体育服务非均等现状也是我国公共服务发展现状的具体反映，分析我国基本公共体育服务非均等现状，首先应当分析宏观层面的影响因素，其次再从体育领域的微观层面对我国基本公共体育服务非均等现状进行分析。

一、基本公共体育服务非均等现状宏观层面的原因分析

（一）公民公共服务需求、权利和利益表达机制缺失

公民的需求、权利和利益从根本而言即民生问题。“民生”作为“人民的生活”来理解，涉及每个社会成员的生存与发展，因此，从这个意义上来说，公民需求、权利和利益的表达是对个人生存与发展的一种诉求方式。在君权

社会的私人政治环境下，社会成员能够表达个人需求、权利和利益的方式和形式都极为有限，也不存在相应的表达机制，因此，在这种政治环境下“民生”更多地是来自君主的恩赐。① 而在民主社会的现代公共政治环境下，公民的需求、权利和利益表达已经成为政治合法、政策合情和利益合理的基础，建立公民需求、权利和利益的长效、流畅表达机制是保障社会成员生存发展和社会和谐进步的重要途径。

目前我国公民需求、权利和利益表达机制缺失在公共服务领域的表现主要有以下几个方面。第一，政府信息公开不足，公民不能“知情表意”。使公民能够及时、准确、全面地了解相关信息，具有充分和得到保障的知情权，是公民参与社会事务、表达个人观点和意见的前提。但是在很多情况下政府信息公开的时间、内容还不够及时、透明。第二，不同社会群体不能拥有相同的表达机会。直至2010年《中华人民共和国全国人民代表大会和地方各级人民代表大会选举法》修改后农村与城市每一位代表所代表的人口数比例才相等，4个农民等于1个市民的差等选举权制度才最终走入历史，这标志着农民和市民能够拥有相同的表达群体意见的机会。与此同时，在我国社会中日益庞大的农村进城务工人员群体，在城市中无法享有与城市居民相同的待遇和地位，更缺乏相应的表达机会。第三，基层民主发展缓慢，表达渠道不畅。基层民主是公民能够直接参与的直接民主，应当是公民反映自身需求、行使个人权利、进行利益表达的最主要途径，但是由于基层民主发展缓慢，很多问题和矛盾无法消解于基层，于是只能求诸越级上访和群体性事件等极端方式，对社会稳定造成极大影响。

（二）政府公共服务职能履行过程中缺位、错位和越位现象频生

由于我国没有形成公民需求、权利和利益表达的有效机制，因此，政府公共服务职能履行只能靠政府自身来规制。政府这种依靠自我规制实施公共服务职能的方式，在一定程度上具有很强的动员能力，可以举全国之力推行某些公共服务，如抢险救灾、基础设施建设等，并具有无可比拟的优势。但是我国也存在着政府公共服务职能缺位、越位、错位的现象。第一，政府公共服务缺位。与广大社会成员密切相关的医疗、就业、失业、养老、最低生活等基本公共服务在广大农村地区长期空白。政府对于广大农村地区清洁用水、无害化厕所等基础设施公共服务的投入仍然存在不足。第二，政府公共

① 张艺，谢金林，杨志军. 从恩赐到权利：民生话语表达逻辑的历史考察[J]. 云南财经大学学报（社会科学版），2008，23(3)：12－14.

服务错位。政府公共服务错位的现象既存在于横向上的部分公共服务领域，也存在于纵向上的上下级政府公共服务之间。在部分公共服务领域，公共服务的豪华奢侈现象层出不穷，加上我国转移支付制度仍不完善，因此地方政府无力提供相应的公共服务。第三，政府公共服务越位。政府公共服务越位的根本其实是政府超越了其自身的职能范围，特别是将政府的公共权力运用到市场中去，从而发生“与民争利”的现象。

（三）城乡二元结构下公共服务城市偏向发展

农村和城市既是农业生产方式和工业生产方式的代表，也代表着农业文明和工业文明这两种不同的人类文明形式。从根本上来说，农村与城市并不存在着对立和冲突，城乡二元的结构更多时候只是在社会发展进程中占据着不同比例。在农业文明主导的时期农村占据着绝对的地位，而工业文明之后城市的地位不断提高。

我国城乡二元结构的现状更多的是通过城乡割裂和城市偏向的各种制度而形成的，并且由于城乡差距的不断扩大而不断固化。我国制定的城乡分治和城市偏向的制度包括：1958 年国家颁布的《中华人民共和国户口登记条例》将城乡居民分为农业和非农业户口，对农村人口进入城市做出了极为严格的规定；基于户口的划分，国家给予城市非农户口居民各种优惠的就业、福利待遇和社会保障。粮食统购统销制度使粮食供应优先保障城市需要，价格剪刀差制度使城市从农村获得大量的资金，通过“挖农补工”的方式为我国工业发展奠定基础。虽然上述某些制度已经被废除，有些制度因为经济社会的发展其影响力日渐式微，但是有些制度依然存在并且在城乡之间制造着鸿沟。2003 年，党的十六届三中全会提出要统筹城乡发展，这是调整我国城乡关系、促进城乡协调发展的重要决策，但是对于城乡统筹发展存在着简单化和片面化的理解。在这其中，“城市偏向”发展理念指导下的城乡统筹发展观依然较为普遍。很多人认为城乡统筹发展就是去农村化、去农业化或城市化、工业化，抱有这种想法的城乡统筹发展的现实表现就是农村土地整治过程中“赶农民上楼”的粗暴和简单的城市化做法。以“城市偏向”为主导的统筹城乡发展方式损害的是农民利益，危害的是农业发展。从长远来看，不能有效地增加农民的收入，则无法促进其进行消费，进而影响到工业的生产，而失去农业的发展，则会影响到整个社会的稳定。

二、基本公共体育服务非均等现状微观层面的原因分析

（一）领导重视与标准落实——摇摆的基本公共体育服务地位

政府是基本公共体育服务的供给主体，在基本公共体育服务均等化推进过程中占据着主导地位。政府和体育主管部门推进基本公共体育服务均等化主要依循发布整体规划、下发行动方案、层层落实任务和基层贯彻实施这样一个由上至下的行政过程。在这一过程中，上级政府和体育主管部门的政策规划是整个基本公共体育服务均等化推进的原点，而基层是实现基本公共体育服务均等化最重要的一环。基本公共体育服务均等化政策和行动方案中一般都包含着具体的基本公共体育服务内容和标准，如国家农民体育健身工程提到“农民体育健身工程”建设的每个标准篮球场及配套器材平均需投资3万元，其中场地建设约2万元（含材料费和机械费，不包括人工费），器材费1万元（含一副玻璃钢篮板固定篮球架、两张水磨石台面钢架室外乒乓球台）。[①] 在学校体育领域，有关学校体育办学条件、学校体育教学课程标准、学校体育工作条例等也都有相应的要求和标准。但是在基本公共体育服务推进过程中，特别是在基层环节最终执行时，标准的落实通常离不开领导的重视。而得不到领导重视的标准通常很难得到落实，同时领导的重视程度不同时，标准的执行也同样呈现出差异。

基本公共体育服务需要得到领导的重视才能够开展，这固然有基本公共体育服务在政府工作中地位不高的原因，当然这也不仅仅是困扰基本公共体育服务的问题。在我国现阶段，经济建设在政府工作中占据着压倒性的地位，更主要的原因在于领导重视其背后所蕴含的对于基层事务发展的一种非常态的影响力。这种影响力在应对突发事件时通常能够起到“短、平、快”的效果。这种影响力扩散到日常行政事务或者基本公共体育服务发展中是一柄双刃剑。在一些基本公共体育服务发展较好的基层的典型事例中，通常可以发现领导重视总是居于经验总结的首位。当基本公共体育服务工作得到领导重视之后，基层能够从上级主管部门争取到经费，能够从紧张的本级经费中挤出经费、能够从繁忙的行政事务中抽出时间，能够从多方阻挠的形势下排除困难，为基本公共体育服务工作的开展创造了良好的条件，为当地居民提供较好的基本公共体育服务。但是与领导重视相对应的是领导的不重视，种种

① 国家体育总局. 国家体育总局 国家发展和改革委员会 财政部关于下发《“十一五”农民体育健身工程建设规划》的通知. [EB/OL]. (2007-05-19) [2022-02-05]. https://www.sport.gov.cn/qts/n4986/c670184/content.html.

通过领导重视所得到的基本公共体育服务工作环境也同样可能失去，从而使基本公共体育服务完全无法进行或者处于停滞状态。在调查过程中就发现基层体育工作开展的情况部分甚至完全取决于该基层领导对于体育活动的兴趣。在该基层领导重视体育健身、重视体育竞赛成绩的情况下，基层体育场地设施建设、体育活动竞赛、体育创优评先活动开展得十分红火。而在基层领导认为体育可有可无、投入太高、产出无形的情况下，该基层几乎完全不开展体育工作。

因此，领导重视固然能够使基本公共体育服务工作的地位得到提升，从而使基本公共体育服务得到更好的开展，但是基本公共体育服务仍然应该加强相关政策、标准的落实，使基本公共体育服务在制度保障的前提下得到常态化和普遍化的发展，从而真正地实现基本公共体育服务均等化。

（二）经费预算与彩票公益金——失衡的基本公共体育服务投入

政府在推进基本公共体育服务均等化过程中需要动用公共资源。从资金投入方式来看，这主要包括预算内财政支出和预算外财政支出两种。体育预算内财政支出主要来源于政府税收收入，体育预算外财政支出最主要的来源是体育彩票公益金收入。从近年来我国体育事业发展经费投入情况来看，体育事业经费投入的绝对值虽在不断增加，但从体育事业经费投入的相对规模来看，体育事业经费投入占 GDP 及国家财政支出的比重却非常低，两项比重均呈下降趋势。[①] 同时，由于我国体育事业经费中的相当比例是用于竞技体育，因此能够用于基本公共体育服务之上的资金相当有限。

在相当有限的用于基本公共体育服务的资金当中，由于体育彩票销量不断创新高而不断增加的体育彩票公益金（2021 年中国体育彩票全年通过 2 310.30 亿元的发行量，为国家筹集体彩公益金 584.55 亿元[②]）在基本公共体育服务中，特别是在基层，占据着相当大比例。在本研究调查中，不少基层体育主管部门表示，其维持区域内体育事业运转的资金主要是靠体育彩票公益金。虽然体育彩票公益金拓宽了体育经费的来源，但是这种主要甚至完全依靠体育彩票公益金发展体育事业、开展基本公共体育服务的方式存在很大的问题。

首先，政府财政预算体现的是政府对于一定时期内的目标和任务，政府财政预算不足就无法供给基本公共体育服务来满足广大社会成员的基本公共

---

① 李丽，张林. 体育公共服务：体育事业发展对公共财政保障的需求[J]. 体育科学，2010，30(6)：53－58，80.

② 王世让. 中国体育彩票“十四五”精彩开局[N]. 中国体育报，2022－01－04(03).

体育需要。要实现基本公共体育服务均等化就需要各级政府尤其是基层政府在财政上予以保障。在基层，体育经费财政预算不足甚至完全没有财政预算的情况使基本公共体育服务的开展无法得到基本经费保障，这在一定程度上使各地基本公共体育服务差距进一步扩大。其次，由于体育彩票公益金直接取决于体育彩票的销量，因此体育彩票公益金只能作为体育经费投入的有益补充，它不能取代财政预算的基础性地位。特别是对于经济发展较为落后地区，由于体育彩票销量有限，政府公益金收入也较少，如果仍然将体育彩票公益金作为基本公共体育服务的主要经费来源，必将极大地影响基本公共体育服务的供给。再次，体育彩票公益金的分配方式不利于基本公共体育服务均等化的实现。体育彩票公益金在扣除返还奖金和发行费用之后，在各级政府之间按体育彩票销量进行分配，它所遵循的返还机制与现行的税收返还机制有相似的地方，即多者多得。这种方式造成越是富裕地区越是得到财政支持（返还），越是欠发达地区越得不到财政扶持（返还）的局面。这种转移支付的方式不但不能缩小地区之间的差距，反而使地区财政收入进一步加大，不利于基本公共体育服务均等化的实现。

因此，在基本公共体育服务经费投入中，政府需要改变目前体育经费预算不足、仅靠体育彩票公益金的局面，仍然需要提高体育财政预算内支出经费数量和比例，同时有效地利用体育彩票公益金，共同加大基本公共体育服务投入，辅之以一定科学的财政转移支付方式，促进基本公共体育服务均等化。

（三）行政绩效与社会实效——错步的基本公共体育服务建设

基本公共体育服务建设主要分为场地、设施、器材等硬件建设和人力、组织、活动等软件建设。硬件建设为基本公共体育服务提供空间环境和氛围，虽然从纯粹增长体质和体能的角度，人们可以选择在封闭空间内进行健身和锻炼，但是从发展健康的心理和社会协调能力的角度出发，户外体育健身场地环境和氛围必不可少。软件建设一方面是为了给体育健身活动更加科学的指导，另一方面同样是体育活动中进行社会交流的需要。对基本公共体育服务建设进行评价，即对基本公共体育服务硬件和软件建设情况进行评价。评价的方式包括上级行政部门的绩效评价和社会群体的实效评价两个方面。对于某级行政部门而言，其行政绩效主要取决于上级部门的绩效评定，因此，在基本公共体育服务建设中也不可避免地施行以行政绩效为主的建设导向。

以行政绩效为主的基本公共体育服务建设导向，必然导致基本公共体育服务的错步发展，同时也影响基本公共体育服务的均等化发展。这主要是由于不同基层政府对于行政绩效激励存在差异化的反应。这种差异主要表现在，将基本公共体育服务“纳入”行政绩效评定范围的基层就会对该工作更为重视，反之则可能完全放弃该项工作。即使同样是在“纳入”制度的激励下，基本公共体育服务工作也同样会得到不同的对待，因为对于整个政府的绩效考核而言，基本公共体育服务所占份额极为有限，即使将其视而不顾，对基层政府总体绩效的影响也较小。另外，在行政绩效考核通常只能采取以点代面的方式，因此，打造“样板工程”式的基本公共体育服务建设，进一步拉大了区域内的差距。

在以行政绩效为主的基本公共体育服务建设导向下，基本公共体育服务建设主要围绕着绩效指标和数字标准，因此健身路径、农民健身工程、体育活动等能够具体体现绩效情况的硬件建设项目（体育活动在转化为文字、图像、新闻报道后也具有了硬件的性质）较为得到重视。而人力、组织等软件建设项目由于不具有直接的绩效表达特征，或者从相反角度来说这些项目较易转化为数字呈现为绩效，因此在基本公共体育服务建设中通常处于弱势地位。而在社会实效评价指导下的基本公共体育服务建设应该是硬件和软件并重、短期建设和长期建设共进的发展态势。因此在硬件建设过程中要避免只建造、不维护、不管理，在软件建设过程中要避免只注重在特定节日搞大型活动而不注重在平时开办讲座和培训的现象。

从根本上而言，作为现代的、民主的、以人为本的服务型政府，其行政绩效和社会实效并不应该存在矛盾。之所以存在两者之间的错位，造成在基本公共体育服务建设中忽视了社会实效这一重要的评价体系，其主要原因还是在于没有建立起科学、民主的行政绩效评价体系，在对基本公共体育服务进行评价时过于注重硬件指标而忽视了软件指标，过于注重数量而忽视了质量，过于注重“精品工程”而忽视了“平民工程”，将“平均”作为“均等”，造成基本公共体育服务非均等的发展态势。

第五章 我国基本公共体育服务均等化探索：域外经验、本土模式与路径选择

基本公共体育服务均等化是政府公共服务职能在体育领域的具体实践和广大人民群众公共体育需要的现实诉求。政府制定相应的政策、采取相应的措施实现基本公共体育服务均等化，使公民的体育权利得到保障，使所有社会成员都能够享有体育所带来的健康和快乐，这是事关民生的重要社会发展任务。在我国经济、社会和体育发展的现实条件下，需要借鉴基本公共服务均等化的国际和国内的已有经验，以客观求实的态度选择实现基本公共体育服务均等化的模式，以积极审慎的姿态探索实现基本公共体育服务均等化的路径。

第一节　英国公共体育服务评价发展历程

自1601年制定《济贫法》以来，英国一直重视公共服务的发展，公共体育服务通常作为休闲和娱乐公共服务的内容。英国中央政府是公共体育服务发展的主导者，因英国具有悠久的地方自治传统，英国中央政府和地方政府协同合作共同完成公共服务的供给，体育和娱乐服务一直是地方政府的职责①，从财政支出来看，2007—2008年度地方政府在娱乐和运动服务方面支出占到总支出的84%②。英国中央政府一直以来不断调整与地方政府之间的关系，持续促进地方政府公共服务水平的不断提高，这对英国公共服务整体发展产生了重大的影响。综观英国公共体育服务评价的发展历程及各阶段发展的基本特征，主要可以分为以下三个阶段。

---

① 戴维·威尔逊，克里斯·盖姆．英国地方政府［M］．3版．张勇，译．北京：北京大学出版社，2009：130．

② 江依妮．英国集权财政下公共服务供给的分析与启示［J］．当代财经，2011(4)：37－45．

一、英国公共体育服务评价发展阶段

（一）中央制定公共体育服务标准对地方进行评价

1. 公共体育服务的“绩效回顾”评价模式

英国在二战期间为了调动全国的物资进行战争，建立起了无所不包的大政府。该政府在当时的卓越表现为战后大政府体制的延续奠定了基础。二战之后，英国依据《贝弗里奇报告》，开始建设福利国家。大政府开始向英国人民提供全方位的社会公共服务，并于1948年率先向全世界宣称建成了世界上第一个福利国家。英国的公共服务经历了一个高速发展的阶段之后，也带来了困扰英国福利国家的大量问题，包括福利支出过度，国家财政负担过重，导致财政危机；固定资本投资下降，影响经济的进一步增长；劳动力成本提高，国际竞争能力下降；各种福利津贴在一定程度上削弱了市场对劳动力供求关系的调节作用，变相造就了一种新的“食利者阶层”；政府管理的低效率和官僚化严重。①

由于地方政府财政支出主要依赖于中央政府的补助金，1979年撒切尔夫人上台后开始进行大刀阔斧的公共服务改革。1980年颁布的《地方政府规划与土地法》和1984年颁布的《税收法》对地方财政和公共服务标准进行控制，在严控地方政府财政超支情况下，调整中央对地方政府财政补贴的结构和方式，限制地方政府的征税权利，以“金钱价值”标准衡量公共服务。1988年颁布的《地方政府法》开始在地方政府的大部分公共服务中引进“强制性竞标”并开始实施“公民宪章运动”，将市场机制引入公共服务的供给之中，同时中央政府开始加大对地方政府公共服务绩效评价和考核的力度。

公共服务当中所存在的问题同样也反映在公共体育服务之上。1985—1986年，英格兰和威尔士的体育和文化支出达到了7亿4千万英镑（平均每人13英镑），其中绝大多数都是由地方政府支出。从发展趋势来看，1979—1980年和1984—1985年，按不变价格计算支出增长了20%，而同期的管理费用支出增长了44%②。1988年《地方政府法》将公共体育服务列入“强制性竞标”的范畴，唯一豁免于“强制性竞标”的主要是那些不属于最基本的公共服务的体育和休闲场所的服务，如社区体育俱乐部或教育机构（如学校的

① 孙洁. 英国的政党政治与福利制度[M]. 北京：商务印书馆，2008：113－114.

② Audit Commission. Performance review in local government: A handbook for auditors and local authorities: Leisure and libraries[M]. HM Stationery Office, 1986: 13.

场地设施）的管理服务[①]，同时中央政府开始对地方公共体育服务的绩效评价进行考核。对地方公共体育服务的评价主要分为四个阶段[②]：一是确定绩效评价方法，二是建立绩效目标和监测现实成果，三是对未能获得预期成果的领域进行评价，四是根据评估过程采取相应措施。具体的流程如图5-1所示。

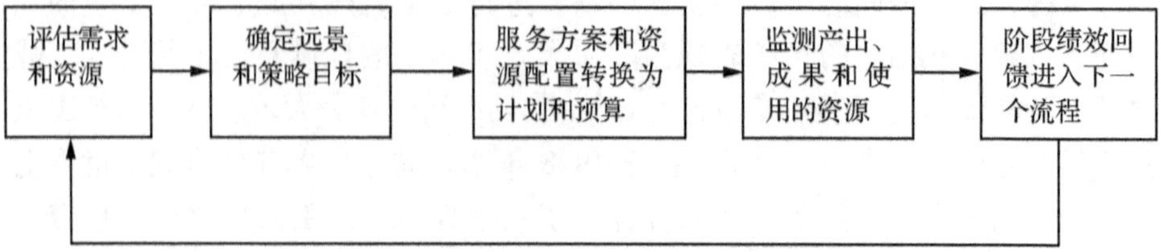

图5-1　英国公共体育服务评价流程图

中央政府对于地方政府公共体育服务的评价主要包括服务效果和服务效率两个方面。服务效果主要考核地方政府对于相应的服务对象，采取适合的方式提供适宜的服务，与政策初衷相契合；服务效率主要考核地方政府提供的服务是否有效率。关于服务效果主要包括三个方面：顾客和他们的需求、提供服务的方法和组织、服务的供给。关于服务效率主要包括：一般问题、人员成本、设施成本、车辆和设备、采购、间接支持成本。[③] 公共体育服务“绩效回顾”标准化指标（表5-1）是在撒切尔夫人强力推动公共服务改革的背景下出台的，其指标明显具有大力推动改革的特征，强调公共体育服务提供中的市场竞争，降低公共体育服务的提供价格，减少公共体育服务中的管理费用。这些指标直指当时公共体育服务中存在的问题，但是也因为过于关注经济效益，强调“强制性竞标”方式，反而对公共体育服务最根本的服务效果和社会效益造成了负面影响。

---

① 姜熙.从“强制性竞标”到“最佳价值”：英国政府公共体育服务政策发展、改革与启示[J].天津体育学院学报，2014(6)：478-483.

② Audit Commission. Performance review in local government: A handbook for auditors and local authorities: Action guide[M]. HM Stationery Office, 1988: 2.

③ Audit Commission. Performance review in local government: A handbook for auditors and local authorities: Action guide[M]. HM Stationery Office, 1988: 12-18.

表 5-1　英国公共体育服务“绩效回顾”标准化指标①

评价的问题		主要的指标/参考
提供的范围、位置和本质	地方议会是否表明了提供文化、室内、室外体育和其他娱乐设施的目的和目标	相关政策
	目的和目标是否经常进行评价	委员会报告参加人数
	如果地方议会兴建新设施，是否基于对需求的合理评估	市场研究报告 每个座位的净成本 反对意见 获得资助
	现有设施的市场营销如何安排	营销预算占收入百分比
	是否由地方议会监测设施的使用	参加人数 使用率（%）
	对确保赞助、资助和对设施、活动是否做出尽可能地贡献	收入占净支出百分比（%） 赞助协议
	当资助和赞助给予志愿组织时，地方政府如何对其价值表示满意	委员会报告和建议
联合提供	地方政府是否考虑过设施与其他地方机构或私人组织联合提供设施	区域外人口比例 当地比例（%） 非居民参与百分比（%）
	地方政府是否与地方教育联盟紧密联系，提供作为成人教育一部分的设施	
	公共设施是否在学校、图书馆、大学和商业场所	
收费政策	地方议会是否已经有针对特定用户的符合既定宗旨和目标的收费政策	参与的趋势
	上次用充分的经济评价政策对收费进行评估是何时	上次评估的时间 收入占业务支出的百分比（%） 每次入场的收入（英镑） 收入占总支出的百分比（%）
	收费政府与其他地方机构或私营机构运营类似设施的收费相比较，情况如何	
	不同的收费能否 a. 设施更充分的使用，b. 设施更加面向目标人群，c. 设施更适用于非当地居民	
	餐饮和吧台是否营利	利润占总运营支出的百分比（%）
	艺术画廊和博物馆的特别展览的收费是否根据同类水准进行过咨询	

① Audit Commission. Performance review in local government: A handbook for auditors and local authorities: Leisure and libraries[M]. HM Stationery Office, 1986: 13.

续表

评价的问题		主要的指标/参考
收费政策	公共设施的支出是否包括额外的取暖和照看	收入占总支出的百分比（%）
设施管理	是否有分责管理系统指定管理者在预算之内达成既定的目的、目标和指标	每1 000人的净支出（英镑） 每次入场的运营支出（英镑） 收入占运营支出百分比（%） 每次入场的总支出（英镑） 每个座位和设施位置的补贴（英镑） 使用率（%） 预约失败 开业每小时入场人数 每个员工接待人数
	设施是否进行充分的市场营销	使用率（%） 入场趋势 营销预算占收入百分比（%）
	是否有充分的会计及其他信息用于绩效评价	
	会员是否定期被告知各种设施的绩效	
	吧台和餐饮设施是否被良好地管理	利润或亏损占运营支出的百分比（%）
	是否通过竞标价格进行采购	
	与同类型设施或地方政府进行维护支出的比较结果如何	每平方米的支出（英镑）
	娱乐设施是否包括在地方议会的能源管理系统之中	
	休闲和娱乐管理的支出如何与其他地方政府的支出进行比较	总支出的比例（%） 管理人员占休闲和娱乐部门人员的百分比（%）
	管理支出包括哪些内容，如何与其他地方政府进行比较	
	中央建议资金是否被合理地分配	中央建设资金占总支出的百分比（%） 中央建设资金占运营支出的百分比（%）
	管理者是否能够进行自我挑战	
	管理者与其他地方政府比较的情况如何	

2. 公共体育服务的“最佳价值”评价模式

（1）中央政府公共体育服务的“最佳价值”

1997年新工党上台，开始推行“最佳价值”（Best Value，BV）公共服务，1998年发布的《现代化地方政府：通过最佳价值提高服务》是开展“最佳价值”公共服务改革的标志性文件。文件推出了地方政府行政改革的总体框架，其中有三项是针对地方政府公共服务的，强调政策制定需要更多的合作与战略，而不是短期压力反应；公共服务应该更加关注顾客的需求而非服务提供者的便利；公共服务必须持续提高质量和效果。[①] 文件同时提出了以“最佳价值”提升地方政府服务品质与绩效的12项原则，内容涉及最佳价值意图、目的、范围、方式、手段、国家和地方标准、计划、审核、报告及内阁大臣作用等方面。[②]

1999年，中央议会通过了新的《地方政府法》，该法废除了饱受争议的“强制性竞标”，取消了中央政府对于地方政府的部分权力，允许地方政府根据地方实际情况行使相关权力，履行公共服务职能，提供“最佳价值”的公共服务。该法的出台也被认为是中央政府对地方政府控制手段发生转变，中央政府关注的首要目标不是输入而是结果[③]，而采取的方式依然是由中央政府发布针对地方政府的“最佳价值”评价指标。1999年，环境、交通和区域部与审计署共同发布了2000—2001年包括192条的“最佳价值”评价指标，公共体育服务属于文化和相关服务的内容，文化和相关服务的“最佳价值”评价有7个指标，其中有2个指标与公共体育服务有关，如BVPI 116是关于投入与效率，BVPI 119是关于公平，另外由审计署提出的对于文化和相关服务的评价指标总共有23个，其中只有4个指标和公共体育服务有关，如ACI 1a是用于评价公共体育服务的效果指标，ACI 1b和ACI 4是用于评价公共体育服务的效率指标，ACI 3是用于评价公共体育服务的投入指标。（表5-2）在2001—2002年“最佳价值”评价中减少了审计署的评价指标，2003—2004年“最佳价值”评价增加了BVI 167——当地居民过去3个月或1年内参加当地体育活动和赛事的比例指标，可以看出在“最佳价值”公共服务评价体系之中，对于公共体育服务相关内容的评价较为松散，指标的选择也较为随意，

① 杨欣. 论英国地方政府法下中央对地方管制路径的演进[J]. 国际论坛，2008，10(4)：68－72.

② DETR. Modernising local government：Improving local services through best value [R]. London：DETR，1998.

③ Vincent Jones P. Central-Local relations under the Local Government Act 1999：A new consensus? [J]. The Modern Law Review，2000，63(1)：84－103.

难以对地方政府公共体育服务进行客观的评价。而在之后的“最佳价值”评价中公共体育服务内容完全从文化和相关服务内容之中退出。

表 5-2 环境、交通和区域部与审计署公共体育服务标准化指标（2000—2001）

指标名称	指标内容
BVPI 116	人均文化和娱乐设施投入
BVPI 119	不同人群居民对于文化和娱乐设施满意度
ACI 1a	每千人去游泳池和参观人数
ACI 1b	每次游泳或参观净花费
ACI 3	公众能够接触的运动场地的数量
ACI 4	体育、娱乐、公园和开阔地的人均净投入总额

（2）体育管理部门公共体育服务的“最佳价值”

相对于中央政府对于地方政府公共体育服务“最佳价值”的评价，体育主管部门所进行的公共体育服务“最佳价值”调查更具有专业性和针对性，其所提出的公共体育服务“最佳价值”评价体系也更为详尽。1997 年，《英格兰体育》（Sport England）随机选取了地方政府的 155 个体育中心和游泳池，对 40 000 名顾客进行了调查。该调查最初的目的是对原有体育设施规划模式进行更新，调查结果也同时验证了社会精英、中产阶级、年轻人、非残疾人更多使用体育中心和游泳池。① 2000 年，《英格兰体育》又一次开展了体育中心和游泳池服务国家标准调查，所使用的调查指标和维度如表 5-3 所示。

表 5-3 体育中心和游泳池服务国家标准调查指标和维度②

指标名称	指标内容
可及性主要指标	11～19 岁访问人数除以该群体人数的百分比；社会阶层 D 和 E 的访问百分比；黑人、亚裔和其他少数族裔访问百分比较
可及性其他指标	20～59 岁访问百分比；60 岁以上访问百分比；60 岁以下残疾人访问百分比；女性访问百分比；60 岁以上残疾人访问百分比；失业人士访问百分比；第一次访问百分比；持打折卡访问百分比；持特殊打折卡访问百分比
使用性主要指标	室内中心每平方米年访问人数

① Taylora P., Godfreyb A. Performance measurement in english local authority sports facilities[J]. Public Performance and Management Review, 2003, 26(3):251－262.

② 同上。

续表

指标名称	指标内容
使用性其他指标	开业时间访问人数；随意非组织化访问百分比；预定时间未使用百分比；一周实际访问人数
经济性主要指标	支出回报率；每次访问的补贴
经济性其他指标	每次访问、每平方米和每开放小时的补贴、运营支出、直接和间接收入
满意度和重要性	可及性；有效性；硬件质量；干净；人员和性价比
按类型体育中心分类	没有户外设施的干场地；有户外设施的干场地；干湿混合没有户外设施的场地；干湿混合有户外设施的场地；湿场地
按地区社会群体体育中心分类	<15% D 和 E 社会群体① 15% ~20% D 和 E 社会群体 >20% D 和 E 社会群体
按场地面积体育中心分类	<1 500 m^2 室内空间 1 500 ~3 000 m^2 室内空间 3 000 m^2 及以上室内空间
按标准 25% 50% 75%	 最低得分的体育中心 居中得分的体育中心 最高得分的体育中心

2001 年，《英格兰体育》发布了用于评价英格兰公共体育服务“最佳价值”的评价指标体系（表 5-4），该评价指标体系并不具有强制性，只是对地方政府实现“最佳价值”提出了相关的建议。实现“最佳价值”公共服务的原则被归结为“4C”，分别是挑战（challenge）——公共服务为何和如何被提供；比较（compare）——与其他组织提供服务的最高标准相比较；咨询（consult）——与各方进行商讨确定公共服务的内容、质量和评价；竞争（compete）——以任何方式的竞争使公共服务达到最佳。② 但是这四个原则到底是为谁的“最佳价值”而服务远不如这四个原则本身那么明确，因此“最佳价值”在促进公共服务发展的同时，自身也存在着关于公共服务经济、效率和效益问题认识上的困境。从“强制性竞标”到“最佳价值”的评价模式公共服务改革历程，既表现了英国公共服务在市场化导向上的一贯立场，同时也在公共服务发展理论支撑、评价方式和对地方政府的要求方面具有不少

① 阶层 D 和 E 是英国六阶层划分下的最低阶层。

② Sport England. Performance measurement for the development of sport: A good practice guide for local authorities main report[R]. London: Sport England, 2001.

差异，也许最大的差异在于“强制性竞标”将重点置于公共体育服务的顾客或消费者身上，而“最佳价值”则将重点置于公共体育服务的顾客和公民身上。①

表 5-4 《英格兰体育》关于公共体育服务“最佳价值”的标准化指标②

指标类别	指标内容
核心指标	地方是否具有与《英格兰体育》发布指南相符的体育发展政策
	不同社会群体成年居民在过去四周至少参加 4 次体育和身体活动（包括散步）
	年轻人过去 1 年在学校外参加 3 项每项至少 10 次的体育活动（包括散步）的比例
	社会各阶层成年居民认为当地社区体育供给是好或非常好的比例
	社会各阶层成年居民和年轻人过去 4 周/12 个月在当地体育设施参加体育活动或赛事的比例
	社会各阶层成年居民担当体育志愿者的比例
6～16 岁年轻人和学校体育	年轻人在暑假中参加至少 5 个小时的体育和身体活动（散步除外）的比例
	年轻人在休闲时间热衷于参加体育的比例
	年轻人进行“活跃体育合作计划”第一层次的比例
	年轻人会游泳的比例
	不同年级年轻人每周有 2 个小时及以上体育课（分残疾组和非残疾组）的比例
	年轻人步行/自行车上学的比例
	学校目前获得活跃标志、活动标志金奖、体育标志和体育标志金奖的比例
	学校推荐年轻人参加校外体育活动机会的比例
	教师目前获得至少 1 项体育活动教练资格的比例
	过去 12 个月学校请关联俱乐部教练上学校课程的比例
	对于当地提供体育和娱乐服务感到满意的学校比例
	小学/初中学校至少向社区开放 10 小时体育设施的比例

① Stevens D., Green P. Explaining continuity and change in the transition from compulsory competitive tendering to best value for sport and recreation management. [J]. Managing Leisure, 2002, 7(2):124－138.

② Sport England. Performance measurement for the development of sport: A good practice guide for local authorities main report[R]. London: Sport England, 2001.

续表

指标类别	指标内容
一般体育参与	居民认为提供参与体育和身体活动重要/非常重要的居民比例
	居民知道体育计划、设施或活动的比例
	符合条件居民目前拥有娱乐/打折卡的比例
	体育发展活动、课程、事件的使用率、总参加人数、各阶层目标人群参与率、每个使用者的净投入（税收支出）、居民满意度
	当地区域内拥有包括所有主要供给者在内的发展计划的体育项目数
	居民在过去一周参加5次，每次至少20分钟体育和身体活动（包括散步）的比例
	自我评价体能/健康/福利水平的居民
	每千人体育和娱乐净支出
设施提供、运营和管理	未能拥有4片场地和25米4道游泳池的比例
	天然体育运动场地的使用率
	社会阶层相应人群使用所有设施的比例
	体育/娱乐设施总使用数
	个人或者家庭成员使用当地体育/娱乐设施的比例
	设施每平方米的年使用数
	有组织活动的使用比例
	可利用项目时间的使用率
	对设施满意顾客的比例
	成本收回比例
	体育设施千人净支出
	体育设施人均使用净支出
	每公顷体育场地和公共空间维持净支出
体育俱乐部	居民是体育俱乐部成员的比例（不同社会团体）
	每千人体育俱乐部的数量
	达标体育俱乐部的数量/比例
体育后备人才的发展	每千人代表郡、地区及国家男、女运动员的数量
领导和志愿者	每千人成人居民中具有资格并且活跃的体育领导者、教练和官员数量
	过去12个月获得体育/娱乐相关资格的成年居民数量

续表

指标类别	指标内容
其他合作者和机构	通过（资助）合作机构参与体育的居民人数
	与体育/娱乐服务合作提供体育和娱乐机会的内部/外部组织数量
	获得资助的组织数量和平均资助额度
	每千人中合作/杠杆（资本/收益）的资金
	主要社会群体代表/合作者认为他们在被咨询后对当地政策目标发生影响的数量
其他影响	成年居民强烈地认为社区投资体育可减少犯罪、让社区成为安全之地、减少药物相关问题、增进健康、增加当地居民就业、提升环境、更加宜居的比例

3. 公共体育服务的“全面绩效评价（CPA）”模式

“最佳价值”评价模式主要用于中央政府指导地方政府对自身公共服务情况进行评价，通过评价地方政府在公共体育服务供给方面的表现，体现其在当地社区中的价值，但是该评价也存在着绩效评价成本增加、评价体系繁杂、评价缺乏其他机构和当地居民协同等问题。[①] 2000 年的《地方政府法》，地方政府开始由公共服务提供者角色向社区领导者迈进，同时地方政府为了地区和居民的福祉可以采取任何措施，为此地方政府需要与其他机构一起规划地区的发展。英国审计署于 2002 年推出了“全面绩效评价（CPA）”。2002 年 4 月，英国审计委员会对英格兰 150 个一级制政府和郡政府开展首轮“全面绩效评价”。2003 年的《地方政府法》确定了对地方政府综合绩效评估制度的改革措施，开始对地区政府进行“全面绩效评价”。

“全面绩效评价”模式分为公共服务评价和提升能力评价两部分。具体方法是一级制政府和郡政府对福利、社保、环境、图书馆和娱乐、资源利用、教育和住房公共服务进行自我评价，公共体育服务是作为娱乐的一部分，各项公共服务拥有相应的权重，自我评价最后总得分为 1 ~4，分 4 个等级。自我提升评价需要回答 4 个简单而具有挑战性的问题，分别是：当地政府期望达到的目标是什么？该目标是如何确立的？目前达到和未达到的目标分别是什么？有什么经验和今后的计划？地方政府在进行自我评价后引入外部评价，同样也给予 1 ~4 分。公共服务总得分和提升能力评价得分进入“全面绩效评

① Final score-The impact of the Comprehensive Performance Assessment of local government 2002 – 08[EB/OL](2011 – 03 – 23)[2021 – 09 – 06]. http://webarchive. nationalarchives. gov. uk/20110323085625/http://www. audit-commission. gov. uk/SiteCollectionDocuments/AnnualReports/2009/05032009FinalScoreREP. pdf.

价”矩阵①（表5-5），最后给予地方政府公共服务差、较差、一般、好和优秀五级评价，被评价为差的地方政府将会受到中央政府的干预。

表5-5　“全面绩效评价”矩阵

	等级	公共服务总得分			
		1	2	3	4
提升能力得分	1	差	差	较差	无
	2	差	较差	一般	好
	3	较差	一般	好	优秀
	4	无	好	优秀	优秀

“全面绩效评价”模式对于地方政府公共服务绩效的促进是显而易见的，比如2002—2004评价为差的地方政府从13个降至1个，百分比从9%下降至1%，评价为优秀的地方政府从22个升至44个，百分比从15%上升至29%。② 尽管在“全面绩效评价”初期地方政府是在中央政府的主导之下完成公共服务的绩效评价，但是地方政府在绩效评价中的主动性明显得到提升。一方面，等级制的公共服务绩效评价结果对于地方政府具有较大的约束性和舆论压力；另一方面，也得益于评价指标中对于地方政府公共服务提升能力的重视。

（二）由地方政府“全面绩效评价”（CPA）向“全面地区评价”（CAA）过渡阶段

2006年，《强大而繁荣社区》地方政府白皮书发布，标志着英国地方政府和公共服务的新发展。该白皮书的目标是恢复地方政府的活力，通过多方合作重塑为市民和社区所使用的公共服务，就意味着给予市场和社区更多的发言权，允许地方政府更灵活地应对当地的需求，同时减少自上而下的中央政府的控制。③ 在此次地方政府和公共服务改革之中，最为重要的措施是由地方政府“全面绩效评价”向“全面地区评价”过渡。

2006—2008，中央政府开始实施要求更高的“全面绩效评价”，单一制政府和郡政府的“全面绩效评价”框架结构主要包括4个部分：前2个部分资

① Audit Commission. Comprehensive performance assessment: Scores and analysis of performance for single tier and county councils in england[R]. London: Audit Commission, 2002.

② Audit Commission. Final score: The impact of the comprehensive performance assessment of local governance 2002 – 08[R]. London: Audit Commission, 2009.

③ DCLG. Strong and prosperous communities: The local government white paper[R]. London: DCLG, 2006.

源利用评价、服务评价每年考核1次；第3部分市政当局评价每3年考核1次，地方政府按评价结果被评为0～4分，分5个级别；第4部分是发展方向评价，评价的是地方政府前一年的改进情况，包括改进有力、改进良好、改进明显和改进不足（或没有改进）4个等级。从考核内容来看，资源利用包括财务报告、财务管理、财务信用、内部控制和投资效益；服务评价包括青少年、成年社保、住房、环境、文化、福利和火灾救援（部分地方政府）；市政当局评估包括抱负、优先发展战略、能力、内部绩效管理和成就。其中有关公共体育服务的评价只有5个指标，分属于获得、参与和质量类，虽然指标不多但涉及公共体育服务中最为核心的可及性、参与度和满意度问题，同时所提出的标准具有很强的实际操作性（表5-6）①。

表5-6　全面绩效考核公共体育服务评价指标

服务	指标代码	指标说明	低标准	高标准
获得	C19	体育设施的选择和机会，20分钟内（都市步行，乡村开车）可到达3种不同体育设施，并且其中1种体育设施达到一定专业质量认证标准的人口比例	30.0%	50.0%
参与	C16	5～16岁学生中每周至少参加2小时高质量的体育运动及课内外体育活动的学生所占的比例	低于85.0%	90.0%
	C17	成人中每周至少3次参加半小时以上中等强度体育运动的人口比例	低于24.0%	27.0%
	C18	每周至少在体育和娱乐场所志愿服务1小时的人口比例	低于5.0%	6.5%
质量	C5	居民对于体育/休闲设施的满意度	49.0%	60.0%

2009年，“全面地区评价”取代“全面绩效评价”。“全面地区评价”作为全新的对英格兰公共服务进行评价的方式，主要用于检查地方政府与其他公共部门共同合作以满足公共服务需求的情况，由审计署、社会关怀检查委员会、卫生保健委员会、警察人道监督团、监狱人道监督团、缓刑人道监督团、教育标准办公室等独立部门共同合作完成。“全面地区评价”包括地区评价和组织评价两方面，地区评价方面聚焦于地区卫生、经济前景和社区安全，评价内容包括地方优先事项表达社区需求和期望的情况如何、结果和改进实施的情况如何、未来改善的前景内容，地区评价结果以仅给予取得突出绩效

① Audit Commission. CPA: the harder test 2008-Guide to service assessments for single tier and county councils[R]. London: Audit Commission, 2008.

和创新地区绿旗，以及地区绩效和改进前景堪忧地区红旗的方式进行反馈；组织评价对象为议会、警察局和初级医疗基金会，评价包括管理绩效和资源使用两方面，管理绩效内容与“全面绩效评价”中发展方向内容一致，资源使用内容包括财务管理、业务管理和资源管理、管理绩效和资源使用，从低到高为1～4分，同样采用矩阵的方式对组织评价给予1～4分的评价。“全面地区评价”最终绩效结果是通过ONEPLACE网站公布，每个地方政府的公共服务绩效情况都可以通过该网站查询，充分体现了公共服务绩效评价的透明性。“全面地区评价”中没有关于公共体育服务方面的内容。

2006年开始的“全面绩效评价”和2009年开始的“全面地区评价”都体现了中央政府促进地方政府更加注重地方公共服务需求、更好地服务于地方社区和民众、不断提升地方政府公共服务水平的思想。然而，英国中央政府对地方政府进行改革的步伐并没有松懈，经过短暂的过渡期后，中央政府进一步推进公共服务标准化的地方化发展。

（三）地方政府自主制定公共服务标准，主动提升公共体育服务水平

2011年，议会通过了《地方主义法》，赋予英格兰地区的地方政府（郡议会、区议会、伦敦自治市议会、大伦敦议会、锡利群岛议会和适宜教区议会）一般管辖权，取代过去的地方福利权。该法令共分十个部分，其中第一条第一款即规定“地方当局有权做出任何自然人可为之行为”。“与地方福利权相比，一般管辖权赋予了地方政府与自然人同等的权利能力，强化了其法律权能；也不再附加促进地方福利的目的，使其获得了更大的自由裁量空间”。[①] 但是对于一般管辖权的限制仍然存在于不能违反议会立法的禁止性规定、资金筹措、贸易活动、制定地方法规及地方政府内部管理结构等方面。因此，一般管辖权在地方政府的使用上主要在于提供新的公共服务、应对经济萧条和促进地方管理创新等方面。[②]

2011年通过的《公共部门法令》对于公共服务部门的调整做出了规定，对于英国公共部门以保留、保留并改革、取消、合并、改革等方式，简化公共机构的数量，降低成本，提高透明度和责任感。2015年，中央政府对审计署机构和职能重新调整，公共部门审计公司将继续履行目前的审计合同直至2017年或2020年，国家审计办公室将制定公共审计的标准，财务报告委员会

① 赵延聪.中央和地方权能调整的制度保障与策略选择：英国地方政府权能变迁的启示[J].学习与实践,2015(1):69－75.

② Local Government Association. The general power of competence: Empowering councils to make a difference[R]. London: LGA, 2013.

和专业的会计公司将对审计的质量进行监控，内阁办公室将负责国家反欺诈行动，中央政府对于地方政府及其公共服务的评价进入新的时代。

地方政府自觉制定公共服务标准、主动提升公共服务水平这种形式是通过杰出公共服务联盟（APSE，Association for Public Service Excellence）来进行的，该联盟是由地方政府组成的非营利组织，它致力于为地方社区提供卓越的地方公共服务而努力。联盟的会员之间可以相互交换公共服务的信息、寻求咨询、创新解决方案、发展新的可行性方法。2020—2021 年杰出公共服务联盟发布了体育和娱乐绩效评价指标（表 5-7），可以看出该评价指标主要偏重于对体育和娱乐场地设施的运营进行评价①。

表 5-7　2020—2021 体育和娱乐绩效评价指标

指标分类	指标内容
主要绩效指标	PI 02a 去除中央和企业费用后每次访问补贴（包括非参与使用但扣除学校免费使用）
	PI 02b 去除中央和企业费用后每次访问补贴（扣除非参与使用和学校免费使用）
	PI 11a 去除中央和企业费用后每次访问补贴（包括非参与使用和学校免费使用）
	PI 11b 去除中央和企业费用后每次访问补贴（扣除非参与使用但包括学校免费使用）
	PI 03 运营回收比
	PI 04 人均花费
	PI 06 每开放小时补贴（去除中央和企业费用）
	PI 20 顾客满意度
	PI 31 每开放小时使用人数
	PI 41 每次访问的管理费用（包括非参与使用但扣除学校免费使用）
其他使用绩效指标	PI 29 当地每户的使用人数
	PI 47 会员平均年限（月）
	PI 49 会员流失率
其他费用绩效指标	PI 07 每张门票的员工费用
	PI 13 每个人的净花费（去除中央和企业费用）
	PI 14 当地每户人家的净花费（去除中央和企业费用）

① APSE. performance networks Performance indicators [EB/OL] [2022-02-20] https://www.apse.org.uk/sites/apse/assets/File/All%20PI%20list%202020-21.pdf.

续表

指标分类	指标内容
其他费用绩效指标	PI 08 员工费用占收入的百分比
	PI 09 员工费用占总支出的百分比
	PI 21 每次访问的花费（包括餐饮收入）
	PI 22 每次访问的花费（去除餐饮收入）
	PI 23 每位访问者的第二大花费占总收入的百分比（包括餐饮收入）
	PI 24 每位访问者的第二大花费（包括餐饮）
	PI 25 餐饮收入占餐饮支出的百分比
能源绩效指标	PI 42b 每个设施使用者使用的电力
	PI 42d 每个设施使用者使用的煤气
	PI 42e 每 1 000 个使用者使用的水
	PI 42f 每个使用者使用的能源
	PI 46a 每平方米设施消耗电力（千瓦时）
	PI 46b 每平方米设施消耗煤气（立方米）
	PI 46c 每平方米设施消耗水（立方米）
其他人员绩效指标	PI 26a 员工缺勤百分比
	PI 26b 一线全职员工缺勤的天数（仅苏格兰）
	PI 30a 不包括长期缺勤的员工缺勤百分比
	PI 30b 不包括长期缺勤的一线全职员工缺勤百分比（仅苏格兰）
	PI 43 每开放小时的总工时数
	PI 44 每工时的使用人数
顾客满意度绩效指标	PI 45 净促销得分
	PI 50 顾客满意度调查

二、英国公共体育服务标准化评价模式发展特征

（一）始终以法律法规为导向和保障

英国公共体育服务标准化评价的每一次发展，都是在法律法规先行的前提下进行的。公共体育服务“绩效回顾”标准化依托于1980颁布的《地方政府规划与土地法》、1984 年颁布的《税收法》和 1988 年颁布的《地方政府法》；公共体育服务“最佳价值”标准化依托于 1999 年颁布的《地方政府法》；2009 年和 2011 年颁布的《地方政府法》分别引领了“全面绩效评价”

和地方政府对于公共体育服务标准化评价的发展。英国每次公共服务的深刻变革都是在进行充分讨论、论证和设计的基础之上，以法律法规文本形式加以确立之下进行的，因此，对公共体育服务评价都具有十分明确的指向性。撒切尔夫人时期的主要目标是效率，“最佳价值”时期的主要目标是顾客满意度，“全面绩效评价”及之后地方政府以不断提升公共体育服务水平为主要目标。

公共服务改革之前颁布的法律和法规既为公共体育服务标准化的发展确立了方向，也同样为公共体育服务标准化的发展提供了强有力的保障。比如“强制性竞标”以法律法规的形式被引入公共体育服务发展之中，虽然“强制性竞标”在后来为人们所诟病，但是法律法规形式保障下实施的“强制性竞标”，还是直面当时公共体育服务效率低下的现状，起了改善公共体育服务的作用。“最佳价值”“全面绩效评价”“全面地区评价”等均是在法律法规的保障下加以推行的，由于公共服务的改革涉及社会领域广、涉及社会人群多、涉及社会利益复杂，如果没有法律法规作为保障将难以进行。

（二）逐渐由中央政府强制要求向地方政府自主要求转移

英国是实行地方分权型的单一制结构形式的国家。中央政府和地方政府的关系表现为，中央政府拥有国家最高权力，中央政府向地方政府进行授权，同时地方政府又拥有长期的自治传统，地方政府通过广泛的地方自治保持相对的独立性。自撒切尔夫人时期的政府开始，英国中央政府一直在加强对地方政府控制的前提之下，赋予地方政府更多的自主权，同时调动多方参与，提高地方民主，加强地方自治。1980 年和 1988 年颁布的《地方政府法》均要求地方政府在公共服务过程中遵循公开、参与原则，使地方纳税人有了更多的知情权和监督权；1999 年颁布的《地方政府法》赋予地方政府更加灵活的保留行使的权力，提供符合地方“最佳价值”的公共服务；2000 年颁布的《地方政府法》赋予地方政府的角色由公共服务的提供者向社区领导者迈进；2003 年颁布的《地方政府法》赋予中央政府加强绩效较差地方政府的干预和纠正，同时减少对绩效好的地方政府的管制和检查；2007 年颁布的《大伦敦当局法》赋予中央政府向大伦敦当局转让包括交通、伦敦发展、健康、消防和应急处置、住房、规划、环境、文化传媒体育 8 个领域权力的内容；2011 年，议会通过了《地方主义法》，赋予英格兰地区的地方政府一般管辖权，取代了地方福利权。伴随着英国中央政府和地方政府之间权力关系的不断调整，地方政府在地方公共服务提供中被赋予更重要的责任和角色。在中央政府的不断推动之下，地方政府从听命于中央政府执行公共体育服务标准化，开始向地方政府自主进行公共体育服务标准化发展。

（三）以效率为先，注重可及性和满意度

英国公共体育服务“绩效回顾”对公共体育服务的效果、效率和影响进行评价，受撒切尔夫人时期政府公共服务市场化改革和“金钱价值”的影响，“绩效回顾”标准化评价指标中着重公共体育服务开支费用方面的评价，降低公共体育服务开支是公共体育服务“金钱效率”中最为关键的衡量指标。“金钱价值”和“金钱效率”在公共体育服务标准化发展中持续得到重视，与此同时公共体育服务的可及性和公众满意度的重视程度也不断提升。在公共体育服务的可及性方面，包括公众可及的体育场地设施类型、各群体特别是弱势群体各类体育场地设施的可及性差异、各群体使用各类体育场地设施与人口比例的匹配程度。可及性的最终目标是实现均等化，从公共体育服务的伦理角度来说，可及性真正地代表了公共体育服务的社会价值和社会意义，是公共体育服务标准化发展中“最佳价值”的重要体现。英国公共体育服务标准化评价模式发展中的另一个重要方面是对于满意度的重视，在不同时期的公共体育服务标准化评价指标体系中，满意度都是一个十分重要的指标。满意度一般可以笼统地认为是顾客满意度，特别是在“最佳价值”公共体育服务发展时期，公共体育服务的对象被作为顾客来看待。但是随着公共体育服务多方合作和公共体育服务公众参与的不断推进，顾客满意度已然不能适应公共体育服务的发展。在公共体育服务之中，公众不仅仅是服务的对象，公众也是公共体育服务中的必要组成部分，公众在公共体育服务的供给内容、供给标准、供给评价方面较之过去扮演更为重要的角色。因此，公众满意度不仅是指作为顾客对接受公共体育服务的满足情况进行评价，也需要对作为公共体育服务参与者的满意度情况进行评价。

第二节 日本公共体育服务政策实施状况

2011年，在日本颁布《体育振兴法》50年之后，根据日本社会所面对的老龄化、少子化、医疗开支扩大及体育纠纷增多等社会问题，日本政府颁布了内容包括目的、理念、计划、措施，涵盖体育权利、国际关系、青少年体育、残疾人体育、大众体育和竞技体育的《体育基本法》。[①] 在出台《体育基

① 范威，宋剑英. 日本2011《体育基本法》解析[J]. 武汉体育学院学报，2012，46(3)：38－42.

本法》之前，日本文部科学省委托日本颇具影响力的笹川体育财团进行了“体育政策调查研究”①，该调查主要是通过对日本都道府县、政令指定城市和市区町村两级地方政府发放问卷和电子邮件的调查方式来完成的，各项调查内容、调查时间、调查对象和问卷回收情况见表5-8。该调查报告对于检验《体育振兴法》的实施状况，了解日本公共体育服务发展现状和动态都具有重要的意义。

表5-8　日本地方体育振兴政策措施调研一览表

问卷内容	调查时间	调查对象	回收	总计
体育管理机构名称、预算、职员数量、体育相关条例、振兴计划实施情况及其特色、地方关于大众体育参与率	2010. 11—2011. 3	都道府县47 市区町村1 750	都道府县47 市区町村1 236	1 283
体育振兴财政来源情况和体育振兴相关组织设立情况、预算、职员数量	2010. 12—2011. 1	都道府县47 政令指定城市19	都道府县47 政令指定城市19	66
公共体育设施开设和运营数据	2005和2008年的体育场地设施调查			
体育教练员、志愿者情况	2010. 2—2010. 3	都道府县47 政令指定城市18	都道府县47 政令指定城市18	65
体育协会情况	2010. 11—2011. 3	都道府县47 市区町村1 750	都道府县44 市区町村1 143	1 187

一、日本地方政府公共体育服务发展现状

（一）体育管理机构名称、预算、职员数量等

1. 体育管理机构名称和体育振兴会议情况

体育管理机构的名称以教育委员会为主。在都道府县一级，教育委员会占83%，其他部局占17%。在市区町村一级，教育委员会占91.3%，其他部局占8.3%，名称多为旅游文化局、环境文化部、儿童未来部等。

体育振兴审议会议的设置与人口规模有较大关系。在都道府县一级，仅有一地区未设。市区町村一级，不满1万人口的地区设置率仅为10.5%，1万~3万人口的地区为23.7%，20万人口以上的地区设置率超过7成，总的设置率为37.3%。

① MEXT. 諸外国および国内におけるスポーツ振興施策等に関する調査研究[EB/OL].（2011-07）[2022-02-07]http://www.mext.go.jp/component/a_menu/sports/detail/__icsFiles/afieldfile/2011/08/03/1309352_020.pdf.

2. 体育管理部门专任职员数量和职务情况

体育管理部门专任职员数量的差距较大。在都道府县一级，平均职员数量为 17 人，最少 4 人，最多 35 人。专任职员数量超过 21 人的比例为 36.2%，11～20 人占到 25.5%，约 2/3 超过 10 人。市区町村一级，平均职员数量为 4.5 人，最少 0 人，最多 43 人。无专任职员的地区，由负责社会教育或培训的人员兼管。专任职员数量同样与地区人口规模有关，在不满 1 万人口的地区中，约半数专任职员为 0 人或 1 人；1 万～3 万人口的地区中，3/4 专任职员为 1～3 人；在 3 万～5 万、5 万～10 万、10 万～20 万人口的地区中，专任职员为 5～7 人的情况较多；在 20 万～50 万、50 万以上人口的地区中，专任职员为11～20 人的比例超过 1/3（图 5-2）。

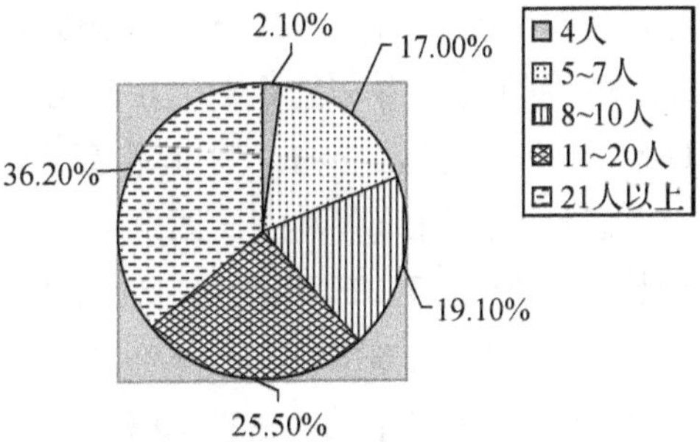

图 5-2　都道府县体育振兴机构专任职员数量分布图

由于都道府县需要负责全国运动会事务，因此，有专门负责竞技体育的职员，而市区町村职员一般要同时负责竞技体育和大众体育（图 5-3）。在都道府县 798 名专职职员中，“仅负责竞技体育”者占 28.10%，“仅负责大众体育”者占 22.70%，其他多负责“学校教育、学校保健”“总务、人事”“设备管理”等。在市区町村 5 625 名专职职员中，“兼管大众体育与竞技体育”者占 73.00%，“仅负责大众体育”者占 6.20%；仅负责竞技体育者占 1.70%，并且该比例与地区人口规模无关。

从体育专任职员人数来看，教育委员会中的体育专任职员人数要少于其他部局。在都道府县名为教育委员会的部门中，专任职员 6～9 人的情况最多，占 33.3%；其次为 10～19 人，占 25.6%。在其他部局中，专任职员数量 10～19 人或 30 人以上 2 种情况最多，都占有 37.5%。在市区町村教育委员会中 1～2 名专任职员的情况最多，占 38.2%；其次是 3～5 人，占 36.7%。在其他部局中 6～9 人的情况最多，占 31.6%；其次是 3～5 人，占 25.5%。

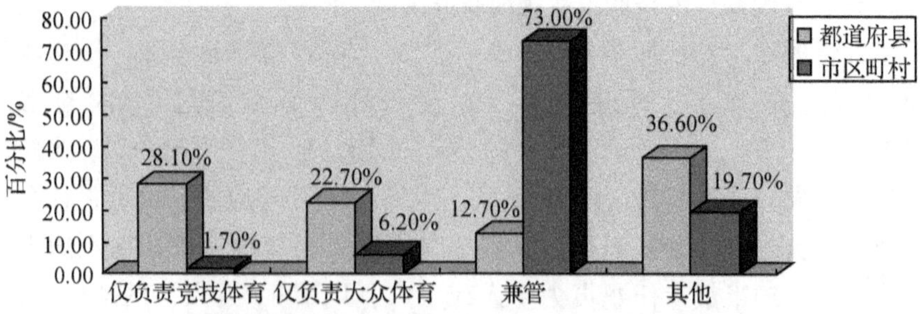

图 5-3　都道府县和市区町村体育管理部门负责事务对比图

3. 体育振兴相关预算情况

各级地方政府体育振兴相关预算数量与人口规模有较大相关。2010 年度 46 个回应问卷的都道府县体育振兴相关预算合计为 663 亿 4 892 万日元（约合 44.3 亿元人民币），最少的地区为 3 亿 6 856 万日元（约合 2 503 万人民币），最多地区为 111 亿 6 807 万日元（约合 7.46 亿元人民币）。都道府县体育振兴预算在 5 亿 ~20 亿日元之间约有 8 成（图 5-4）。1 179 个回应问卷的市区町村相关预算合计为 2 565 亿 7 106 万日元（约合 171.37 亿元人民币），最少为 0（3 个地区），最多为 57 亿 607 万日元（约合 3.85 亿元人民币）。市区町村预算规模 1 亿 ~2 亿日元为最常见，占有 20%，预算规模超 5 000 万日元的占 6 成。

从预算项目名称看，都道府县一级设施修建费、体育设施维护运营费和竞技体育相关费用所占比例最大。七成以上地区体育设施修建费超过 5 000 万日元，其中该项为 5 000 万 ~1 亿日元的情况最多，占 22.2%；体育设施维护运营费多为 2 000 万 ~5 亿日元之间，其中 2 亿 ~5 亿日元为最多，占 45.7%；竞技体育相关费用主要为全国运动会强化训练费用，多为 5 000 万 ~5 亿日元以上，其中 63.8% 的地区处于 2 亿 ~5 亿日元之间；大众体育相关费用，规模大致为 100 万 ~5 亿日元，1 000 万 ~2 000 万日元地区最多，为 27.7%；综合性地区体育俱乐部建设经费，规模小至不足 10 万日元、大至超过 1 亿日元不等，100 万 ~500 万日元为最多，占 43.6%。市区町村一级体育设施维护运营费所占比例极大，其次是设施修建费，这两项占去预算的大部分金额。设施修建费方面，21% 的地区不足 10 万日元，半数地区不超过 1 000 万，也有 1 成以上地区超过 1 亿日元，估计与设施的新建、改建周期有关；体育设施维护运营费方面，最为常见的是 5 000 万 ~1 亿日元，占 18.2%，近半数超过 5 000万日元；竞技体育、大众体育项目最为常见的是规模为 100 万 ~500 万的，分别占总数的 31.5% 和 33.2%；综合性地区体育俱乐部建设经费在 53.5% 的地区处于不足 10 万日元水平，3/4 的地区该项预算不超过 100 万日元（表 5-9）。

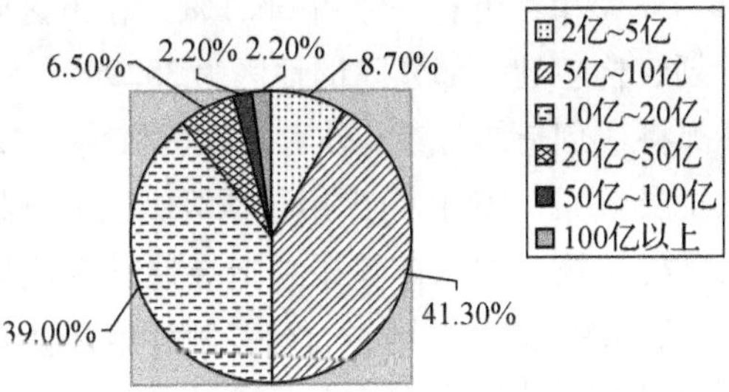

图 5-4　都道府县体育振兴项目预算分布图

表 5-9　都道府县和市区町村体育振兴项目预算各项目内容最大比例和金额区间对比表

项目内容	最大比例（都道府县/市区町村）/%	金额（都道府县/市区町村）/亿日元
设施修建费	22. 2/21. 0	0. 5 ~ 1/小于 0. 000 1
体育设施维护运营费	45. 7/18. 2	2 ~ 5/0. 5 ~ 1
竞技体育相关费用	63. 8/31. 5	2 ~ 5/0. 001 ~ 0. 005
大众体育相关费用	27. 7/33. 2	0. 1 ~ 0. 2/0. 001 ~ 0. 005
综合性地区体育俱乐部建设费用	43. 6/53. 5	0. 001 ~ 0. 005/小于 0. 000 1
其他	15. 8/23. 8	1 ~ 2、2 ~ 5/0. 001 ~ 0. 005

从主管部门来看，在都道府县一级，体育振兴预算规模与主管部门关系不大。在市区町村一级，由其他部局主管体育的地区预算规模大于由教育委员会主管的地区。主管部门为“教育委员会”的地区，预算为 1 000 万 ~ 5 000万日元的最为常见，占 29. 9%；1 亿 ~ 2 亿日元规模的占 19. 6%。主管部门为其他部局的地区，预算规模超过 5 亿日元的达 34. 7%，2 亿 ~ 5 亿日元的占 25. 7%。

（二）体育相关条例、体育振兴基本计划制订情况及其特色

1. **体育振兴指导性计划制订情况**

《体育振兴法》第四条规定，地方政府需要制订出适应本地实际情况的振兴体育运动的计划。调查显示，都道府县一级仅有一地未制订；市区町村一级制定率为 36. 7%。体育振兴审议会设置的地区，制订有体育振兴指导性计划的占 55. 2%；而未设置审议会的地区，制订有上述计划的只占 25. 8%。从人口规模看，已制订或正在制订计划的市区町村多为 3 万 ~5 万人规模，而 1 万人口以下、50 万人口以上地区较低。

将体育振兴指导性计划定位为“与体育振兴相关的独立计划”的地区，都道府县一级占95.7%，市区町村一级占66.1%。在市区町村一级，将该计划定位为“其他计划、构想的一部分”的地区为33.9%，约占1/3。

所有都道府县都将“创造终身参与体育活动的机会”“培养、充实领导地区体育的人才（教练员等）”“强化由少年至顶级级别的竞技水平”纳入了计划、构想。在市区町村一级，纳入体育振兴指导性计划比例较高的内容包括“创造终身参与体育活动的机会”“培养、充实领导地区体育的人才（教练员等）”“建设并有效使用体育设施”等内容。通过表5-10可以看出，都道府县之中对于提高竞技水平和提高运动成绩比市区町村更为重视，市区町村则对当地学校、老年人的体育活动更为关注。

表5-10　都道府县和市区町村体育振兴指导性计划主要内容纳入比例及序位对比表

体育振兴计划内容	序位	都道府县列入计划比例/%	序位	市区町村列入计划比例/%
创造终身参与体育活动的机会	1	100.0	1	95.8
培养、充实领导地区体育的人才（教练员等）		100.0	3	85.1
强化由少年至顶级级别的竞技水平		100.0	13	38.0
充实青少年改善体质的机会	4	97.8	5	80.0
培育和支持地区性体育俱乐部		97.8	4	84.7
提供体育信息		97.8	9	68.7
建设并有效使用体育设施		97.8	2	92.9
改革完善学校体育、课外体育活动	8	95.7	11	49.1
促进有效利用学校体育设施	9	93.5	8	73.6
建立体育团体与学校的联系机制	10	91.3	6	75.6
提高在全国运动会上的成绩	11	87.0	16	9.6
老年人健康和健身训练计划	12	76.1	7	74.7
推进体育的国际交流与合作		76.1	14	25.3
支持残疾人士参加体育活动		76.1	12	45.3
当地社区建设	15	63.0	10	55.6
当地特有政策	16	39.1	15	20.0
其他		19.6		9.6

2. 体育振兴特别条例制定情况

除根据《体育振兴法》第四条制订相关计划外，另制定有体育相关特别条例（仅指“建设体育城市条例”等，不包括“开放学校体育设施条例”等与设施相关的条例）的地区比例很低，都道府县占17%，市区町村占6.7%。体育振兴特别条例多以“体育振兴审议会条例”“推动体育振兴条例”的形式出现。此外“建设振兴体育城市的基本条例”“青少年体育振兴特别奖学金及学术振兴特别奖学金发放条例”等也较常见。

关于体育振兴特别条例的内容，在都道府县一级列入最多的有“创造终身参与体育活动的机会”“创造青少年参与体育的机会，增强体质”“维持老龄人的健康与体力”等8项。在市区町村一级，“创造终身参与体育活动的机会”提及最多，占45.5%；此外，按顺序还有“培养、充实领导地区体育的人才（教练员等）”（29.9%）、“建立体育团体与学校的联系机制”（26%）等。可见，创造终身参与体育活动的机会在日本体育政策发展中的重要地位。

3. 体育活动调查情况

对成年人每周参加1次以上体育活动的情况有所掌握的地区，都道府县占89.4%，市区町村占29.4%。市区町村对成人体育活动信息的把握情况明显弱于都道府县一级。从人口规模来看，地区人口越多，对成年人参与体育活动情况的把握越准确。

4. 都道府县及政令指定城市体育振兴基金设置情况

2010年，26个都道府县设有30种基金，总额达303亿7 100万日元。除去基金总额为0的滋贺县“提高竞技能力基金”，29种基金平均为10亿4 700万日元，但金额差距较大，如鸟取县体育振兴基金委仅5 800万日元，而东京都体育文化振兴交流基金达126亿6 700万日元。从支出情况看，总额达56亿3 500万日元，29种基金平均为1亿9 400万日元，东京都体育文化振兴交流基金的支出高达37亿6 400万日元，其他都道府县的支出水平在数百万至数亿日元之间。相比2004年，青森县、秋田县、神奈川县、福冈县废除了相关基金，总额因此减少了47亿日元左右，但东京都、福井县、长野县、兵库县则新增了约184亿日元。近年来，由于银行低利率的影响，基金难以保证运营收益，不少地区已着手废除基金或因为财政状况不佳而削减金额。

2010年，8个政令指定城市设立了8种基金，总额30亿5 900万日元。除去基金额为0的冈山市体育文化基金，7种基金的平均值为4亿3 700万日元，额度从745万日元至14亿4 700万日元不等。基金支出金额合计为2 800万日元，但有一半基金的支出为0，札幌一市的支出占据了总额的6成以上。

由此可见，在严峻的经济形势下，基金作为体育振兴的财政来源受到极大的影响。

5. **体育振兴相关组织的设立情况、预算、职员数量**

（1）都道府县体育振兴事业团体情况

2010 年，共有 18 个都道府县设有与体育振兴相关的事业团体、财团。设立最早的是成立于 1972 年的广岛县教育事业团体，最新成立的是 2006 年的千叶县教育振兴财团，但是该财团并不属于专门从事体育振兴的法人组织。名称中带有体育字样的团体中，富山县健康体育财团为 1999 年最新成立的。2010 年度预算中，预算规模在 1 000 万日元以下的团体有 1 个，1 000 万～1 亿日元的有 2 个，1 亿～5 亿日元的有 6 个，5 亿～10 亿日元的有 5 个，10 亿～20 亿日元的有 3 个，超过 20 亿日元的有 3 个。东京都体育文化事业团预算规模居于绝对优势，达到约 60 亿日元，因其管理、运营大量大型的体育设施。与预算规模相应，在职员的数量方面，不足 10 人的团体、财团仅 2 个，而 100 人以上的有 4 个，可见，职员规模与该团体、财团的业务内容有较大关联。

（2）政令指定城市体育振兴机构情况

2010 年设立与体育振兴相关事业团体、财团的政令指定城市为 9 个。设立历史最久的是 1941 年成立的静冈市振兴公社，最近成立的是 2007 年的札幌健康体育财团。2010 年年度预算规模，约 2 亿日元的有 1 个，10 亿～20 亿日元的有 4 个，20 亿～50 亿日元的有 3 个，另有 1 个超过 100 亿日元。职员数量方面同样各不相同，少则不足 10 人，多则超过 500 人。职员最多的是名古屋市教育体育协会，达 503 人（其中含有兼职 370 人）。

6. **公共体育设施的开设、运营情况**

在调查中将公共体育设施分为三种：仅含有一种且只有一类设施的场所定义为“单独设施”，拥有多个同类型设施的场所定义为“多重设施”，拥有不同类型设施的场所定义为“复合设施”。单独设施又可分为大、中、小三种规模，2005 年和 2008 年公共体育设施情况见表 5-11[①]。可以看出，公共体育设施数量变化不大，公共体育设施建设在日本达到一个相对平稳的状态。

---

① 上俊峰，顾长江，汤际澜. 日本地方体育振兴政策措施实施的现状[J]. 首都体育学院学报，2017，29(3)：207－212.

表 5-11　2005 年和 2008 年公共体育设施数量和比例表

设施名称	2005 年		2008 年	
	数量	百分比/%	数量	百分比/%
大规模单独设施	10 095	36.30	10 371	37.40
中规模单独设施	3 805	13.70	3 757	13.60
小规模单独设施	3 551	12.80	3 421	12.30
多重设施	3 768	13.60	3 639	13.10
复合设施	6 581	23.70	6 521	23.50
合计	27 800	100.00	27 709	100.00①

《日本地方自治法》第二百二十四条规定，所谓指定管理者，是指那些为地方自治体所指定的作为地方公共设施管理主体的任意团队和组织，而指定管理者制度就是关于指定管理者如何被选拔、公共体育服务如何被经营和管理的一套政策安排。日本公共体育设施运营的指定管理者制度是随着 2003 年日本地方自治法的修订，为进一步促进公共设施运营的民营化改革而导入的一项行政管理政策。② 对比 2005 年和 2008 年公共体育设施的管理情况，可以看到没有引入指定管理者制度的公共体育设施的比例从 80.4% 降至 65.8%，根据《民法》第三十四条，设立法人进行公共体育设施管理的比例从 13.5% 升至 16.4%，社团组织由 1.5% 升至 8.4%，NPO（致力于国内以社区为基础开展各类公益活动，由市民自发成立并自主运营的社会组织③）法人由 0.4% 升至 2.3%，其他管理者由 4.2% 升至 7.1%。从实施指定管理者制度的公共体育设施类型来看，2008 年“多重设施”的实施比例最高为 39.4%，小规模单独设施的实施比例最低仅为 23.9%。

指定管理者制度总体改善了公共体育设施的运营。公共体育设施在年内使用人数、职员总数、体育比赛次数等方面都有所增多。这一点在大规模单独设施、复合设施中尤为明显，大规模单独设施的全职职员数量由平均 3.6 人增加到 10.4 人，开设网站的场馆比例也从 24.8% 增加到 52.1%。对比使用和未使用指定管理者制度的公共体育场地设施，使用指定管理者制度的公共体育场地设施在使用人数、宣传册、建立网站等方面都要远多于未使用该制

① 引文中数据合计百分比为 100 似有误。

② 罗平. 日本公共体育设施运营的指定管理者制度及启示[J]. 上海体育学院学报，2010，34(6)：22－26.

③ 王名，李勇，廖鸿，等. 日本非营利组织[M]. 北京：北京大学出版社，2007：135.

度的公共体育场地设施。

7. 体育教练员、志愿者情况

（1）教练员登记平台建设情况

教练员登记平台存在着设立地方减少、使用率低和登记人数减少的情况。2005年，曾有40个都道府县设立有以体育教练员登记制度为形式的教练员登记平台，京都府、熊本县、宫崎县从未设立该制度，福岛县、东京都、奈良县、山口县、高知县、鹿儿岛县6处曾有设置，现已废除。关于废除的原因，有认知度不高导致使用率低、活动机会少导致登记者数量减少、过于保护个人信息导致数据不够透明等。运营主体方面，直接由自治体管理的有25处，由县体育协会进行的有6处，其他属于由广义的体育中心、体育振兴事业团体运行。在登记人数方面各地差别较大，最少的是岛根县89人，最多的是琦玉县达到3 454人。

目前在日本全国18个政令指定城市中，有9个设立了该平台。已废除该制度的城市有名古屋市与北九州市，废除原因与都道府县相似。运营主体方面，与都道府县不同，多由体育协会、振兴事业团体运营。登记人数方面，最少的是川崎市105人，最多为堺市共605人。即使是在人口密集的政令指定城市，也同样广泛存在活动机会有限、申请指导组织较少的问题。

（2）志愿者登记平台建设情况

志愿者登记制度设立于1999年，始于青森县、京都府、大阪府。2000年至2005年间，增加7个地区，2006年至2009年间又新增了4个地区，目前共有14个地区设置了志愿者登记制度。由自治体直接运营的有青森县、琦玉县、大阪府、冈山县、佐贺县、熊本县六处，由县体育协会主导的有和歌山县。其他多由广义的体育中心、体育振兴事业团体主导。神奈川县、京都府、福岛县在政府行政的支持下，以NPO法人的形式由志愿者自行组织。在登记人数方面，京都府最少27人，琦玉县最多达4 487人。

在全国18个政令指定城市中，有6个城市设立了志愿者登记制度，堺市于1977年首先设立，其他5个城市都在21世纪以后设置。在运营主体方面，由自治体直接管理的有琦玉市、名古屋市、大阪市。由市体育协会主导的有广岛市。此外，福冈市由市体育振兴事业团体、堺市由市民团体主导。登记人数方面，堺市最少为102人，大阪市最多达415人。

与教练员登记制度不同，无论是都道府县一级还是政令指定城市一级，志愿者登记制度至今都未出现被废除的例子。这可能是因为该制度出现较晚。但目前广泛存在的活动频率较低或暂停活动的情况如果持续下去，不免会导致登记人数减少，进而废除该制度的可能。

8. 体育协会法人资格、职员和收支情况

（1）体育协会法人资格情况

体育协会法人以财团法人为主。都道府县一级对问卷做出回应的体育协会都具有法人资格，其中只有1家属于社团法人，其他都属于财团法人。市区町村一级对问卷做出回应的体育协会只有18.2%获得法人资格，其中财团法人占55.1%、NPO法人占32.4%、社团法人占8.2%。从地区人口规模分析，50万人以上与1万~3万人规模的市区町村，其体育协会取得法人资格的比例最高，5万~10万人规模的地区最低。

（2）体育协会职员人数情况

体育协会职员人数差别较大。在都道府县一级，职员数量为6~10人规模的最多，达到31.8%，超过31人的占27.30%。职员数量平均为27.5人，最少4人，最多达143人（图5-5）。在市区町村一级，职员数量为无的比率最多为32.5%，1人的占21.5%。职员数量平均为6.5人，最少0人，最多达344人。市区町村一级体育协会的职员数量大多呈现为0人或1人的状况，是因为体育协会的工作多由教育委员会负责体育的职员兼任。从地区人口规模看，50万人以上与3万~5万人规模的市区町村，其体育协会的职员数量最多；5万~10万人规模的地区人数较少。体育协会职员不超过1人的情况占半数以上。

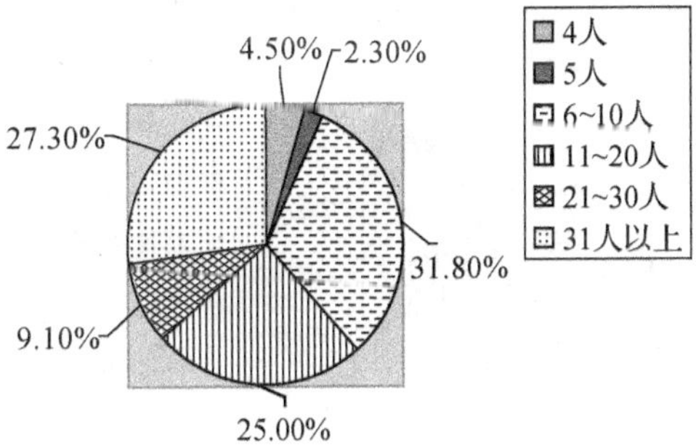

图5-5　都道府县体育协会职员数量分布图

取得法人资格的体育协会比未取得法人资格的协会职员人数多。市区町村一级取得法人资格的体育协会都有至少1名职员，职员人数为3~5人的情况最多，占24.6%，其次是10~19人，占21.7%，最多的达到344人。未取得法人资格的市区町村一级体育协会，职员人数为0的情况最多，达40%，其次是1~2人，占35.5%，最多的为108人。

（3）体育协会收支情况

在2009年年度决算中，对本次问卷调查做出回应的44个都道府县一级体育协会组织收入总额为204亿8 255万日元（约合12亿5 251万元人民币），最少为8 665万日元（约合529万元人民币），最多为17亿3 208万日元（约合1亿592万元人民币），差距显著。都道府县一级体育协会总收入如图5-6所示，可以看到收入2亿~5亿日元规模的最多，占45.5%，有2/3体育协会达到了1亿~5亿日元收入。收入来源如图5-7所示，其中较大项目为“补助费”（占39.2%）及“设施管理运营委托费”（占20.2%），两者合计占到总额的6成。

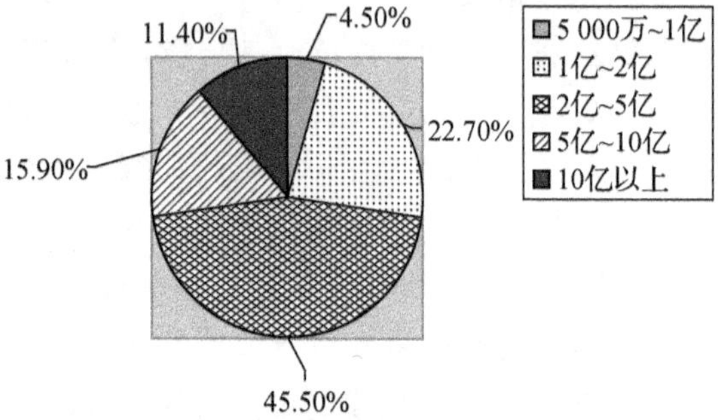

图5-6　都道府县体育协会收入分布图

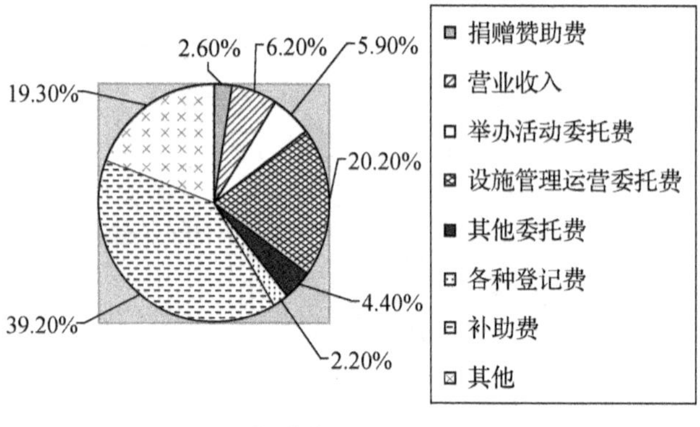

图5-7　都道府县项目收入分布图

市区町村一级体育协会组织收入差距显著，与当地人口规模不存在关联性，但是与法人资格具有较大关联性，设施管理运营委托费所占比例占一半左右。对本次问卷调查做出回应的1 109个市区町村一级体育协会组织收入总额为469亿2 903万日元（约合28亿6 971万元人民币），最少为0，最多为55亿3 365万日元（约合3亿3 838万元人民币）。市区町村一级体育协会总收入 100 万～500 万日元规模的最多，占 39.1%；500 万～1 000 万日元规模的占 19.1%；不足 100 万日元的占 12.8%，有 7 成以上体育协会预算规模未超过 1 000 万日元（约合 61.15 万元人民币）。具有法人资格的体育协会超过半数收入在 5 000 万日元（约合 305.75 万元人民币）以上，而未取得法人资格的体育协会 8 成以上收入未达到 1 000 万日元（约合 61.15 万元人民币）。收入来源较大的项目为“设施管理运营委托费”（占 47.9%）及“其他委托费”（占 19.2%）。预算规模越大的协会，设施管理运营委托费在收入中占比越高。特别是收入在 1 亿日元以上的协会，有 7 成以上设施管理运营委托费在收入中占比超过了 50%。

体育协会支出中“事业活动费”所占比例较大。都道府县一级体育协会支出情况如图 5-8 所示，“事业活动费”在支出中比例最高，占 65.2%；其次是“人事费用”，占 13.9%；“管理、运营费（不含人事费用）”占 6.3%。“人事费用”和“管理、运营费（不含人事费用）”在都道府县一级支出中的比例普遍较低。市区町村一级的体育协会中，“事业活动费”在支出中比例也最高，占 49%；其次是“管理、运营费（不含人事费用）”占 25.2%；“人事费用”占 16.9%。在支出规模超过 1 000 万日元的协会，管理运营费用的比例较大。支出规模低于 1 000 万日元的体育协会，人事费用占比较低。在市区町村一级的体育协会中，负责设施管理、运营业务的占 16.4%。从有无法人资格的角度看，具有法人资格的协会有 67.6% 参与了设施管理、运营业务；而不具有法人资格的协会该比例较低，仅为 4.9%。具有法人资格、能够保证一定数量职员的市区町村体育协会，在公共体育设施管理、运营过程中承担更多的职能，并以此为收入来源，展开各项活动。

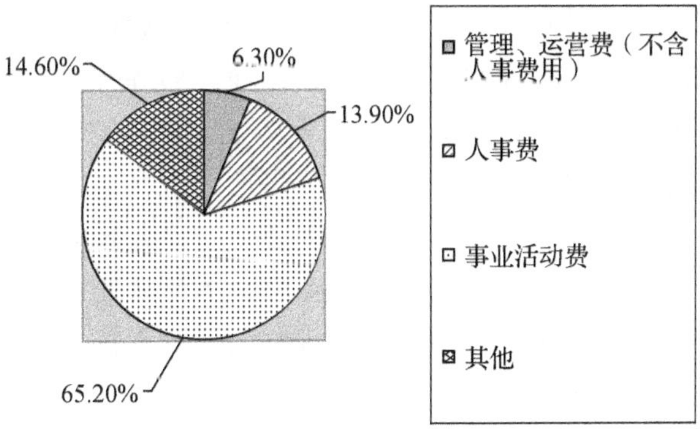

图 5-8　都道府县项目支出费用分布图

二、日本公共体育服务与日本体育振兴

（一）日本中央政府和地方政府各尽其责、分工协作，共同促进日本体育的振兴

在日本体育振兴过程中，中央政府主要负责体育振兴基本政策的制定，对地方体育振兴基本政策的实施予以指导和监测。日本体育振兴过程中的几个重要政策包括中央政府1961年颁布的《体育振兴法》，2000年颁布的《体育振兴基本计划》，文部科学省2010年颁布的《体育立国战略》及2011年颁布的《体育基本法》，立足于不同的时代背景和发展目标，各项体育政策都从宏观层面确立了日本体育振兴的方向。

由都道府县和市区町村两个层级构成的日本地方政府是日本体育振兴的主要实施者和责任人。伴随着2000年《地方分权总括法》的实施，日本进行了一系列的地方分权改革，中央政府大幅调整了地方政府之间的关系，明确了国家与地方公共团体的作用分担原则、废止了机关委任事务制度、重新区分了地方公共团体事务、实质性改变国家与都道府县干预事项、推进从国家向地方公共团体的权限移交、修改了必置规则、完备与确立地方公共团体行政体制。[①] 地方政府根据中央政府发布的体育振兴政策，结合自治区域的具体情况，为当地公民提供更适合其需要的公共体育服务，促进体育振兴。

（二）日本地方政府在公共体育服务和体育振兴过程中的表现差异较大

公共体育服务和体育振兴在具体实施过程中离不开各种资源的配备，管理人员、预算经费、计划措施、事业团体、教练员和志愿者是促进体育发展的重要表征。但是调查结果显示，日本地方政府之间在这些方面存在的差异比较大，并且在市区町村一级差异进一步加大。出现这种差异的原因，首先，在于日本地方政府之间的规模存在着较大的差异。都道府县一级东京都无论是在城市地位、人口规模、体育发展角色等方面是其他地区所无法比拟的，市区町村虽然作为同样级别的地方政府，但是地区差异比之都府县更甚，所以从绝对数值来看各地方政府在公共体育服务和体育振兴资源方面存在较大差异是必然的现象。其次，地方政府在实施公共体育服务和体育振兴过程中也会存在着政策偏好的差异。都道府县一级倾向于对竞技体育、大型体育场馆设施进行投入，而市区町村一级更倾向于大众体育和中小型体育场地设施。另外，由于日本当前经济总体形势不佳、地方财政不足，地方政府在公共体

---

① 曾祥瑞. 日本地方自治法研究[D]. 北京：中国政法大学，2005.

育服务和体育振兴上的投入也会出现较大的差异。

（三）日本体育振兴的社会化现状和面临的问题

日本体育振兴政策在具体的实施过程中注重社会化的发展方式，体育振兴基金、体育振兴团体、体育设施管理、体育教练员和志愿者都尽量以社会化的形式来进行。一方面，日本政府一直都致力于精简政府机构、工作人员和压缩政府开支，政府对于体育振兴事务更侧重于政策引导而非亲力亲为；另一方面，吸引社会力量参与体育振兴事务的发展，能够获得政府所不具备的管理效率，减少管理成本，更好地促进体育振兴。体育场地设施管理的社会化发展，如通过成立法人团体管理体育场地设施对体育场地设施服务和利用率的提升作用明显，体育志愿者也呈现出社会组织化的趋势。但是这在体育振兴社会化发展方面也面临着挑战，由于日本经济形势不景气、银行利率低，基金收益对于体育振兴的资金支持有下降的趋势；地方体育振兴社会化团体也出现了减少的现象。对于体育振兴社会化而言，其最终的目的在于提高效率，促进体育的振兴，但是这并不意味着政府责任的完全解脱，政府还是应当采取适当的措施，与社会各方力量合作，共同促进体育的振兴。

第三节　丹麦公共体育服务均等化评价

丹麦作为“社会民主福利制度”的代表国家①，国民享有包括体育在内的较高水平的社会福利和公共服务，其居民体育参与比例居于世界前列。根据欧盟的统计数据，2019 年丹麦 15 岁以上人群每周参与一次运动、健康和休闲娱乐身体活动的比例高达 75.8%②；而丹麦统计局的数据显示，2020 年 16 岁以上成人每周参与三次及以上体育运动的比例为 57%③。国内学者刘小学、贾文彤等人、史小强等人、曹振波等人对丹麦体育制度、体制、机制和政策都进行了介绍和分析，通过其研究，我们能够对丹麦体育发展有较为宏观的认识和把握。本研究旨在从丹麦地方政府的角度，对丹麦体育制度和体制进

① 考斯塔·艾斯平-安德森. 福利资本主义的三个世界[M]. 郑秉文，译. 北京：法律出版社，2003：361.

② Eurostat. Practising sport, keeping fit or participating in recreational (leisure) physical activities at least once a week, 2019 [EB/OL] [2022 - 02 - 20]. https://ec. europa. eu/eurostat/statistics-explained/index. php/Statistics_on_sport_participation#Active_participation_in_sport.

③ Statics Denmark. StatBank Denmark [EB/OL] [2022 - 02 - 20]. https://www. statbank. dk/statbank5a/default. asp? w = 1920.

行梳理，同时运用丹麦统计局相关体育统计数据，对丹麦地方政府的公共体育服务发展进行近距离和数量化的分析，对丹麦公共体育服务发展有更深入的理解，为我国公共体育服务发展提供借鉴和参考。

一、丹麦体育规制和地方政府公共体育服务角色

丹麦国土面积43 096平方千米（不包括格陵兰和法罗群岛），略大于我国台湾地区。根据丹麦政府网站公布的最新人口统计数据，2020年第一季度丹麦总共有5 822 763人口，在2007年丹麦地方政府行政区划改革之后形成了目前5个大区、11个省和98个（自治）市的行政结构。由于地方自治政府与市镇民主在北欧国家是具有悠久历史的一种传统[①]，因此包括公共体育服务在内与普通公民相关的绝大部分公共服务都由自治市这一最贴近公民的政府层级来承担[②]。从法律规制来看，1968年通过的《休闲时间法案》对地方政府——（自治）市的公共体育服务供给职责加以明确，该法案中规定：公共体育设施免费使用、儿童参与俱乐部活动获得直接津贴、成年人在“夜校”参与体育锻炼的费用也将获得补贴。[③] 在丹麦的《大众教育法案》《非正式成人教育和青年活动财政支持法案》中都有提到当地市政府要对当地业余体育组织给予支持，对当地体育场地设施建设、俱乐部运营和体育活动参与给予资助和补贴。

丹麦体育俱乐部主要隶属于三大体育组织，分别是丹麦体育联盟、国家奥委会（DIF）、丹麦健身运动协会（DGI）和丹麦公司体育联合会（DFIF）。丹麦体育联盟和国家奥委会成立于1896年2月14日，在成立之初由18个协会和1个联合会组成，包括9项体育运动和2 200名会员，旨在建立规则并维护体育社区的利益，并将自治、业余和联合置于首位。协会自1903年首次获得3 000丹麦克朗的政府资金。1993年，丹麦奥委会与DIF合并，目前拥有62个体育联盟，主要负责全国性单项体育联合会的管理。丹麦健身运动协会最早可以追溯至成立于1861年的丹麦步枪射击协会，经过百余年的发展，形成了目前由1个全国协会和14个地区协会组成的以发展社区业余体育为主的丹麦第二大体育组织。丹麦公司体育联合会成立于1946年，它源于通过与同

① 阿尔贝克，罗斯，斯特姆伯格，等. 北欧地方政府：战后发展趋势与改革[M]. 常志霄，张志强，译. 北京：北京大学出版社，2005：3.

② 吴兴智. 探寻有效的地方政府体制改革之道：丹麦的实践及启示[J]. 中共浙江省委党校学报，2013，29(1)：88－95.

③ Costa L. P., Miragaya A. Worldwide experiences and trends in sport for all[M]. Meyer & Meyer Sport，2002：299.

事一起参加体育活动，从而将个人与专业领域融为一体的传统。由于 DFIF 的企业俱乐部组织性质，因此并不吸纳社会性质的俱乐部，而很多社会性质的俱乐部可以同时加入 DIF 或者 DGI。丹麦三大体育组织都有相应的地区组织，地区组织处于全国组织和地方俱乐部之间，形成了丹麦俱乐部的组织网络。

丹麦中央政府层面上文化部下设有体育办公室，其主要作用只是协调、制定和实施政府政策，进行体育领域立法基础和财务框架的管理①，丹麦中央政府与体育的直接事务性联系主要是将博彩收益投给 DIF、DGI 和 DFIF。虽然丹麦中央政府层面没有直接的体育行政管理机构，但是仍然设置有一些半政府性质的全国性体育管理机构，主要有丹麦之队（Team Denmark）、丹麦赛事（Sport Event Denmark）、丹麦文化与体育设施基金会（Danish Foundation for Culture and Sports Facilities）、丹麦体育研究学院（Danish Institute for Sports Studies）、丹麦反兴奋剂协会（Anti-Doping Denmark）和赛马会基金会（Finance Foundation for Horse Racing），这些组织也都会从丹麦文化部获得彩票收益。

丹麦全国性体育组织 DIF、DGI 和 DFIF 从中央获得彩票收益，地方体育俱乐部从地方市政府获得公共服务资金。2012 年，丹麦文化部体育预算 1.15 亿欧元，地方政府在体育俱乐部方面预算 6.33 亿欧元，体育俱乐部其他来源预算 8.55 亿欧元。丹麦大众体育与竞技体育之间并不存在明显的规制分隔，除“丹麦之队”在促进竞技体育发展法案规定之下专门负责丹麦竞技体育事务外，丹麦地方俱乐部、地区协会和全国体育管理组织都致力于推进丹麦大众体育的发展，丹麦的体育体制切实地实践着“体育为人人”的理念。

二、丹麦地方政府基本公共体育服务均等化现状

对于丹麦地方政府公共体育服务事实的考察，主要从地方政府的体育支出、体育场地数量、体育俱乐部数量和体育会员数量四个方面进行。研究数据来源于丹麦统计局 Statbank Denmark 网站的历年公开数据，在数据处理和分析当中除一般描述统计分析以外，主要使用泰尔指数对丹麦 98 个市的公共体育服务水平进行分析。泰尔指数（Theil Index，简称 T）也被称为泰尔熵标准（Theil's Entropy Measure），它是由荷兰经济学家泰尔于 1967 年利用信息理论中的熵概念来计算收入不平等而得名的。泰尔指数最初主要通过考察人口及其对应的收入是否匹配来判断资源分布的公平性，其后被广泛用于一定区域

① Scheerder, A. Willem, E. Claes. Sport policy systems and sport federations: A cross-national perspective [M]. London: Palgrave Macmillan UK, 2017:94,101.

内卫生、教育、文化等公共资源分配的研究之中①②③，也同样运用于对我国省市公共体育资源配置现状的探讨④⑤⑥。

泰尔指数计算公式为：

$$T = \sum_{i=1}^{k} y_i \ln \frac{y_i}{p_i}$$

式中，p_i 为丹麦各市人口数占全国人口数的比例，y_i 为各市公共体育服务资源占全国公共体育服务资源比例，其所测量的是地方政府公共体育服务资源相对于全国人口分布的分布程度。当 T 为 1 时，表明该类资源分布处于最不公平的状态；当 T 为 0 时，表明该类资源分布处于最公平的状态。

（一）丹麦各市体育总支出、人均支出及泰尔指数

通过 2011—2019 丹麦地方政府体育支出数据（图 5-9），可以看出，丹麦全国地方政府体育总支出较为稳定，总体呈小幅增长趋势，近 2 年突破了 40 亿丹麦克朗，约合 5.37 亿欧元。丹麦体育支出分为经常性支出和资本性支出。经常性支出是指当年购买服务和商品及维持公共体育服务的经常性生产，包括薪资、福利和其他经常性支出，丹麦地方政府经常性支出较为稳定。资本性支出是指效用超过一年的资产支出，包括建筑、设施的兴建和维修，因此丹麦地方政府的资本性支出不仅会出现较大波动，甚至某些地方政府在某些年份为负值。丹麦全国地方政府体育经常性支出和资本性支出的比例大致保持在 6.5∶3.5，丹麦地方政府公共体育保障性服务投入要大于公共体育服务基础建设投入。地方政府体育支出更多地被用于体育场地设施维护和补贴。在资本性支出中，体育场地设施支出比例在近年来有所提升，其主要原因包括丹麦足协颁布实施的足球俱乐部体育场地设施新标准、地方体育场地设施老化需要更新等，这促使地方政府加大当地体育硬件投入。丹麦地方政府人

① 张彦琦，唐贵立，王文昌，等. 基尼系数和泰尔指数在卫生资源配置公平性研究中的应用[J]. 中国卫生统计，2008(3)：243－246.

② 王莹. 基础教育服务均等化：基于度量的实证考察[J]. 华中师范大学学报（人文社会科学版），2009，48(1)：112－118.

③ 胡骁. 我国公共图书馆服务均等化测度及空间格局分析[J]. 图书情报工作，2015，59(7)：83－90.

④ 袁春梅，杨依坤. 我国体育公共服务资源配置均等化水平的实证研究：基于泰尔指数的分析[J]. 武汉体育学院学报，2014，48(2)：21－26.

⑤ 胡娟，杨靖三，陈刚，等. 江苏县域公共体育服务资源的配置水平与影响机制分析[J]. 体育科学，2016，36(10)：18－25.

⑥ 李丽，杨小龙. 体育公共服务财政支出区域差距及优化研究[J]. 中国体育科技，2019，55(11)：21－30，72.

均体育总支出 2019 年为 692 丹麦克朗，其中经常性体育支出 453 丹麦克朗，资本性体育支出 239 丹麦克朗。经常性体育支出和资本性体育支出中各科目所占比例和变化趋势与体育总支出相似。

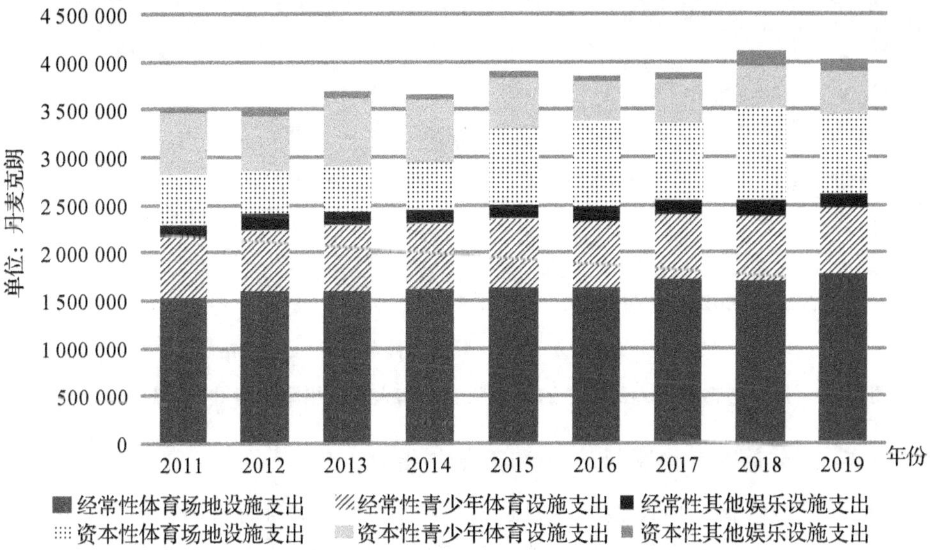

图 5-9　丹麦地方政府体育支出（2011—2019）

运用泰尔指数计算公式计算丹麦 98 个市 2011—2019 地方政府体育总支出、人均支出泰尔指数，如图 5-10 所示。由于 2011 年有地方政府体育总支出和人均支出为负值，无法计算泰尔指数，因此将该地方政府负值数据修改为极小值“1”后完成泰尔指数计算。可以看出，丹麦各市体育总支出泰尔指数和人均支出泰尔指数近 10 年变化不大，除 2014 年和 2018 年略有起伏外，泰尔指数维持在 0.12 和 0.18。参考袁春梅等人①、胡娟等人②和李丽等人③关于我国省及县域范围内公共体育服务资源分布研究的结果，可以认为丹麦在地方政府体育总支出和人均支出方面还是存在着较为明显的地方差距。从各市体育总支出和人均支出泰尔指数的比较来看，丹麦地方政府人均支出不均的现象较总支出更为明显。出现丹麦地方政府体育总支出和人均支出不均现象的主要原因在于丹麦几个大城市占据了丹麦大多数的人口，但是体育支出总

---

① 袁春梅，杨依坤. 我国体育公共服务资源配置均等化水平的实证研究：基于泰尔指数的分析[J]. 武汉体育学院学报，2014，48(2)：21－26.

② 胡娟，杨靖三，陈刚，等. 江苏县域公共体育服务资源的配置水平与影响机制分析[J]. 体育科学，2016，36(10)：18－25.

③ 李丽，杨小龙. 体育公共服务财政支出区域差距及优化研究[J]. 中国体育科技，2019，55(11)：21－30，72.

量、人均支出与人口比重并不相配配，从而造成丹麦地方政府体育支出不均现象的发生。

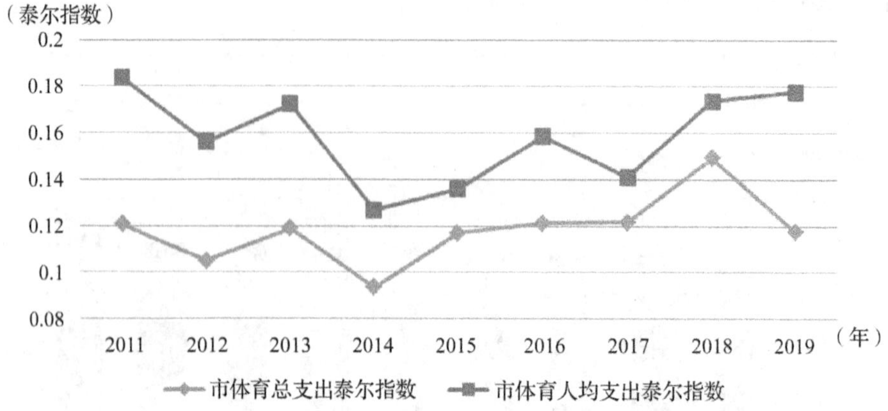

图 5-10　丹麦各市基于人口分布的体育总支出和人均支出泰尔指数（2011—2019）

（二）丹麦各市体育场地设施及泰尔指数

早期丹麦体育场地设施主要是通过私人资金建设的简易活动场地。1871年后，体操协会开始大量修建改善冬天训练条件的体操房。随着地方民主运动和体操运动的兴起，融集会、议事、厨房、体操活动于一体的社区大厅开始在各地兴起。[①] 丹麦在20世纪30年代兴起了一场体育场地和设施建设的热潮，但是当时的目的更主要是应对经济萧条和失业。1937年，丹麦教育法中关于12岁以上在校学生的学校必须有体育馆和球类活动场地的规定，进一步促进了地方政府对于当地体育场地设施的投入。丹麦地方政府作为体育场地设施建设投入的主体和拥有者，在2005年年底登记的19 354个体育场中有72%属于市，仅有28%属于私人部门。[②] 目前丹麦已经拥有了数量丰富的体育场地设施。根据2019年体育场地设施统计数据，丹麦已有室内外田径场323座，专用羽毛球馆62个，健身中心1 421个，足球场1 857个，800 m^2 以上的体育中心1 651个，300～799 m^2 的体育中心644个，300 m^2 以下的体育中心2 321个，游泳馆383个，专用室内外网球场736个。[③] 丹麦各地体育场地设施泰尔指数如图5-11所示，可以看出，2017—2019丹麦全国98个市的

① Rafoss K., Troelsen J. Sports facilities for all? The financing, distribution and use of sports facilities in Scandinavian countries[J]. Sport in Society, 2010, 13(4):643－656.

② 同上。

③ Statis Denmark. StatBark Demark[EB/OL][2022－02－20]. https://www.statbank.dk/statbank5a/default.asp? w＝1920.

体育场地设施数量泰尔指数都低于0.1，变动非常小。这表明无论是处于丹麦首都城市哥本哈根还是人口较少的偏远地区，相对于人口数量的体育场地设施分布都较为均等，各地居民普遍都能够享有大致相当的体育场地设施。

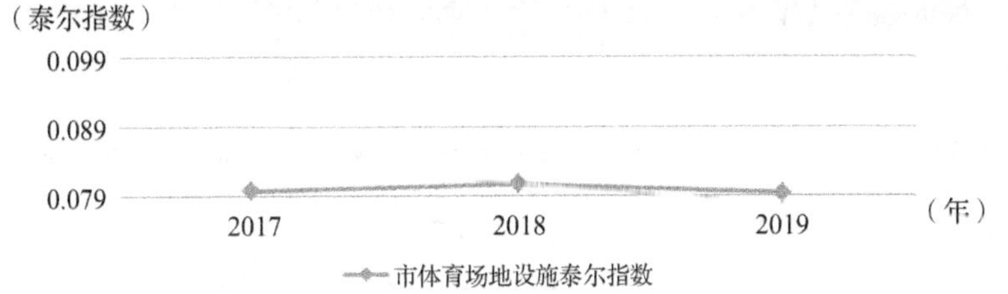

图 5-11　丹麦各市基于人口分布的体育场地数量设施泰尔指数（2017—2019）

（三）丹麦各市体育俱乐部及泰尔指数

体育俱乐部是丹麦公共体育服务的基石，地方政府向地方体育俱乐部提供公共服务资金，地方体育俱乐部向当地居民提供公共体育服务，当地居民通过成为地方体育俱乐部会员，享有公共体育服务。地方体育俱乐部在经过不断的兴替发展后，2019 年全国总计有 11 507 家，比 2014 年少了 400 余家。这些俱乐部主要分属于 DIF、DGI 和 DFIF 这三个丹麦全国性体育组织，2019 年，分别有下属俱乐部 8 806 家、6 530 家和 230 家（图 5-12）。由于俱乐部可以加入多个全国性体育组织，因此，其数量的总和要大于丹麦全国俱乐部数的统计数量。虽然丹麦全国体育俱乐部数量有所减少，但是俱乐部会员数量一直呈上升态势。2019 年丹麦俱乐部会员达到了 2 664 907 人，DIF、DGI 和 DFIF 分别拥有 1 992 610 人、1 698 762 人和 385 969 人（图 5-13），三大丹麦全国性体育组织会员的总和也要大于全国俱乐部会员统计数量，因为很多丹麦人也都会参加多个体育俱乐部。

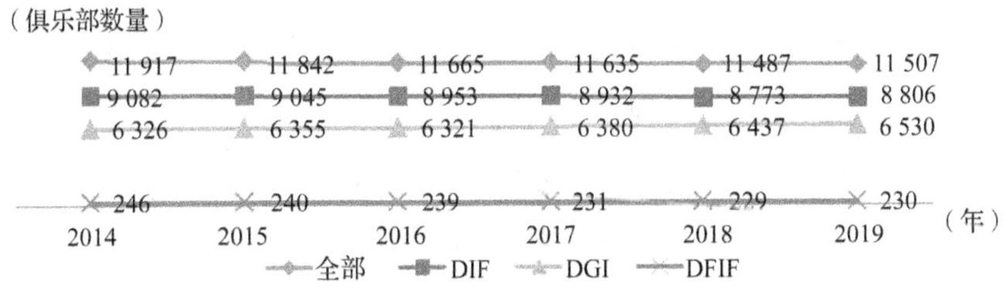

图 5-12　丹麦三大协会下属体育俱乐部数量（2014—2019）

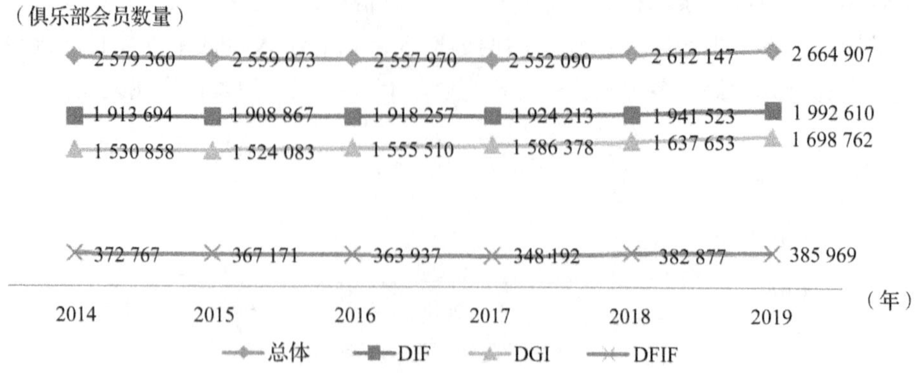

图 5-13　丹麦三大协会下属体育俱乐部会员数量（2014—2019）

丹麦各市俱乐部数量泰尔指数如图 5-14 所示，可以看出，2014—2019 泰尔指数都在 0.03 以上。近年来各市按人口数量分布的体育俱乐部数量差距呈现一定的扩大态势。这种现象主要还是由于人口向大城市转移，从而导致部分地方体育俱乐部数量减少，进而影响地方政府之间俱乐部数量的泰尔指数。但是通过与丹麦各市体育场地设施泰尔指数的比较，丹麦各市俱乐部分布较之于体育场地设施更为均匀，遍布丹麦城乡各地的体育俱乐部仍然是民众参与体育运动的主要形式和场所。

图 5-14　丹麦各市基于人口分布的体育俱乐部数量泰尔指数（2014—2019）

（四）丹麦各地体育组织会员及泰尔指数

丹麦人民具有基于文化的体育参与传统，很多居民都会积极地通过体育组织参与体育活动。这种参与活动形式一方面表现在参与体育运动，另一方面表现在以志愿者的方式参与体育组织的运营。丹麦 2019 年各性别和年龄阶段参与体育俱乐部的情况如图 5-15 所示，可以看到丹麦参与 DIF、DGI 和 DFIF 三大体育组织会员的比例达到了 45.2%，其中男性会员比例为 51.5%，女性会员比例为 38.9%。上述比例在过去 5 年间变动不大，女性会员比例一直落后于男性会员比例 10 个百分点左右。从年龄分布来看，13～18 岁男性青少年会员比例超过了 80%，0～12 岁男性和女性青少年会员比例也接近 80%，这可以看出，丹麦三大体育组织在青少年体育发展中所占据的重要地位。在 12 岁以后体育组织会员总体和女性比例随年龄下降趋势明显，13～24 岁女性与男性体育会员的比例差距超过了 20%，25 岁以后体育组织会员的总体和性别比例下降幅度不大。2019 年，丹麦 18 岁成年男、女性每周 3 次以上运动比例分别为 61% 和 59%。因此，体育组织会员比例并不影响丹麦女性的体育运动参与，主要区别仅在于不同性别在运动环境和项目上的偏好。①

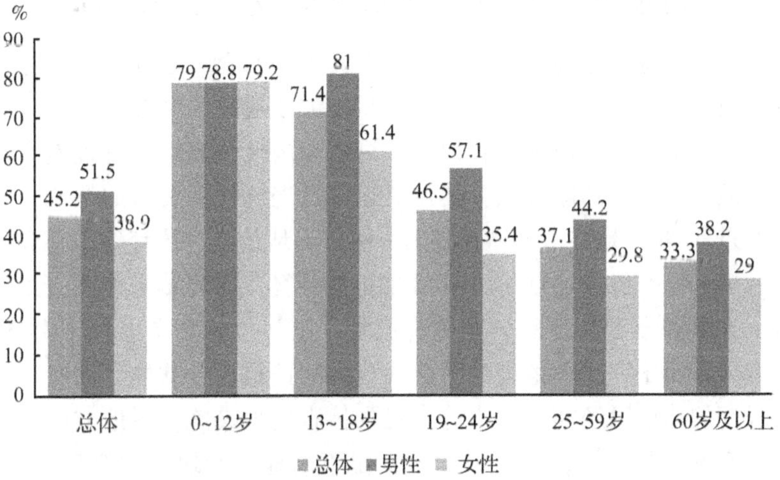

图 5-15　2019 年丹麦体育俱乐部各年龄阶段和性别会员比例

丹麦各市三大全国性体育组织会员数量泰尔指数见图 5-16 所示，可以看出，2014—2019 泰尔指数均在 0.01 以下。这可以认为无论身处丹麦何处，丹麦人民都具有相同的体育组织文化、意识和参与率。虽然丹麦各市体育组织会员人数泰尔指数与各地体育俱乐部数量泰尔指数一样呈现一定程度的上升趋势，但是并不影响当前丹麦各地居民非常均等地参与体育组织的事实。相对于丹麦各市体育支出、体育场地设施和体育俱乐部的分布现状，丹麦各地体育组织会员确实是处于非常高水平的均等分布状态。

① Rafoss K., Troelsen J. Sports facilities for all? The financing, distribution and use of sports facilities in Scandinavian countries[J]. Sport in Society, 2010, 13(4):643－656.

图 5-16　丹麦各市基于人口分布的体育俱乐部会员数量泰尔指数（2014—2019）

丹麦公共体育服务构建了以地方政府为事权和财权主体，地方体育俱乐部作为当地公共体育服务供给主体并获得地方政府财政资金，中央政府分配彩票公益金给半政府全国性体育组织，再由全国性体育组织管理地方体育组织和体育俱乐部的公共体育服务体制。运用丹麦统计局发布的体育相关统计数据，对丹麦 98 个地方市的体育支出、体育场地设施、体育俱乐部和体育组织会员数据进行一般描述性统计和泰尔指数计算。研究结果表明，丹麦地方政府投入大量资金于当地的公共体育服务，经常性体育支出常年保持稳定，确保地方体育俱乐部获得稳定的资金为当地居民提供公共体育服务。丹麦全国经过长期的建设已经拥有了十分充足的体育场地设施，各地方政府仍然根据当地体育发展的需要，通过财政性支出不断地更新地方体育场地和设施。丹麦公共体育服务总体处于非常高的均等化水平，98 个市的公共体育服务泰尔指数排序如下：体育支出 > 体育场地设施 > 体育俱乐部 > 体育组织会员。丹麦各市体育组织会员分布最为均等，各地参加体育组织的比例基本相同，而丹麦各市体育支出分布相对其他方面而言差异最大，当地体育支出与人口比重并不完全匹配。

第四节　基本公共体育服务均等化模式选择

各国实现基本公共服务均等化的做法主要分为两种，一种是将公共财政作为基本公共服务均等化的根本而着重于实现公共财政均等化，另一种是通过直接制定某项基本公共服务标准和要求实现基本公共服务的均等化。

一、以公共财政分配为目标的均等化模式

公共财政作为国家所掌握的重要公共资源，对于基本公共服务均等化的

实现具有支配性作用，因为社会成员基本公共服务的实现最终需要依靠政府的公共财政支出予以满足。所以，基本公共服务均等化在一定程度上即外化为公共财政支出需求的均等化，在实现财政支出需求均等的情况下，就能够达到公共服务的均等化。但是政府的财政支付能力在很大程度上取决于该政府的财政收入能力。对于不同地区政府而言，财政收入能力的差距往往导致财政支付能力的巨大差异，并进而影响公共服务均等化的实现。因此，综合考虑公共财政需求和公共财政支付能力均等化即公共财政收支能力均等化，才能够更好地获得基本公共服务均等化的结果。公共财政均等化模式相应地分为财政支出需求均等化模式、财政收入能力均等化模式和财政收支均等化模式①，加拿大基本公共服务均等化就是实行财政支出能力均等化模式，澳大利亚则实行财政支付能力和财政需求能力均等化模式②。

加拿大是世界上较早实行均等化的国家之一。在加拿大宪法中，均等化包括三层含义：居民福祉机会平等，通过经济发展减少机会差别，所有加拿大居民享有质量适度的基本公共服务。③ 在这个被一些学者称为均等化的体系中，基本公共服务均等化只是其中的一个方面，该国主要是通过建立省级政府财政支出能力均等化来为所有加拿大居民提供品质适度的基本公共服务。加拿大为基本公共服务建立国家标准，确定各省公共服务可比较性和平均水平，根据人均财政收入水平，联邦政府对财政收入低的省份实行财政转移支付，使所有加拿大居民都可以均等地享有品质适度的基本公共服务。

澳大利亚也是通过转移支付来实现各洲之间基本公共服务的均等化，但是澳大利亚基于财政支付能力和财政需求能力来综合考虑财政收入的分配。它所遵循的核心原则是：如果每个州从自己的税收来源获得相同的财政收入和承担相同的事务，并且效率一样，每一个州就必须与其他州一样，被赋予提供相同标准服务的能力。澳大利亚拥有一个非常复杂的均等化体系，它需要综合考虑以下三个变量：人均财政收入的能力、人均支出需求、循环计算的专项基金的人均不同数额。澳大利亚人均自筹财政收入能力是基于对19项财政收入类的评估得出的，相反，财政支出需求类有49项。④

二、以基本公共服务供给为目标的均等化模式

实现基本公共服务均等化的另一种做法是直接从供给具体的基本公共服

① 王玮. 公共服务均等化：基本理念与模式选择[J]. 中南财经政法大学学报，2009(1)：55－59.
② 丁元竹. 基本公共服务均等化的国际视角[J]. 浙江经济，2008(8)：59－61.
③ 同上。
④ 王振宇，寇明风. 解析“基本公共服务均等化”[N]. 辽宁日报，2008-01-28.

务着手，对于某类基本公共服务，制定相应的标准和要求，从而使基本公共服务均等化能够得到更为直观的体现和落实。以基本公共服务均等化供给为目标的均等化模式可以分为标准化模式和最低公平模式①两种。

标准化模式是指中央和上级政府制定基本公共服务设备、设施和服务的统一标准，并按标准进行基本公共服务的供给。因此该模式较适用于能够进行标准化操作的基本公共服务并在较小的地域范围之内加以运用。当基本公共服务的内容较为复杂同时需要在差异较大、地域较广范围内运用时，该模式的应用性就会受到很大的影响。该模式在多个国家的基本公共服务领域都被广泛运用。基本公共服务标准化模式较之于财政均等化模式最大的不同之处在于克服了仅仅考虑财政货币数额的缺点。以设施建设为例，同样的货币补贴或补助，在黑龙江地区可能只能建设相当于南方地区同类设施的50%，因为东北地区的设施建设需要防寒，墙的厚度要求60 cm，几乎是南方同类设施的一倍。② 基本公共服务均等化模式使基本公共服务均等化具有了实物化标准的特征，更能够保障所有社会成员都能够享有实实在在的服务。

最低公平模式是指中央政府保障全体公民均等地享有一定基准的基本公共服务。基本公共服务最低公平模式的主要特点包括：第一，确立基本公共服务最低公平原则。国家应让每个居民确信，无论他居住在哪个市或县，都会获得基本公共服务的最低保证，诸如安全、健康、福利和教育。为此，国家应按这一原则确定具体的基本公共服务项目，制定出最低的提供标准，并通过多级政府分担经费来保障各地政府有能力提供这类服务。第二，公共服务标准可根据行业特点，采用实物标准、经费标准和服务质量标准等，但最重要的是确保服务质量，并通过绩效评价来促使其达到标准。第三，确立“谁受益、谁出钱”的等价性原则。国家允许并鼓励有财政能力的地方政府提供更多的、质量更高的公共服务，但其经费应当由提供服务的政府来承担。③基本公共服务的最低公平模式与标准化模式相比，规定的是更为基础的公共服务内容。我们可以认为基本公共服务的最低公平模式是一种较低水平的标准化模式。

三、我国基本公共体育服务均等化的最低公平模式

我国经济、社会和体育发展的最大现实在于总体发展水平仍然不高，同

① 王振宇，寇明风. 解析“基本公共服务均等化”[N]. 辽宁日报，2008-01-28.
② 丁元竹. 我国基本公共服务均等化过程中标准建设问题[J]. 甘肃理论学刊，2008(3):46-49.
③ 王振宇，寇明风. 解析“基本公共服务均等化”[N]. 辽宁日报，2008-01-28.

时地区之间、城乡之间、阶层之间的差距仍然较大。在财政制度和公共财政向公共服务转换仍待进一步健全的现实发展条件之下，为了协调基本公共体育服务需求与公共服务高质量发展的矛盾，我国较宜采用基本公共体育服务均等化的最低公平模式。基本公共体育服务供给模式最为关键的是五个“W”，即 Who（供给主体）、Whom（受益主体）、What（供给内容）、Where（实施地点）和 When（实施时间）。

（一）Who（供给主体）

在我国，基本公共体育服务的供给主体主要是政府，一方面是因为政府一直在基本公共体育服务供给中占据着无可替代的地位，另一方面也是因为我国公共组织发展仍然较为落后，无法像一些国家的公共组织那样承担起基本公共体育服务的供给责任。在当前，政府应当更好地履行其供给基本公共体育服务的责任，同时将供给责任和生产责任加以区分，使更多的生产主体进入基本公共体育服务产品生产领域，以提高基本公共体育服务产品的生产效率和产品（服务）质量。

（二）Whom（受益主体）

全体国民是基本公共体育服务的受益主体，任何我国公民都有权利享有基本公共体育服务。社会成员通过一定的需求表达渠道反映其公共体育需求，促使政府对其基本公共体育需求予以满足。在基本公共体育服务系统中，广大社会成员并不只是消极的基本公共体育服务享有者，从其本质来看，更是基本公共体育服务的重要参与者，通过需求表达、享有服务、服务评价等方式，广大社会成员是基本公共体育服务发展中的重要一环。

（三）What（供给内容）

供给内容是基本公共体育服务的核心，是政府供给和公民享有基本公共体育服务的主要部分。在实现基本公共体育服务均等化最低公平模式的指导下，政府供给的是具有一定标准的基本公共体育服务。该标准既适用于国家的基本公共体育服务供给能力，又能保障全体公民享有基本的公共体育服务。对于基本公共体育服务及其均等化而言，制定相应的基本公共体育服务标准是最为困难的问题，其涉及面之广、动用社会资源之巨均需要通过周密的论证才能够制定出科学的标准。

（四）Where（实施地点）

对于基本公共体育服务，尤其是在实现均等化的具体实践中，居住于我国任何地方的居民都应当享有大致相同的基本公共体育服务。但是在基本公共体育服务供给过程中，政府也应当注意根据不同区域的性质，如城乡之间的差异，东、中、西部之间的差异，禁止开发区、限制开发区、优化开发区和重点开发区等不同功能区之间的差异，通过统筹规划、合理配置资源，能够在不同区域使基本公共体育服务供给恰如其分。

（五）When（实施时间）

基本公共体育服务均等化实施时间的实质是根据经济、社会发展现状制定基本公共体育服务发展战略、步骤和具体政策、措施。需要从国家层面制定实施基本公共体育服务和均等化的阶段性发展战略及在相应的时期内所达到的预期目标。只有这样，才能使我国的基本公共体育服务和均等化目标循序渐进、有条不紊地推进，切不能急功近利、一蹴而就。

"最低公平"的基本公共体育服务均等化供给模式，即以政府为主导，统筹规划制定基本公共体育服务均等化的阶段性目标，确定各阶段基本公共体育服务均等化的内容和标准，使我国所有公民无论其处于何种经济和社会地位、无论其居住于何种地方，都能够享有一定标准之上的基本公共体育服务。基本公共体育服务均等化最低公平模式是符合我国经济、社会和体育发展现状，与我国政府所制定的发展战略相匹配，是适宜基本公共体育服务可持续发展的现实选择。最低公平模式的选择为基本公共体育服务均等化的实现建立了一个逻辑起点，但是要真正实现这一目标，必然要经历漫长的实践过程，所以，我国政府需要进行积极的探索以寻找实现基本公共体育服务均等化的现实路径。

第五节　我国基本公共体育服务均等化路径探索

我国基本公共体育服务均等化的目标是全体公民不论阶层、职业、身份、性别、年龄、民族、地域、户籍都能平等享受政府提供的基本公共体育服务。由于我国经济、社会发展水平总体仍然较低，在公共服务领域公民需求表达机制缺失、政府公共服务职能履行不力和城市偏向发展的宏观环境下，基本公共体育服务的地位、投入、建设和网络等因素不同程度地制约着其发展。广大社会成员所享有的基本公共体育服务数量不足、质量不高而且差异极大，因此，在确立最低公平发展模式后应通过以下路径积极践行，逐步实现基本公共体育服务均等化。

一、构建服务型政府，增强政府公共服务职能是实现基本公共体育服务均等化的根本前提

基本公共体育服务均等化是政府利用公共资源满足广大公民的基本体育需要、保障广大公民的基本体育权利，提供一视同仁的基本公共体育服务的过程。政府在整个基本公共体育服务供给过程中占有至关重要的地位。政府是否具有服务意识、是否履行服务职能直接关系到基本公共体育服务的供给能力和均等化供给的效果。自 1998 年 3 月 6 日第九届全国人大一次会议上的《关于国务院机构改革方案的说明》报告中提出，把政府职能切实转变到宏观调控、社会管理和公共服务方面来，首次明确地把完善公共服务作为政府职能转变的目标以来，加强政府的公共服务职能一直是我国政府改革的重要目标。2005 年 2 月 18 日，国务院印发《国务院工作规则》，专门强调了公共服务职能，提出“强化公共服务职能，完善公共政策，健全公共服务体系，努力提供公共产品和服务”。“服务型政府”成为我国行政体制改革的主要目标，“公共服务职能”成为我国政府极力强调的职能主张。

对于“服务型政府”的内涵，不同的学者从政民关系，政府公共服务职能，政府服务的性质、方式和系统等不同的角度有不同的认识。[①]“服务型政府”作为一种政府体制，从其根本来说，必须立足于“民主政治”和“民生福利”这两个基本点之上。民主政治强调的是政府的权力来源于人民并且其归宿也必须是广大人民。人民赋予政府以权力，政府权力由人民的代表来使用，权力的使用过程受到人民的监督，政府的权力同时对每个公民的自由、平等和发展等权利给予保护。民生福利强调政府的职能是为了保障民生和发展福利。政府的各项职能从其根本来说，无论是从较低水平的保障温饱还是较高水平的促进每个人得到自由充分发展，都是为了使每个社会成员都能够生活得更好。

“服务型政府”同时是一个区别于计划经济时代“全能型政府”的具有全新理念的政府。“国家主体”“无限政府”等计划经济下的“全能型政府”理念相应地需要转换为“纳税人主体”“有限政府”“民主化”“法治化”等与市场经济相适应的“服务型政府”理念。在“全能型政府”之下，政府的职能几乎无所不包，但是很多职能却履行不好。政府在履行其职能时“失位”“错位”“越位”的现象时有发生。“服务型政府”则遵循“有所为，有所不

① 王丽莉. 服务型政府：从概念到制度设计[M]. 北京：知识产权出版社，2009：51 - 55.

为”的基本准则，将政府的公共服务职能置于突出的地位，把提供公共服务作为政府的重要工作来落实。只有在“服务型政府”理念的指引下，政府才能够真正地履行好公共服务职能，才能够改革政府行使职能的方式，才能够将均等化作为基本公共体育服务的供给目标并予以实现。

二、建立一视同仁的基本公共体育服务供给制度

制度是一个社会的博弈规则，或者更规范地说，它们是一些人为设计的、型塑人们互动关系的约束。① 制度对于人类社会的意义在于它通过禁止或者允许的方式使人类的行为具有一定的方向性。这种方向性在一定程度上减少了人类行为的不确定性，从而使人类社会的运转更为流畅。基本公共体育服务供给制度作为政府设计的、提供基本公共体育服务的规则能够保证政府基本公共体育服务供给行为以一定的方向稳定而持续地发生。政府建立一视同仁的基本公共体育服务供给制度是实现我国基本公共体育服务均等化的基础。

建立一视同仁的基本公共体育服务供给制度，首先，要切实保障和维护所有社会成员享有政府提供的基本公共体育服务的基本权利，使所有社会成员都均等地享有基本公共体育服务的权利。这一基础性的制度将所有社会成员都包括在政府基本公共体育服务的供给范围之内，而不会以身份、收入、性别、居住地和身体状况等因素人为地将部分社会成员排除在供给范围之外，这才能保证基本公共体育服务均等化的实现具有最为广泛的社会基础。其次，建立一视同仁的基本公共体育服务供给制度，使所有社会成员能够均等地享有基本公共体育服务的机会。政府在基本公共体育服务供给中最重要的工作是扮演为社会成员创造享有基本公共体育服务条件和机会的角色。一视同仁的基本公共体育服务供给制度使基本公共体育服务条件和机会的均等性得到保障。再次，建立一视同仁的基本公共体育服务供给制度应与合理界定基本公共体育服务的范围和科学认定基本公共体育服务的标准相结合，使基本公共体育服务均等化能够得以具体地贯彻和落实。基本公共体育服务的范围和标准是基本公共体育服务最为基础和重要的内容。在确立全民健身公共体育服务的范围和标准时，应当以广大社会成员的公共需要为基础，以经济社会发展水平为约束条件，确立范围合适、标准恰当的基本公共体育服务。如在全国首个基本公共服务均等化行动计划——浙江省《基本公共服务均等化行动计划（2008—2012）》中提出，全民健身服务体系进一步完善。城市社区和

---

① 道格拉斯·C.诺思.制度、制度变迁与经济绩效[M].杭行，译.上海：格致出版社，上海三联书店，上海人民出版社，2008：3.

农村普遍建有健身路径，创建小康体育村15 000个；城乡公共体育场馆设施逐步实现免费开放，社会单位体育场馆设施逐步实现对外开放，人均体育场地面积达到1.6m^2，体育人口达到45%，国民体质合格率达到88%。[①] 一视同仁的基本公共体育服务供给制度与基本公共体育服务的具体内容相结合，从而真正实现基本公共体育服务的均等化。

三、形成无差别的基本公共体育服务供给机制

在阐述基本公共体育服务供给机制的相关内容之前，需要对机制及制度与机制之间的关系和区别加以明确。机制的含义较为丰富，例如用机器制造的，机器的构造和工作原理，有机体的构造、功能和相互关系，泛指一个复杂的工作系统和某些自然现象的物理、化学规律，等等。在社会领域中，机制是作为非物理性质来理解，它指的是社会系统中各因素之间有机结合而形成的"社会本身各个领域自动运行的体系"[②]。制度与机制的联系较为紧密，在不同的社会领域中，它们通常被同时提及，用以促进该领域的发展，如公司颁布奖励制度和鼓励形成内部激励机制都是促进公司绩效的必要措施和有效手段。但是两者之间的区别也十分明显，制度是静态的，而机制是动态的；制度是具象的，而机制是抽象的（机制是在事物的运行中体现出来的）；制度是可以而且需要由各种强制的力量来建立的，而机制是不能用强制力量来建立的，只能是形成的；制度是可以立即建立和生效的，而机制则是需要相对长的时间逐渐地成长的。[③] 因此，机制需要在制度环境中经历较长的时间跨度才能够内化为某一社会领域的自动化体系，从而保证制度的效能真正地发挥出来。无差别的基本公共体育服务供给机制是指无歧视的基本公共体育服务政府综合供给系统。政府应当自觉地形成无差别的基本公共体育服务供给机制，以保障基本公共体育服务均等化的实现。

形成无差别的基本公共体育服务供给机制，首先，需要将一视同仁的基本公共体育服务供给制度作为基本公共体育服务供给机制的目标。无差别的基本公共体育服务供给机制应当促使政府自觉主动地趋向于实行和维护一视同仁的基本公共体育服务供给制度。政府在基本公共体育服务供给中应当始终以基本公共体育服务均等化作为其基本的信念和根本的宗旨。其次，形成

---

① 浙江省人民政府.浙江省人民政府关于印发基本公共服务均等化行动计划的通知[EB/OL].(2012-07-14)[2022-02-20].http://www.zj.gov.cn/art/2012/7/14/art_1229697772_2443737.html.

② 李景鹏.论制度与机制[J].天津社会科学,2010(3):49-53.

③ 同上。

无差别基本公共体育服务供给机制最重要的是要解决动力问题。只有政府自身具有了形成无差别基本公共体育服务供给的动力机制，才能够真正完成这一过程。从总体看，可以将形成无差别基本公共体育服务供给的动力机制分为内、外两个方面。内部动力是政府基本公共服务均等化理念的全面贯彻和落实。政府在基本公共服务均等化理念的指引下就必然能够自觉地改革政府行为方式和方法，进而推动政府基本公共体育服务供给机制的形成。外部动力则主要包括社会舆论压力、世界发展趋势、民众福利诉求等方面。虽然外部动力对于基本公共体育服务供给机制的形成也具有十分重要的作用，但是从根本来看，外部动力仍然需要内化为政府自身的发展动力，才能够使政府真正自觉自愿地形成无差别的基本公共体育服务供给机制，才能成为一种长效而有效的机制。再次，无差别的基本公共体育服务供给机制应当区别于差别化的基本公共体育服务具体供给措施。无差别的基本公共体育服务供给机制能够保证所有地区获得相同的公共财政支出能力，保障所有公民均等地享有基本公共体育服务的机会，但是仍然需要施行差别化的基本公共体育服务具体供给措施。举一个简单的例子，南北气候差异决定了区域性基本公共体育服务设施建设的差异性。因此，形成无差别的基本公共体育服务供给机制，指导基本公共体育服务的具体实践，才能够实现我国基本公共体育服务均等化。

四、健全系统化的基本公共体育服务绩效评价和监督管理体系

基本公共体育服务是政府运用公共资源为社会成员提供一定数量和质量公共产品和服务的过程。政府的基本公共体育服务供给行为自然受到政府自身和社会公众的普遍关注。一方面，政府和公众都十分重视基本公共体育服务的供给效果，因为这涉及政府的基本公共体育服务供给能力和公众享有基本公共体育服务供给成果并对其进行绩效评价的问题。另一方面，政府和公众也需要持续地改进基本公共体育服务，不断提高政府基本公共体育服务供给水平和民众享有基本公共体育服务的水平，因此，需要对基本公共体育服务进行监督和管理。由于基本公共体育服务绩效评价和监督管理都需要涉及多个主体和多个方面的内容，因此，只有建立基本公共体育服务绩效评价和监督管理体系，才能全面客观地把握基本公共体育服务的发展现状。而健全系统化的、将均等化内嵌其中的基本公共体育服务绩效评价和监督管理体系更是实现我国基本公共体育服务均等化的重要路径。

基本公共体育服务绩效评价体系是一个包括评价理念预设、评价方案设

计、绩效评价实施和评价结果应用的综合系统，政府（公共服务）绩效评价与私营企业部门绩效评价相比，具有评价内容复杂、多样、抽象、更注重公平等社会价值的特点。20世纪60年代，美国会计总署将政府工作的审计重心从经济性审计转向经济性、效率性、效果性并重的审计，这即是著名的“3E”评价法。之后整个社会对于公平性的关注不断提升，因此发展而成“4E”评价法。以实现我国基本公共体育服务均等化为目标的绩效评价体系，在设计评价内容和评价指标时，尤其需要着重考虑与均等相关的问题。

从某种意义上来说，基本公共体育服务绩效评价是基本公共体育服务监督管理中的一个阶段和一个部分，而基本公共体育服务监督和管理则贯穿于基本公共体育服务的整个过程。正如有学者提出，需要对公共服务进行全程评估——公共服务评估从公共服务结果向前延伸到公共服务需求、公共服务供给。[①] 其实对基本公共体育服务进行全程评估即是对基本公共体育服务的监督和管理，与此同时，基本公共体育服务监督和管理活动也伴随着基本公共体育服务的不断发展而发展。基本公共体育服务监督和管理从基本公共体育服务发生的时序可以分为以下三个方面。第一，界定基本公共体育服务的需求，也即是对基本公共体育服务供给的内容和标准进行监督。虽然我国体育发展水平相对不高，但是运用公共财政建设高规格体育场馆设施的现象屡见不鲜。这些打着增加体育场馆设施丰富人民群众体育活动旗号的公共体育服务项目完全背离了广大人民群众的基本公共体育服务需要，因此，需要监督此类“公共体育服务”。第二，跟踪基本公共体育服务的供给，对基本公共体育服务的供给程序、过程进行管理。基本公共体育服务供给需要投入大量的人力、物力、财力，不是一蹴而就的过程，缺乏对该过程的管理将直接影响到基本公共体育服务的绩效。第三，评价基本公共体育服务的效果，也即是基本公共体育服务的绩效评价。绩效评价既意味着某一项或者某一阶段基本公共体育服务工作的结束，对于基本公共体育服务监督和管理工作而言，同时也是另一项或者另一个阶段基本公共体育服务工作的开始。

五、制定和实施基本公共体育服务均等化的政策和措施

自2006年“十一五”规划首次提出“基本公共服务均等化”之后，《中共中央关于构建社会主义和谐社会若干重大问题的决定》又提出，健全公共财政体制，调整财政收支结构，把更多财政资金投向公共服务领域，加大财

---

① 刘小康．当代中国公共服务实践反思：公共服务全程评估的意义［J］．上海行政学院学报，2008，9(6)：45－52．

政在教育、卫生、文化、就业再就业服务、社会保障、生态环境、公共基础设施、社会治安等方面的投入，以实现基本公共服务均等化。

政策可以从总体认为是“国家和政党为实现一定历史时期的路线和任务而规定的行为准则”[①]，它包括谋略、法令、措施、办法、方法、条例等内容。基本公共体育服务均等化政策具有多种表现形式，它既可以以指导思想、政策目标的形式作为相关体育政策制定的支撑和基础，也可以以基本公共体育服务均等化条例、规划的文本形式出现。其实基本公共体育服务均等化政策对于我国体育事业发展来说并不陌生，比如我国实施全民健身计划，颁布了《全民健身计划纲要》《公共文化体育设施条例》《全民健身条例》等发展群众体育事业的各项政策和条例，全民健身计划和相关政策、条例均属于公共政策的范畴，从其本质来看，都具有公共性的属性和均等化的要求，只是基本公共体育服务均等化的政策内涵并未得到明确表达。从《全民健身计划(2011—2015 年)(公开征求意见稿)》可以看出，基本公共体育服务均等化问题已经得到了重视，“加强全民健身服务体系建设，努力实现全民健身公共服务均等化”成为研制《全民健身计划》的指导思想。[②]《全民健身计划(2016—2020 年)》已经将均等化作为重要内容，提出要强化全民健身发展重点，着力推动基本公共体育服务均等化和重点人群、项目发展。

为了实现我国基本公共体育服务均等化目标，体育事业“十三五”规划中提出，加快建设水平较高、内容完备、惠及全民的基本公共体育服务体系，逐步推动基本公共体育服务在地域、城乡和人群间的均等化。2022 年《关于构建更高水平的全民健身公共服务体系的意见》中提出，发挥政府保基本、兜底线的作用，推进基本公共服务均等化，尽力而为、量力而行。首先，这是与我国基本公共服务均等化发展和其他社会事业均等化发展相一致的需要。体育作为一项社会公共事业，其发展应与我国各项社会公共事业均等化政策的要求相一致。从实践来看，我国全民健身计划实施开展的“雪炭工程”、“民康工程”和“农民体育健身工程”在一定程度上都是为了推进基本公共体育服务均等化。在今后，我国应在基本公共体育服务均等化总体政策的引领下，发展全民健身公共服务，实现全民健身公共服务的均等化。其次，这也是群众体育和竞技体育协调发展的需要。我国群众体育和竞技体育未能实现协调发展具有多种因素，但是未能确立基本公共体育服务均等化的体育发

---

① 辞海编委会. 辞海[M]. 上海:上海辞书出版社,2000:4165.

② 中华人民共和国中央人民政府. 全民健身计划(2011—2015 年)(公开征求意见稿)[EB/OL]. (2010-10-11)[2022-02-20]. http://www.gov.cn/gzdt/2010-10/11/content_1719248.htm.

展政策是重要的原因之一。在制定和实施基本公共体育服务均等化政策之后，面对基本公共体育服务均等化的具体政策目标和绩效评价标准，群众体育的发展将获得更为有力的政策保障。

与此同时，需要制定和落实以基本公共体育服务均等化为直接内容的服务规范、标准和条例。“十三五”推进基本公共服务均等化规划对基本公共体育服务提出了相应的发展要求，但是其中的标准化要求与实施措施仍然欠缺细化和可操作化。“十四五”进一步提出要健全各类标准规范，制定全民健身公共服务国家标准，健全全民健身场地设施、器材装备等标准体系，加强体育运动技能培训、赛事活动组织等体育服务领域标准的制定工作，研制并推广体育运动水平等级评定标准，加快推动训练工作标准化，推进体育项目标准化建设工程和体育赛事活动规范化建设工程。因此，在《国家体育锻炼标准》《国民体质测定标准手册》的基础之上，制定类似于“基本体育锻炼和体质测定服务规范”的标准，使全体社会成员都能够享有基本的体育锻炼和体质测定服务，这是基本公共体育服务政策发展方向之一，而相关基本公共体育服务均等化政策制定和实施的关键在于确定基本公共体育服务均等化的内容和标准。

第六章 我国基本公共体育服务均等化构想：评价指标体系

评价是人类经常会用到的一种个人认知活动。同时也是人类社会中一项重要的社会认识活动。对基本公共体育服务均等化发展现状的认识活动即是一种评价活动，为了能够更为客观、准确地对基本公共体育服务均等化发展水平进行评价，我们需要具备一套规范的程序和科学的方法。综合评价理论（或者称为系统评价理论）即是用于指导社会评价活动的具体理论。对基本公共体育服务均等化进行评价需要以综合评价理论为基础，按照综合评价的具体方法而进行。本章运用综合评价的理论和方法，构建基本公共体育服务均等化水平评价指标体系，为基本公共体育服务均等化水平评价的具体运用奠定基础。

第一节 我国基本公共体育服务均等化评价指标体系构建的理论基础

在自然界和人类社会中任何事物可以说都是以系统形式存在的。要素作为系统的最基本单位，决定着系统的性质，因此，在对某一事物进行评价时往往需要涉及决定系统性质的多个因素或者反映事物特征的多个指标，这也就成为综合评价理论和方法源起的哲学基础。在对基本公共体育服务均等化进行综合评价的过程中，构建基本公共体育服务均等化评价指标体系是整个评价活动的关键，它是评价者对基本公共体育服务均等化认识的直接反映，同时也决定了基本公共体育服务均等化评价活动的进一步开展。综合评价理论是构建基本公共体育服务均等化评价指标体系的理论基础。

一、综合评价理论

综合评价（Comprehensive Evaluation，CE）是相对于单项评价而言的，若某一评价对象较为简单，评价标准较为单一和明确，评价者用单项评价即可以对事物进行评价。但是当评价对象较为复杂、抽象评价标准较为复杂时，评价者就需要用到综合评价。综合评价是指对被评价对象进行的公正、全面、客观的评价。如果把被评价对象视为系统的话，可以将综合评价表述为：在若干个（同类）系统中，如何确认哪个系统的运行（或发展）状况好，哪个系统的运行（或发展）状况差，这是一类常见的所谓综合判断问题，即多属性（或多指标）综合评价问题。[①] 综合评价来源于人类认识事物的思维方式，由于人类认识的对象越来越复杂，同时也是出于客观和实证的需要，所以综合评价的使用也越来越频繁。

综合评价的基本思路是：将多个指标最终转化为一个反映综合情况的指标，从而对事物的发展水平进行评价。综合评价问题的经典处理过程是：明确评价目的；确定被评价对象；建立评价指标体系；确立与各项评价指标相对应的权重系数；选择或构造综合评价模型；计算各系统的综合评价值并进行排序或分类。[②]（图6-1）这几个方面也是综合评价方法的主要要素。

1. 评价目的

首先要明确评价的目的，这是评价工作的根本性指导方针。对某一事物开展综合评价，首先要明确为什么要综合评价，评价事物的哪一方面（评价目标），评价的精确度要求如何，等等。

2. 被评价对象

评价对象可能是人、事、物，也可能是它们的组合。同一类评价对象的个数要大于“1”，否则也就没有判断和评价的必要了。这一步的实质是明确对象系统。评价对象系统的特点直接决定着评价的内容、方式及方法。

3. 评价者

评价者可以是某个人（专家）或某团体（专家小组）。评价目的的确定、被评价对象的确定、评价指标的建立、权重系数的确定、评价模型的选择等，都与评价者有关。因此，评价者在评价过程中的作用是不可忽视的。

4. 评价指标

所谓评价指标，是指根据研究的对象和目的，能够确定地反映研究对象某一方面情况的特征依据。每个评价指标都是从不同侧面刻画对象所具有的某种特征。所谓指标体系，是指由一系列相互联系的指标所构成的整体。它能够根据研究的对象和目的，综合反映出对象各个方面的情况。指标体系不

---

① 郭亚军. 综合评价理论、方法及应用[M]. 北京：科学出版社，2007：1.

② 郭亚军. 综合评价理论、方法及应用[M]. 北京：科学出版社，2007：8.

仅受评价客体与评价目标的制约，而且也受评价主体价值观念的影响。

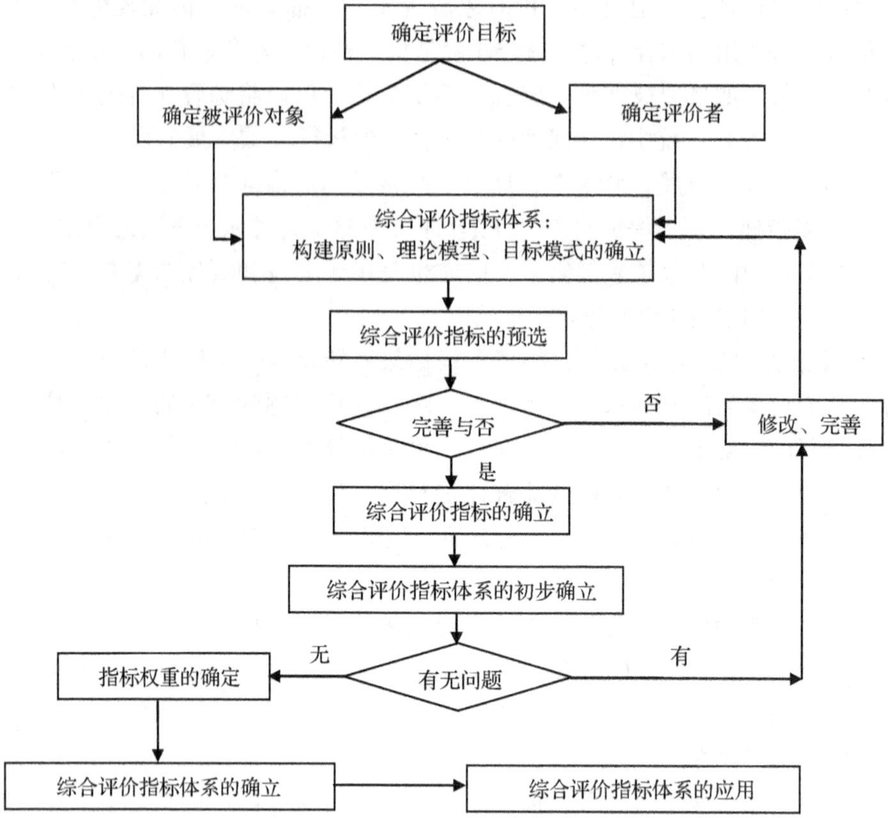

图 6-1　综合评价流程图

5. **权重系数**

相对于某种评价目标来说，评价指标之间的相对重要性是不同的。评价指标之间的这种相对重要性的大小，可用权重系数来刻画。指标的权重系数，简称权重，是指标对总目标的贡献程度。很显然，当被评价对象及评价指标都确定时，综合评价的结果就依赖于权重系数了。即权重系数确定的合理与否，关系到综合评价结果的可信程度的高低。因此，对权重系数的确定应特别谨慎。

6. **综合评价模型**

所谓多指标综合评价，就是指通过一定的数学模型将多个评价指标值“合成”为一个整体性的综合评价值。可用于“合成”的数学方法较多，问题在于我们如何根据评价目的及被评价对象的特点来选择较为合适的合成方法。

7. 评价结果

输出评价结果并解释其含义，依据评价结果进行决策。应该注意的是，应正确认识综合评价方法，公正看待评价结果。综合评价结果只具有相对意义，即只能用于性质相同的对象之间的比较和排序。[①]

由于综合评价是评价主体在主观意识的主导下对评价客体所进行的尽量客观的综合评价，因此，运用综合评价时所得到的结果会随着评价主体、客体、环境、方法等的差异而呈现出不同的结果。这种差异只能尽量减少，并不能够完全消除，所以我们在运用综合评价时应特别突出其在排序方面的功能，在对综合评价结果进行分析和解释时也应注意相关问题。

二、综合评价的要点

（一）综合评价指标体系构造的基本原则

综合评价指标体系的建立需要视具体的评价问题、评价目标而定，但是一般来说，构建综合评价指标体系应遵循以下原则：[②]

1. 指标宜少不宜多，宜简不宜繁

评价指标并非多多益善，关键在于评价指标在评价过程中所起作用的大小。目的性是出发点，指标体系应涵盖为达到评价目的所需的基本内容，能反映对象的全部信息。当然，指标的精练可减少评价的时间和成本，使评价活动易于开展。

2. 指标应具有独立性

每个指标要内涵清晰、相对独立；同一层次的各指标间应尽量不相互重叠，相互间不存在因果关系。指标体系要层次分明，简明扼要。整个评价指标体系的构成必须紧紧围绕着综合评价目的层层展开，使最后的评价结论确实反映评价意图。

3. 指标应具有代表性与差异性

指标应具有代表性，能很好地反映研究对象某方面的特性。指标间也应具有明显的差异性，也就是具有可比性。评价指标和评价标准的制定要客观实际，便于比较。

4. 指标应可行

指标应可行，符合客观实际水平，有稳定的数据来源，易于操作，也就

---

① 杜栋，庞庆华，吴炎．现代综合评价方法与案例精选［M］．2 版．北京：清华大学出版社，2008：2.

② 杜栋，庞庆华，吴炎．现代综合评价方法与案例精选［M］．2 版．北京：清华大学出版社，2008：5.

是应具有可测性。评价指标含义要明确，数据要规范，口径要一致，资料收集要简便易行。

（二）综合评价方法中无量纲方法的选择

进行综合评价时，指标体系中的各指标往往具有不同的计量单位，因此在构建综合评价指数时需要统一各指标的量纲。通过数学方法使各统计指标具有相同的单位以消除其原有单位对综合评价影响的方法即无量纲化，也称为同度量化、数据的标准化和规范化。苏为华将无量纲化的方法归为四类：广义指数法、广义线性功效系数法、非线性函数法、分段函数法。[①] 其中前两种属于线性的无量纲方法，它的实质是假定指标评价值与指标实际值呈线性关系，评价值随实际值成等比例变化。[②] 当评价指标具有线性特征时可以采用此方法，而后两种方法则能够进行指标的无量纲处理。

相对处理法是一种进行线性指标无量纲处理的简单实用方法，其主要原理是：先对待评价指标确定一个比较标准，作为比较的标准值，然后用各指标的实际值（x_i）与相应的标准值（x_m）进行比较。公式如下：

$$\text{正指标：}\frac{x_i}{x_m} \quad (i=1,2,\cdots,n) \tag{6-1}$$

通过同度量处理的各指标乘以100%，就是单项指标的实现程度。

$$\text{各单项指标的实现程度}=\frac{x_i}{x_m}\times 100\% \quad (i=1,2,\cdots,n) \tag{6-2}$$

（三）综合评价方法中合成方法的选择

综合评价合成方法即是将多个指标通过一定的数理方式将其结合起来从而能够对评价对象进行整体评价的方法，也称为评价信息集结或者效用函数合成。可以用于合成的数学方法有很多种，苏为华将效用函数合成模型分为幂平均合成和特殊合成两类[③]，郭亚军将信息集结方式分为基于指标性能的集结方式、基于指标值位置的集结方式及基于指标值分布的集结方式三种[④]，但是同样需要根据评价决策的需要和被评价对象的特点来选择简单实用的合成方法。

一般较为常用到的方法是加权算术平均法和加权几何平均法。

加权算术平均法的公式为：

---

① 苏为华.多指标综合评价理论与方法问题研究[D].厦门:厦门大学,2000.

② 赵书祥.我国体育领域中综合评价理论与方法及实证的研究[D].北京:北京体育大学,2008.

③ 苏为华.多指标综合评价理论与方法问题研究[D].厦门:厦门大学,2000.

④ 郭亚军.综合评价理论、方法及应用[M].北京:科学出版社,2007:79.

$$y = \sum_{i=1}^{n} w_i y_i \quad (i = 1,2,\cdots,n) \tag{6-3}$$

式中，y 为被评价对象的综合评价值，w_i 为评价指标的权重，y_i 为单个指标的评价值，n 为评价指标的个数。

加权几何平均法的公式为：

$$y = \prod_{i=1}^{n} y_i^{w_i} \quad (i = 1,2,\cdots,n) \tag{6-4}$$

（四）综合评价指标权重的确定

综合评价指标体系是由多个指标综合而成的系统，每个指标在系统中所占据的地位和重要性必然是不完全相同的，所以需要给予不同评价指标以不同的权重，才能够使系统符合事物发展的本质特征，使综合评价能够达到客观评价事物发展现状的目的。因此，确定权重系数是综合评价中的核心问题，它在很大程度上影响到综合评价活动的进行。

指标权重的确定有多种方式：按赋权原理，可以分为基于“功能驱动”原理的赋权法、基于“差异驱动”原理的赋权法和综合集成赋权法①；按权重来源方式，可以分为主观赋权法和客观赋权法②；按构权的复杂性，可以分为基础构权和扩展构权法③。普遍采用主观赋权法和客观赋权法。主观赋权法是评价者对指标的重要程度给出人为的评价，通常采用向专家征集意见的方法；客观赋权法即根据指标数值变异程度所提供的信息来计算相应的权重。④由于实证主义研究模式的影响，很多研究者都力求客观而对主观唯恐避之不急，认为只有客观赋权得到的权数才符合科学研究精神。但是判断指标权重是否科学的更本质标准是所得到的权重是否能够反映事物的真实状态而不是获得权重的方法，特别是在社会科学领域对于很多问题的认识都离不开主观意识和判断。因此，很多主观赋权方式或者主观和客观相结合的赋权方式都为研究者所采用。

三、综合评价的方法和技术

基于综合评价的基本理念，在具体社会领域进行运用时，学者们发展出不同的综合评价方法和技术。20 世纪 60 年代运用模糊数学的综合评价方法，

---

① 郭亚军. 综合评价理论、方法及应用[M]. 北京：科学出版社，2007：32.

② 刘晶. 城市居家老人生活质量评价指标体系研究：以上海为例[D]. 上海：华东师范大学，2005.

③ 苏为华. 多指标综合评价理论与方法问题研究[D]. 厦门：厦门大学，2000.

④ 刘晶. 城市居家老人生活质量评价指标体系研究：以上海为例[D]. 上海：华东师范大学，2005.

70至80年代出现了层次分析法、数据包络分析法，80至90年代人工神经网络技术和灰色系统理论开始应用于综合评价。苏为华等将综合评价技术大致分为：定性综合评价法、效用函数（当量函数平均）综合评价方法、多元统计综合评价法、模糊综合评价法、灰色系统综合评价法、决策运筹方法、智能化评价方法（神经网络与遗传算法）、组合与集成评价方法等。[①] 各种评价方法各具特点，在运用时也繁简各异，但是在经济、社会各学科的研究中都得到了广泛运用。近年来综合评价方法和技术更是向群组、方法、分层、动态和区间的集成与扩展方向不断发展[②]，这对于复杂社会问题的评价而言自然具有重要意义。在众多综合评价方法中，层次分析法（Analytic Hierarchy Process，AHP）由于其理念较为直观和明确，能够将主观和客观、定性和定量分析相结合，同时由于其计算过程和方法相对简单，因此得到了广泛的使用。

四、层次分析法

（一）层次分析法的源起和基本理念

层次分析法是由美国运筹学家托马斯·萨蒂（T. L. Saaty）等人于20世纪70年代初提出的一种将定性和定量结合起来的多准则决策方法。这一方法将决策问题的有关元素分解成目标、准则、方案等层次，用一定标度对人的主观判断进行客观量化，在此基础上进行定性分析和定量分析。[③] 这个过程的核心问题是计算各决策方案的相对重要性系数，而统计指标权数确定也正是一种重要性度量，所以可以将层次分析法用于构造统计指标权数确定的方法。自1982年层次分析法被引入我国以来，人们不仅将之应用于各种决策与规划分析及综合评价排序，也用于综合评价权数的构造，目前已经成为构造统计权数的最有效方法之一，应用十分广泛。[④]

层次分析法的基本原理可以用下面的例子来说明[⑤]：

假设有 m 个物体，它们的质量分别用 w_1，w_2，…，w_n 来表示（不妨假定

---

① 苏为华，陈骥，朱发仓. 综合评价技术的扩展与集成问题研究[M]. 北京：中国统计出版社，2007：7.

② 苏为华，陈骥，朱发仓. 综合评价技术的扩展与集成问题研究[M]. 北京：中国统计出版社，2007：3.

③ 杜栋，庞庆华，吴炎. 现代综合评价方法与案例精选[M]. 2版. 北京：清华大学出版社，2008：11.

④ 苏为华. 多指标综合评价理论与方法问题研究[D]. 厦门：厦门大学，2000.

⑤ 郭亚军. 综合评价理论、方法及应用[M]. 北京：科学出版社，2007：35.

$\sum_{j=1}^{m} w_j = 1$）。在没有任何稳重仪器的情况下，可通过下面的方法确定出 w_j 的值。将这 m 个物体的质量进行两两比较，比较判断的全部结果可写成如下矩阵形式：

$$\boldsymbol{A}=\begin{bmatrix} \frac{w_1}{w_1} & \frac{w_1}{w_2} & \cdots & \frac{w_1}{w_m} \\ \frac{w_2}{w_1} & \frac{w_2}{w_2} & \cdots & \frac{w_2}{w_m} \\ \vdots & \vdots & & \vdots \\ \frac{w_m}{w_1} & \frac{w_m}{w_2} & \cdots & \frac{w_m}{w_m} \end{bmatrix}=\boldsymbol{A}\ (a_{ij}) \tag{6-5}$$

若用质量向量 $\boldsymbol{w}=(w_1,w_2,\cdots,w_m)$ 右乘判断矩阵 $\boldsymbol{A}$，则得到矩阵 $\boldsymbol{A}$ 的特征方程：

$$\boldsymbol{Aw}=m w \tag{6-6}$$

通过求解特征值问题式，即得这 m 个物体的质量 m_j（$j=1,2,\cdots,m$）。

这个例子提示我们，若对这多个评价指标关于某个评价目标的重要性程度进行两两比较判断获得矩阵，最后求出该判断矩阵的最大特征根及其对应的特征向量，这个特征向量的各个分量就是每个层指标相对于总目标的权重。

（二）层次分析法的基本步骤

层次分析法大致分为六个步骤，分别为明确问题、建立层次结构、构造判断矩阵、层次单排序及其一致性检验、层次总排序、做出相应决策。该步骤虽然是针对决策活动而言的，但是指标权重确定也遵循相应的程序，只是决策的结果即为指标权重的确定。

1. 明确问题

把握所评价问题的范围、明确评价的目的，以及实现目标的准则、策略和各种约束条件等。

2. 建立层次结构

按评价问题的内容将其分为几个等级层次，明确各层次各因素之间的从属关系，构成层次结构系统。

3. 构造判断矩阵

判断矩阵的构造是应用层次分析法的关键步骤。在建立层次结构模型后，请专家对各个层次中的指标两两比较其重要性，并按重要性进行赋值，从而实现从定性分析向定量分析的转化。构建判断矩阵时一般采用了 1 ~ 9 标度及其倒数的标度方法（表6-1）。人们在进行比较判断时，通常可以将两个对象区分出“同样重要”“稍微重要”“重要”“重要得多”“绝对重要”5个等级，如果在相邻两级中再插入1级，就正好是9级。

表6-1　判断矩阵标度及其含义①

序号	说明	C_{ij}赋值
1	i，j两元素同等重要	1
2	i元素比j元素稍重要	3
3	i元素比j元素明显重要	5
4	i元素比j元素强烈重要	7
5	i元素比j元素极端重要	9
6	i元素比j元素稍不重要	1/3
7	i元素比j元素明显不重要	1/5
8	i元素比j元素强烈不重要	1/7
9	i元素比j元素极端不重要	1/9

4. 层次单排序及其一致性检验

计算所有元素相对重要性的排序权值，称为层次单排序。在对各元素两两比较其重要性得到判断矩阵后，求出判断矩阵的最大特征根λ_{max}及其对应的特征向量$\boldsymbol{W}$，然后将特征向量归一化后所得到的特征向量的各个分量就是各个元素的权重。

但是专家在判断指标重要性时，各判断之间可能会出现不一致或自我相互矛盾的结果，所以需要有一个衡量不一致程度的数量指标，我们通常用CI(Consistency Index)表示。它用判断矩阵最大特征根以外的其余特征根的负平均值来表示，即

$$CI = \frac{\lambda_{max}}{m-1} \tag{6-7}$$

CI值越大，表明判断矩阵偏离完全一致性的程度越大；CI值越小（接近于0），表明判断矩阵的一致性越好。对于1、2阶判断矩阵来说，其两两判断次数只有0次和1次。因此判断矩阵总是具有一致性，但是当元素增多的时候，判断矩阵的规模变大，要保持判断矩阵的一致性显然要困难得多。当指标规模不同时，对判断矩阵一致性的要求也应该有所不同。因此，就引进平均随机一致性指标RI（Random Index），1~12阶矩阵的平均随机一致性指标

① 杜栋，庞庆华，吴炎. 现代综合评价方法与案例精选[M]. 2版. 北京：清华大学出版社，2008：15.

RI 值如表 6-2 所示。

表 6-2　1～12 阶矩阵的平均随机一致性指标①

矩阵阶数 *m*	1	2	3	4	5	6	7	8	9	10	11	12
RI	0.00	0.00	0.58	0.90	1.12	1.24	1.32	1.41	1.45	1.49	1.51	1.53

CI 与 *RI* 的比率称为随机一致性比率（Consisteney Ratio，CR），即 $CR = CI/RI$。当 $CR < 0.10$ 时，即认为判断矩阵具有满意的一致性，否则我们就需要调整判断矩阵，使之具有满意的一致性。

5. 层次总排序

依次沿递阶层次结构由上而下逐层计算，从而计算出最低层因素相对于评价目标的相对重要性或相对优劣的排序值，即层次总排序。但也有最新的研究指出，在层次分析法中不必检验层次总排序的一致性，在实际操作中，总排序一致性检验常常可以省略。

6. 做出相应决策

通过数学运算可以计算出最低层次各方案对于最高总目标相对优劣的排序权重，从而对备选方案进行排序。

第二节　我国基本公共体育服务均等化评价指标体系构建

综合评价理论为我国基本公共体育服务均等化评价提供了方法论指导，而基本公共体育服务均等化评价指标体系的构建则是运用综合评价方法实现基本公共体育服务均等化评价的具体操作化过程。基本公共体育服务均等化评价指标体系的构建是最终进行评价的基础，也是最重要的环节。

一、基本公共体育服务均等化评价指标体系的概念及内涵

指标一般被认为是“计划中规定达到的目标”② 和“综合反映统计总体数量特征的概念和数值”。从统计学看来，指标是“表明总体特征的概念及其数量表现”，是“用来反映社会现象在一定时间、地点和条件下的规模水平、

---

① Thomas, L. Satty. The analytic hierarchy process: Planning, priority setting, resource allocation[M]. New York: McGraw-Hill, 1980: 20.

② 中国社会科学院语言研究所词典编辑室. 现代汉语词典[M]. 6 版. 北京：商务印书馆, 2006: 1675.

程度、比例、结构、频度、速度等数值的概念”，是“描述和反映社会经济现象数量特征的基本概念和具体数值”，统计指标的基本结构是“特征概念与统计数值”。① 但是从社会学角度来看，指标更是一种我们所选择的观察，它反映我们所要研究的变量②，对于很多社会现象和研究内容来说，由于并不具有现实的物态可供测量，我们需要对概念进行具体化和操作化使其能够进行量化的测量，指标“表示一个概念或变量含义的一组可观察到的事物，称作这一概念或变量的一组指标”③。由于社会现象的复杂性，很多时候需要运用多个指标才能够全面地把握事物的本质。但是这些指标并不是以随意的或者散乱的状态而存在，而是通过一定的方式结合成体系来共同表征事物。

根据韦氏大词典，“体系”这个词的一般意思是：一个由某种有规则的相互作用或相互依赖的关系统一起来的事物的总体或集合体；一种由发展过程或事物的相互性质所形成的各部分的自然结合或组织；一个有机的整体。④ 因此，指标体系是以一定的内在联系而形成的众多指标的集合体。指标体系用于对事物进行综合、全面地测量，从而能够更好地把握事物。虽然指标体系一词在我国各领域得到广泛运用，但是在联合国、联合国专门机构及非联合国组织统计部门的研究报告和论文中并不使用指标体系这一概念。国外进行一些项目的统计时只使用“指标”（indicator）或“指数”（index）的概念，如世界银行的“世界发展指标”（world development indicators）、联合国的“环境指标”（environment indicators）及美国宾夕法尼亚大学埃斯特斯教授提出的加权社会进步指数（Weighted Index of Social Progress，WISP）等。⑤ 我国所使用的指标体系在一定程度上对应于国外的指标群（indicators），主要用于表示指标系统的意思，而指标体系最终的评价结果则用指数来表示。

通过对指标、指标体系概念的梳理，我们可以看出指标对于表征社会现象所具有的操作性意义和指标体系对于把握事物本质所具有的集合性意义。因此，基本公共体育服务均等化评价指标体系即是由若干具有内在联系的指标所组成的，能够综合、全面、客观地评价基本公共体育服务均等化发展现状的指标集合。基本公共体育服务均等化评价指标体系是对基本公共体育服务均等化现象进行具体化和操作化的结果，是基本公共体育服务均等化评价

---

① 邬志辉. 教育指标：概念的争议[J]. 东北师大学报(哲学社会科学版)，2007(4)：119－125.

② 艾尔·巴比. 社会研究方法[M]. 10 版. 邱泽奇，译. 北京：华夏出版社，2005：120.

③ 风笑天. 社会调查中的问卷设计[M]. 天津：天津人民出版社，2002：123.

④ 联合国经济和社会事务部统计处. 社会和人口统计体系[M]. 许成钢，黄琪，钟学义，译. 北京：中国财政经济出版社，1985：2.

⑤ 朱军浩. 全面建设小康社会的指标体系及政策保障[D]. 上海：复旦大学，2004.

的基础。

二、基本公共体育服务均等化评价指标体系的构建基点

构建基本公共体育服务均等化评价指标体系需要进行明确的定位。目前对于公共服务、公共体育服务和基本公共体育服务的均等化的研究主要侧重于宏观层面上区域之间和城乡之间，并主要以统计年鉴资料中的人均指标为依托。在衡量区域之间和城乡之间均等化现状的同时，我们无法把握区域内部基本公共体育服务均等化的情况。因此，本研究将基本公共体育服务均等化评价聚焦于城市街道、社区和农村乡镇、行政村基层，围绕基层大众体育服务构建基本公共体育服务均等化指标体系，对我国基本公共体育服务均等化发展现状进行总体把握。同时在指标设计和选取时注重社会成员所实际享有的较为量化和具体的基本公共体育服务并将其作为评价内容，侧重于政府基本公共体育服务的均等化供给和产出，兼顾基本公共体育服务的效果，侧重于定量化指标的选取并辅之以部分定性指标。

三、基本公共体育服务均等化评价指标体系的构建原则

基本公共体育服务均等化指标体系从根本上说是对社会领域中基本公共体育服务发展状况的研究。因此，在构建基本公共体育服务均等化指标体系时，我们首先需要遵循设计社会指标体系的一般原则，如目的性、科学性、联系性、统一性、可比性、可行性等原则①，以及综合评价方法构建指标体系的一般原则，如指标宜少不宜多、宜简不宜繁，指标应具有独立性，指标应具有代表性与差异性，指标应可行②。

这里认为我国基本公共体育服务均等化体系构建原则可以分为价值性原则和技术性原则两个部分。价值性原则是指指导构建活动以一定的价值取向为导向，技术性原则是指构建活动进行的操作性导向，在基本公共体育服务均等化指标构建中需要同时遵循这两方面的原则。

（一）价值性原则

任何评价活动都是由具有一定价值取向的评价者在一定的价值取向之下进行的，虽然有部分研究者认为在评价活动中应尽量减少价值取向对于评价活动的影响以保证其研究实证、科学的地位，但是在基本公共体育服务均等

---

① 朱庆芳，吴寒光. 社会指标体系[M]. 北京：中国社会科学出版社，2001：5.

② 杜栋，庞庆华，吴炎. 现代综合评价方法与案例精选[M]. 2 版. 北京：清华大学出版社，2008：8 - 9.

化评价指标构建中价值取向不但不能够排除，反而需要加以运用，才能够进行相关的研究。首先，基本公共体育服务均等化是政府基本公共体育服务供给绩效的一个重要方面。它所关注的是政府基本公共体育服务供给的公平问题，而公平本身即是一个带有价值取向的问题，因此，基本公共体育服务均等化评价指标体系的构建无法在回避价值取向问题的前提下进行。其次，人人均等的价值取向决定了基本公共体育服务均等化指标体系的内容。在进行指标体系构建时不应该背离这一价值取向，在具体评价指标的选择时也应以这一价值取向为准绳。再次，构建基本公共体育服务评价体系时应注重价值取向的引导。构建基本公共体育服务均等化评价体系来进行政府基本公共体育服务均等化供给水平评价的最终目的是促进我国基本公共体育服务均等化的实现，因此，它对于政府供给基本公共体育服务具有价值导向作用。

（二）技术性原则

1. 目的性原则

构建综合评价指标体系时应紧紧围绕评价目标进行，选取指标时同样应考虑该指标在整个评价体系中的地位和作用，并使整个评价最终能够实现评价目的。

2. 科学性原则

构建综合评价指标体系必须要有科学的依据，遵循科学的程序。指标体系应具有科学的概念框架并能够反映评价对象的实质内容。选取的指标应该能够反映评价目标的内涵，指标的意义明确、测量方法标准，整个过程应该严谨、真实。

3. 全面性原则

综合评价指标体系作为一个有机的整体，必须全面覆盖评价对象，力求从不同的角度全面地评价该对象的各个方面。因此，在综合评价指标体系构建和指标选取过程中应当广泛征求有关专家的意见，防止出现缺陷和盲区。

4. 层次性原则

评价指标体系的层次结构包括总目标层、分目标层、准则层、判断层和指标层。根据评价对象的特征对指标体系进行分层，使得指标体系结构清晰，逻辑关系分明，有利于指标的选择。

5. 可操作性原则

构建的综合评价指标体系应当具有现实的操作性。体系中的每个指标在选取时就应该考虑到其操作性，同时应结合研究能力使所选取的指标都能够搜集到相关的准确数据。

四、基本公共体育服务均等化评价指标体系理论模型的建立

（一）基本公共体育服务均等化评价指标体系建立的理论基础

任何一项研究都有它的理论基础，建立基本公共体育服务均等化评价指标体系也必须以科学的理论为指导，因为只有通过统一的理论才能够将那些经验的、零散的指标统筹起来。基本公共体育服务均等化评价指标体系制定的基本理论是公共服务理论和以正义公平为基础的均等化理论。

在公共服务理论中，政府职能特别是公共服务职能作为其理论的基点，强调政府在经济社会发展中的重要作用。政府公共服务职能的具体体现方式是向社会提供公共产品与服务。体育作为公共服务的一项内容，具有个体健康促进、疾病预防、身心调节、人际关系协调及推动社会整体发展的价值。因此，政府承担起供给公共体育服务的责任。由于我国经济、社会和体育发展水平的限制，政府现阶段只能够提供基本的公共体育服务，主要包括义务教育阶段的学校体育教育和社区领域内的大众体育服务。

以正义公平为基础的均等化理论是构建基本公共体育服务均等化评价指标体系的另一基本理论。正义公平规定着均等化主体的内容，只有正义公平的事业才值得去讨论它是否均等、如何实现均等化。基本公共体育服务是一项与正义和公平有关的社会公共事业。它使人们的体育需求得到满足，使人获得应有的尊严；它保障人们的体育权利，使人体现应有的价值。因此我们需要对基本公共体育服务均等化的现状进行评价，进而推进基本公共体育服务的均等化。

（二）基本公共体育服务均等化评价指标体系建立的理论模型

在指标体系构建中，除其理论基础外，更为重要的是确定理论模型（也被称为概念模式）。指标体系的理论模型指的是指标体系的理论框架，“这个基本框架实际上就是对应于特定对象而建立的一个解释系统”①，它是指标体系构建的基础，也是评价指标选择的依据。孙志麟通过文献分析认为，在教育指标研究中存在着系统模式、演绎模式、归纳模式、目标模式及问题模式五种概念模式。② 系统模式从系统观点进行分析，因此，指标体系较为全面，能够说明教育发展的整体状况。演绎和归纳模式则是从方法论延展而来的概

① 余道明.体育现代化理论及其指标体系研究：以首都体育现代化研究为例[D].福州：福建师范大学，2007.

② 孙志麟.教育指标的概念模式[J].教育政策论坛，2000，3(1)：117－136.

念模式，它们是进行指标确定时常用的方法。目标和问题模式通常与教育政策和教育问题直接相关联，但是并不能够对教育整体发展情况予以阐述。然而，指标概念模式的分类并不具有绝对意义，在指标研究中综合使用不同的概念模式有助于指标研究的进行。研究者需要就具体的研究主题综合运用不同的指标概念模式以完成指标研究。

体育评价指标体系在体育现代化、体育强国、竞技体育、学校体育、社区体育等问题上都得到了广泛开展。1986年，国家体委计划司与华中师范大学合作建立“中国体育事业指标体系”，采用的是“投入—活动—产出”模型，最后形成投入（条件）5个小类、活动8个小类、产出（成果）7个小类，共584个统计指标的评价体系。吕树庭等人（2002）在我国社会体育评估指标体系中采用“投入—产出”模型，最后形成一个包括12个一级指标和62个二级指标的评价体系。董新光等人（2007）在农村体育评价指标体系中运用的是“条件（投入）—结果（产出）”模型，最后形成包括体育生活质量、体育保障条件、体育活动效果和城乡体育协调4个一级指标，10个二级指标和14个三级的评价体系。孙庆祝等人（2009）提出学校体育现代化评价指标体系的“条件—结果”模型，最后确定了包括学校体育资源系统、管理系统、效果系统、公平系统4个一级指标，7个二级指标和14个三级指标在内的学校体育现代化评价指标体系。钟泽（2010）提出竞技体育社会评价选取“文化—资源配置—机制—效益”的模式，构建了由竞技文化、管理体制、资源配置、运行机制和效益表现构成的评价指标体系。从以上研究中可以看出，“条件（投入）—结果（产出）”系统模型被较多应用于评价指标体系的构建，在具体指标的构建时则主要采用演绎模式。

本研究在基本公共体育服务均等化评价指标体系构建时以系统模式为出发点，在目的上以问题模式为主轴，在方法上采用演绎模式，通过多种模式的结合，构建基本公共体育服务均等化评价指标体系。具体而言，基本公共体育服务均等化评价指标体系构建在系统模式中采用“投入—产出—效果”模型，它主要以均等化评价作为其体系构建目的，在方法上采用对投入、产出和效果分别进行演绎的方式构建指标。“投入—产出—效果”模式是公共服务评价中经常采用的模式①，其所遵循的逻辑是“财政资金投入→形成公共产品和公共服务→满足居民需求和提高效用水平”②。在基本公共体育服务均等

① 陈昌盛，蔡跃洲. 中国政府公共服务：体制变迁与地区综合评估[M]. 北京：中国社会科学出版社，2007：13.

② 任强. 公共服务均等化问题研究[M]. 北京：经济科学出版社，2009：70.

化评价指标体系中，所谓投入，就是政府为基本公共体育服务所投入的人力、物力和财力等资源，投入指标反映了政府对基本公共体育服务的态度和能力。所谓产出，就是政府通过基本公共体育服务投入所产生的基本公共体育服务量，产出指标反映了政府供给基本公共体育服务的努力程度。所谓效果，就是政府供给基本公共体育服务对广大社会成员享有基本公共体育服务所产生的较为长期的影响，效果指标反映了政府供给基本公共体育服务的目标。有时产出和效果是难以区分的，在实践中一般将一些短期内的效果也归入产出类，而将更为长期的影响归入效果类。[①] 基本公共体育服务均等化是一个系统的过程，从基本公共体育服务的内容来看，是社区体育服务的均等化；从空间来看，基本公共体育服务均等化是在人人均等基础上表现为群体之间、地区之间、城乡之间的均等化问题；从过程来看，基本公共体育服务均等化包括投入、产出和效果的均等化问题。这三个纬度之间相互交叉，从而使基本公共体育服务均等化问题构成为一个立体的结构，社区体育服务在投入、产出和效果过程之中存在着群体之间、地区之间和城乡之间的均等化问题，从而构成了基本公共体育服务均等化的发展现状。基本公共体育服务均等化评价指标体系立体结构示意图见图 6-2，基本公共体育服务均等化评价指标体系理论框架见图 6-3。

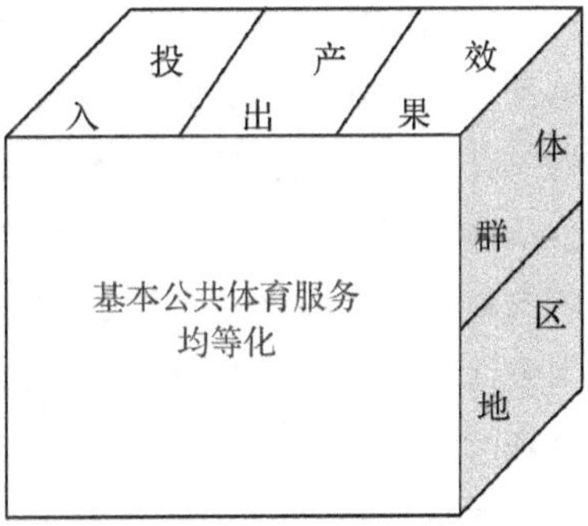

图 6-2　基本公共体育服务均等化评价指标体系立体结构示意图

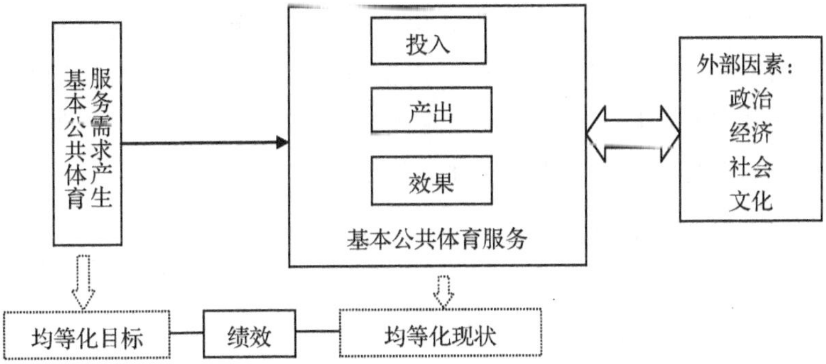

图 6-3　基本公共体育服务均等化评价指标体系理论框架

① 陈昌盛，蔡跃洲. 中国政府公共服务：体制变迁与地区综合评估［M］. 北京：中国社会科学出版社，2007：13.

五、基本公共体育服务均等化评价指标体系目标模式的建立

基本公共体育服务均等化评价指标体系是为评价基本公共体育服务均等化发展水平而构建的评价指标体系，因此，该体系在构建伊始就带有强烈的目标指向。目标模式作为发展战略的具体化，确立基本公共体育服务均等化评价指标体系目标模式的意义在于，对基本公共体育服务均等化发展水平进行评价。这是促进和推动基本公共体育服务均等化的基础，而评价的最终目的在于建设。因此，基本公共体育服务均等化评价指标体系的目标模式在于政府供给基本公共体育服务的均等化、政府供给基本公共体育服务产出均等化的结果、广大社会成员能够均等地享有基本公共体育服务并产生均等的效果。

我国体育“十一五”期间体育事业发展的总体目标之一是广泛开展群众体育活动，初步建成具有中国特色的全民健身体系，不断满足群众日益增长的体育文化需求，使全民族的健康素质明显改善。虽然并没有明确提到基本公共体育服务均等化问题，但是无论增加体育场地设施、组织、活动，还是对农村、弱势群体的关注，都体现了对人人都能够享有体育发展成果的重视。国家体育总局原局长刘鹏在2010年全国群体工作会上提到：建设体育强国既是新时期我国体育的奋斗目标，又是我国体育发展一个长期的艰巨过程。从群众体育方面来看，要大力发展公共体育事业，全面建成覆盖城乡、惠及全民、比较完善的全民健身服务体系是核心任务。对于这个核心任务……进一步加强各级政府的体育公共服务职能，实现体育公共服务的均等化，全面提高政府保障公民基本体育需求的水平。[①] 我国群众体育发展的宗旨和政府在群众体育发展中的公共服务角色对于均等化问题都日益重视，并且与基本公共体育服务均等化评价指标体系的目标模式相契合，通过基本公共体育服务均等化评价指标体系对政府在投入、产出和效果上的均等化现状进行评价，最终使我国基本公共体育服务实现均等化的目标。

六、基本公共体育服务均等化评价指标体系的确立

（一）基本公共体育服务均等化评价指标确立的程序

目前，在社会学领域内，筛选指标的方法主要有经验确定法和数学确定法两种，多数研究都采用经验确定法。经验确定法的一般程序是研究者首先

① 中央政府网. 刘鹏：贯彻《全民健身条例》实现群众体育新跨越[EB/OL].（2010-03-31）[2022-02-22]. http://www.gov.cn/govweb/gzdt/2010-03/31/content.1570573.htm.

根据评价指标体系的设计原则、理论模型和目标模式，借鉴已有相关指标体系的经验确定一个经验选择指标集；然后由相关领域专家对该经验选择指标集进行评价；在对不同专家意见的指标隶属度、相关性、鉴别力和信、效度进行实证筛选后确立最终指标体系，具体的流程见图6-4。

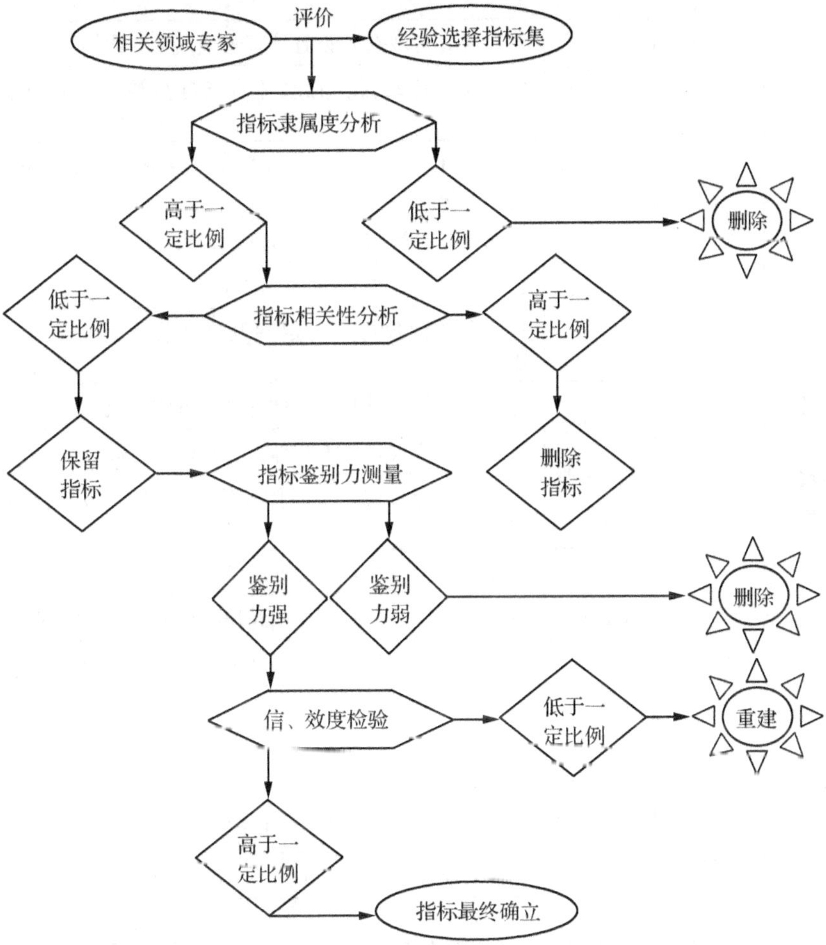

图6-4　综合评价指标确立流程图

（二）基本公共体育服务均等化评价指标的经验选择指标集

本研究根据我国体育发展的现状，遵循研究所提出的基本公共体育服务均等化评价指标体系的设计原则、理论模型和目标模式，借鉴相关指标体系的有益经验，对基本公共体育服务均等化评价指标体系进行经验预选，形成了一个包括3个一级指标、12个二级指标和19个三级指标的经验性预选评价指标集（表6-3）。

表 6-3　我国基本公共体育服务均等化评价指标体系经验选择指标集

目标层	一级指标	二级指标	三级指标
我国基本公共体育服务均等化评价指标体系	投入	筹资水平	拥有公共体育服务经费支出社区（行政村）的比例
		规章制度	体育主管部门颁布大众体育服务相关条例、规章和条例数量
		人力资源	各社区（行政村）设置体育管理人员的比例
			各社区（行政村）社会体育指导员数量配备达标的比例
		场地设施	各社区（行政村）体育健身苑、健身路径（农民健身工程）覆盖率
		管理组织	各社区（行政村）体育管理机构覆盖率
			各社区（行政村）体质测试点覆盖率
			各社区（行政村）有定期开展体育活动社会团体的比例
		健身信息	各社区（行政村）举办体育健身讲座次数
			各社区（行政村）发放体育健身资料份数
			各社区（行政村）设置体育信息宣传栏并定期更新的比例
	产出	日常体育	各社区（行政村）晨（晚）练点分布的比例
		体质测试	各社区（行政村）每年组织居民体质测试落实率
		活动赛事	各社区（行政村）每年开展体育竞赛活动的比例
			各社区（行政村）每年参加体育主管部门举办赛事活动的比例
	效果	体质状况	居民体质测试达到及格的比例
			居民体质测试达到优秀的比例
		体育人口	社区居民体育人口的比例
		主观态度	居民满意度

（三）基本公共体育服务均等化评价指标的实证筛选

为了更加完善基本公共体育服务均等化指标体系，本研究向体育领域大众体育的10位专家进行了两轮问卷（调查问卷见附录1）咨询（包括邮寄问卷咨询和现场问卷咨询两种形式），两轮问卷的咨询结果具体如下。

1. 第一轮专家调查结果与分析

（1）基本公共体育服务均等化评价指标体系一级指标咨询结果

从第一轮专家对于基本公共体育服务均等化评价指标体系的反馈意见来

看，专家们对于基本公共体育服务均等化评价指标体系的投入和产出2个一级指标都表示了认同。有专家认为产出和效果一级指标与其二、三级指标容易混淆。对于该疑问的解释是，基本公共体育服务中的产出和效果仅具有相对的意义，其区分主要在于效果更侧重于对基本公共体育服务主体——人以及社会的长期影响。同时需要明确的一个问题在于，基本公共体育服务的投入和产出与传统经济学意义上的投入—产出意义有较大区别。基本公共体育服务中投入和产出并不具有直接对应的关系，在某一时空点投入和产出只是表征了基本公共体育服务两个部分的相对状态。因此，基本公共体育服务评价指标体系仍然维持投入、产出和效果3个一级指标，并从这个方面综合评价基本公共体育服务均等化的总体发展状况。

（2）基本公共体育服务均等化评价指标体系二级和三级指标咨询结果

①“投入”的二级和三级指标咨询结果。专家们对于把“筹资水平”“人力资源”“场地设施”“管理组织”“健身信息”作为“投入”的二级指标普遍表示认同。而对于把“规章制度”作为二级指标，有多位专家对该指标有不同看法，主要意见是“规章制度”属于基本公共体育服务落实的保障条件，可以看作是基本公共体育服务的应然范畴，且“规章制度”本身所具有的公共性弱化了其作为均等化指标的意义，因此，决定将“规章制度”二级指标予以剔除。其他具体建议有，“人力资源”二级指标下“各社区（行政村）设置体育管理人员的比例”建议表达为“各社区（行政村）体育管理人员设置的比例”；“管理组织”二级指标下“各社区（行政村）体质测试点覆盖率”指标对于社区（行政村）基层体育组织要求明显太高，建议删除。

②“产出”的二级和三级指标咨询结果。专家们对于把“日常体育”“体质测试”“活动赛事”作为“产出”的二级指标普遍表示认同。具体建议有，日常体育二级指标下“各社区（行政村）晨（晚）练点分布的比例”建议表述为“各社区（行政村）晨（晚）练健身点分布的比例”；“体质测试”二级指标下“各社区（行政村）每年组织居民体质测试落实率”指标要求明显偏高，建议改为“各社区（行政村）组织居民体质测试落实率”，标准定为每两年组织测试一次。

③“效果”的二级和三级指标咨询结果。专家对于把“体质状况”“体育人口”“主观态度”作为“效果”的二级指标普遍表示认同。具体建议有，作为基本公共体育服务均等化的效果以“居民体质测试达到及格的比例”作为指标较为适宜，建议删去“居民体育测试达到优秀的比例”指标。

2. **第二轮专家调查结果与分析**

（1）第二轮专家调查检验方法和主要参数

第一轮调查结果得出后，结合第一轮专家的意见和建议，重新拟定基本公共体育服务均等化指标体系。然后将各级评价指标制成问卷，各指标按照"很重要""重要""一般""不重要""很不重要"分别给予5，4，3，2，1的分值，进行第二轮专家调查。在第二轮调查中，原则上不再要求专家提出新的指标。对专家指标进行评价的方法常用的有两种，一种是对专家指标评价结果进行隶属度分析；另一种是对专家指标评价结果进行集中程度、离散程度和协调程度的分析。

隶属度这一概念来源于模糊数学。模糊数学认为，社会经济生活中存在着大量模糊现象，其概念的外延不是很清楚，无法用经典集合论来描述。某个元素对于某个集合（概念）来说，不能说是否属于，只能说在多大程度上属于。元素属于某个集合的程度被称为隶属度。① 如果把基本公共体育服务均等化评价指标体系 $\{X\}$ 视为一个模糊集合，把每个评价指标视为一个元素，就可对每个评价指标进行隶属度分析。假设总共有 d 位专家对该指标体系不同指标的测评能力进行评价，假设在第 i 个评价指标 x_i 上，专家选择总次数为 m_i，即总共有 m_i 位专家认为 x_i 是基本公共体育服务均等化评价体系的理想指标，则该评价指标的隶属度为：$R_i = m_i/d$。若 R_i 值很大，表明该指标在很大程度上属于模糊集合，即该评价指标在评价体系中很重要，可以保留下来作为正式的评价指标；反之，则有必要予以删除。对评价指标进行隶属度分析，一般应用于有较多专家进行指标评价的研究中，由于本研究专家咨询的数量较少，因此不宜采用该方法。

在本研究中对所有专家的指标赋值进行集中程度、离散程度和协调程度的检验。集中程度是指所有专家对于各项指标持相同意见的情况。集中程度的检验公式如下：

$$\overline{E_i} = \frac{1}{d}\sum_{j=1}^{5} E_j c_{ij} \quad (i = 1,2,\cdots,n) \tag{6-8}$$

式中，$\overline{E_i}$ 表示指标专家意见的集中程度，E_j 表示指标对该子系统的重要程度的赋值，c_{ij} 为第 i 个评价指标赋值为 j 的专家数，c 为指标个数，d 为专家个数。

离散程度用离散系数或差异系数表示，是各种变异指标与算数平均数之比，具体有全距系数、平均差系数和标准差系数。其中最常见的是标准差系

① 范柏乃，朱华. 我国地方政府绩效评价体系的构建和实际测度[J]. 政治学研究，2000，5（1）：84－95.

数，其计算公式如下：

$$\sigma_i = \sqrt{\frac{1}{d-1}\sum_{j=1}^{5} c_{ij}(E_j - \overline{E}_i)^2} \tag{6-9}$$

式中，σ_i 表示专家对第 i 个指标重要程度评价分散程度，该值越小，表明专家评价结果的分散程度越小。

协调程度用变异系数 V_i 和协调系数 W 表示，是指专家组中各专家彼此间对每项指标给出的评价意见是否存在较大分歧。变异系数和协调系数的公式分别如下：

$$V_i = \frac{\sigma_i}{\overline{E}_i} \tag{6-10}$$

$$W = \frac{12}{d^2(c^3 - c)}\sum_{i=1}^{n} S_i^2 \tag{6-11}$$

在某些专家对指标提出相同意见时（即有相同等级），协调系数的计算公式如下：

$$W = \frac{12}{d^2(c^3 - c) - d\sum_{k=1}^{d} T_k}\sum_{i=1}^{n} S_i^2 \tag{6-12}$$

V_i 反映专家对第 i 个指标评价的协调程度，该值越小越协调。W 反映专家对整个评价指标体系评价的协调程度，该值越大越协调。其中，d 表示专家总数，c 表示指标数，S_i 表示指标 i 等级和与全部指标等级和的算术平均值之差，T_k 为修正系数。① $T_k = \sum_{i=1}^{L}(t_i^3 - t_i)$。其中，$L$ 表示 i 专家在评价中相同的评价组数，t_i 表示在 L 组中的相同等级数。

肯德尔协调系数一般在（0，1）之间（$0 < W < 1$）。肯德尔系数需要借助显著性检验判断专家对于指标意见的一致性程度。检验指标为 $x^2 = d(c-1)W$，查表找出 $x_{n-1}^2 = (a)$，置信水平 a 取 0.05 或 0.01。若 $x^2 < x_{n-1}^2(a)$，则认为专家之间的评价结果不一致。若 $x^2 \geq x_{n-1}^2(a)$，则认为专家之间的评价结果显著一致。②

本研究结合已有专家指标检验的相关经验③④，在专家指标调查检验中集

---

① 李银霞，袁修干. 改进德尔菲法在驾驶舱显示系统工效学评价指标筛选中的应用研究[J]. 航天医学与医学工程，2006，19(5)：368－373.

② 侯定丕，王战军. 非线性评估的理论探索与应用[M]. 合肥：中国科技大学出版社，2001：209.

③ 余道明. 体育现代化理论及其指标体系研究：以首都体育现代化研究为例[D]. 福州：福建师范大学，2007.

④ 刘伟. 我国体育可持续发展状态的评定研究[J]. 中国体育科技，2009，45(5)：83－89.

中程度确定为$\overline{E}_i > 3.5$有效，否则无效；离散程度确定为$\sigma_i < 0.6$有效，否则无效；变异系数$V_i < 0.25$有效，否则无效；协调程度W不做限定，但是需要通过协调系数显著性检验，即$P < 0.01$或$P < 0.05$。

（2）第二轮专家调查检验结果

第二轮专家调查具体数据和检验结果见表6-4和表6-5。从表6-4可以看出，3个一级指标专家咨询的集中程度都大于3.5，离散程度小于0.6，变异系数小于0.25，协调系数为0.42，通过显著性检验$P < 0.05$，因此，可以认为专家们对于一级指标的选择具有一致性。从表6-5可以看出，专家们对于二级指标的选择同样具有一致性。

表6-4　基本公共体育服务均等化评价指标体系第二轮专家咨询一级指标统计分析表

一级指标	$\overline{E}_i$	σ_i	V_i	W	x^2	P
投入	5.0	0.00	0.00	0.42	8.4	0.015
产出	4.6	0.52	0.11			
效果	4.5	0.53	0.12			

表6-5　基本公共体育服务均等化指标体系第二轮专家咨询二级指标统计分析表

二级指标		$\overline{E}_i$	σ_i	V_i	W	x^2	P
投入	筹资水平	4.5	0.53	0.12	0.28	27.936	0.002
	人力资源	4.3	0.48	0.11			
	场地设施	4.9	0.32	0.06			
	管理组织	4.4	0.52	0.12			
	健身信息	4.2	0.42	0.10			
产出	日常体育	4.7	0.48	0.10			
	体质测试	4.1	0.57	0.14			
	活动赛事	4.6	0.52	0.11			
效果	体质状况	4.8	0.42	0.09			
	体育人口	4.3	0.48	0.11			
	主观态度	4.8	0.42	0.09			

从表6-6中可以看出，专家们对于三级指标和全体指标的选择均具有一致性，但是各社区（行政村）体育管理人员设置的比例指标的集中程度、离散程度、变异程度都超过了本研究的标准。对于该指标，专家们意见的分歧超过了研究设置的标准，因此将该指标删除。

表 6-6　基本公共体育服务均等化指标体系第二轮专家咨询三级指标统计分析表

指标		$\overline{E}_i$	σ_i	V_i	W	x^2	Asymp. Sig
筹资水平	拥有公共体育服务经费支出社区（行政村）的比例	4.70	0.48	0.10	0.551	77.089	0.000
人力资源	各社区（行政村）设置体育管理人员的比例	3.40	0.97	0.28			
	各社区（行政村）社会体育指导员数量配备达标的比例	4.50	0.53	0.12			
场地设施	各社区（行政村）体育健身苑、健身路径（农民健身工程）覆盖率	5.00	0.00	0.00			
管理组织	各社区（行政村）体育管理机构覆盖率	3.80	0.42	0.11			
	各社区（行政村）有定期开展体育活动社会团体的比例	4.50	0.53	0.12			
健身信息	各社区（行政村）举办体育健身讲座次数	4.30	0.48	0.11			
	各社区（行政村）发放体育健身资料份数	4.70	0.48	0.10			
	各社区（行政村）设置体育信息宣传栏并定期更新的比例	3.80	0.42	0.11			
日常体育	各社区（行政村）晨（晚）练健身点分布的比例	5.00	0.00	0.00			
体质测试	各社区（行政村）组织居民体质测试落实率	3.70	0.48	0.13			
活动赛事	各社区（行政村）每年开展体育竞赛活动的比例	4.80	0.42	0.09			
	各社区（行政村）每年参加体育主管部门举办赛事活动的比例	3.90	0.57	0.15			
体质状况	居民体质测试达到及格的比例	4.60	0.52	0.11			
体育人口	社区居民体育人口的比例	4.70	0.48	0.10			
主观态度	居民满意度	4.70	0.48	0.10			
一、二、三级指标					0.423	118.525	0.000

（3）基本公共体育服务均等化评价指标体系的最终确定

根据基本公共体育服务评价指标体系构建的相关理念、原则、模型、方法，结合两轮专家咨询，最后确定了一个由 3 个一级指标、11 个二级指标和

15个三级指标构成的基本公共体育服务均等化评价指标体系（表6-7）。

表6-7　基本公共体育服务均等化评价指标体系

目标层	一级指标	二级指标	三级指标	指标解释及计算公式
基本公共体育服务均等化	投入（A_1）	筹资水平（B_{11}）	拥有公共体育服务经费支出社区（行政村）的比例（100%）（C_{111}）	有公共体育服务经费支出社区（行政村）个数/社区（行政村）总数
		人力资源（B_{12}）	各社区（行政村）社会体育指导员数量配备达标的比例（100%）（C_{121}）	达到社会体育指导员数量配备社区（行政村）个数/当地社区（行政村）个数
		场地设施（B_{13}）	各社区（行政村）体育健身苑、健身路径（农民体育健身工程）覆盖率（100%）（C_{131}）	拥有体育健身苑、健身路径（农民体育健身工程）社区（行政村）个数/社区（行政村）总数
		管理组织（B_{14}）	各社区（行政村）体育管理机构覆盖率（100%）（C_{141}）	拥有体育管理机构社区（行政村）个数/社区（行政村）总数
			各社区（行政村）有定期开展体育活动社会团体的比例（100%）（C_{142}）	拥有定期开展体育活动社会团体社区（行政村）个数/社区（行政村）总数
		健身信息（B_{15}）	各社区（行政村）举办体育健身讲座次数（次）（C_{151}）	包括现场讲座、广播电视等多种媒体形式
			各社区（行政村）发放体育健身资料份数（份）（C_{152}）	包括现场派发、邮箱投递等多种形式
			各社区（行政村）设置并定期更新体育信息宣传栏的比例（100%）（C_{153}）	设置并定期更新体育信息宣传栏社区（行政区）个数/社区（行政村）总数
	产出（A_2）	日常体育（B_{21}）	各社区（行政村）晨（晚）练健身点分布的比例（100%）（C_{211}）	拥有晨（晚）练健身点的社区（行政村）个数/社区（行政村）总数
		体质测试（B_{22}）	各社区（行政村）组织居民体质测试落实率（100%）（C_{221}）	每两年组织居民体质测试社区（行政村）个数/社区（行政村）总数
		活动赛事（B_{23}）	各社区（行政村）每年开展体育竞赛活动的比例（100%）（C_{231}）	每年开展4次体育竞赛活动社区（行政村）个数/社区（行政村）总数
			各社区（行政村）每年参加体育主管部门举办赛事活动的比例（100%）（C_{232}）	每年参加体育主管部门举办赛事活动社区（行政村）个数/社区（行政村）总数

续表

目标层	一级指标	二级指标	三级指标	指标解释及计算公式
基本公共体育服务均等化	效果（A_3）	体质状况（B_{31}）	居民体质测试达到及格的比例（100%）（C_{311}）	体质测试达到及格的居民数/总居民数
		体育人口（B_{32}）	社区居民体育人口的比例（100%）（C_{321}）	每周三次中等强度体育锻炼
		主观态度（B_{33}）	居民满意度（100%）（C_{331}）	问卷测试

（四）基本公共体育服务均等化评价指标权重的确定

基本公共体育服务均等化评价指标权重的确定采用层次分析法，10 名专家填写了有关基本公共体育服务均等化评价指标判断矩阵构建的问卷（见附录 4）。判断矩阵计算使用专门的数学软件 Matlab7. 0。

1. 基本公共体育服务均等化指标权重专家判断矩阵构建及分析

10 位专家通过填写问卷构建了基本公共体育服务均等化指标判断矩阵，总共获得 8 位专家构建的判断矩阵。下面以其中 1 位专家为例，介绍数据的分析过程，其他专家数据分析相同。

第一位专家对基本公共体育服务均等化评价指标体系 3 个一级指标的判断矩阵见表 6-8。

表 6-8　基本公共体育服务均等化评价指标体系一级指标专家判断矩阵

	A_1	A_2	A_3	W
A_1	1	5	4	0. 687
A_2	1/5	1	2	0. 186
A_3	1/4	1/3	1	0. 127

$\lambda_{max}=3.094$，$CI=\frac{\lambda_{max}-3}{3-1}=\frac{0.094}{2}=0.047$，查表得 $RI=0.58$，$CR=\frac{CI}{RI}=\frac{0.047}{0.58}=0.081<0.1$，所以矩阵具有满意的一致性。

第一位专家对基本公共体育服务均等化评价指标体系“投入”二级和三级指标的判断矩阵见表 6-9 至表 6-14。

表 6-9　投入二级指标专家判断矩阵

	B_{11}	B_{12}	B_{13}	B_{14}	B_{15}	W
B_{11}	1	1/3	1/5	1	1/2	0.079
B_{12}	3	1	1/3	1	2	0.179
B_{13}	5	3	1	5	5	0.510
B_{14}	1	1	1/5	1	3	0.141
B_{15}	2	1/2	1/5	1/3	1	0.091

$\lambda_{max}=5.287$，$CI=0.072$，$RI=1.120$，$CR=0.064<0.1$，所以矩阵具有满意的一致性。

表 6-10　“投入”三级指标专家判断矩阵（筹资水平）

	C_{111}	W
C_{111}	1	1

由于只有一个指标，矩阵必然具有满意的一致性。

表 6-11　“投入”三级指标专家判断矩阵（人力资源）

	C_{121}	W
C_{121}	1	1

由于只有一个指标，矩阵必然具有满意的一致性。

表 6-12　“投入”三级指标专家判断矩阵（场地设施）

	C_{131}	W
C_{131}	1	1

由于只有一个指标，矩阵必然具有满意的一致性。

表 6-13　“投入”三级指标专家判断矩阵（管理组织）

	C_{141}	C_{142}	W
C_{141}	1	1	0.500
C_{142}	1	1	0.500

由于只有两个指标，矩阵必然具有满意的一致性。

表 6-14　“投入”三级指标专家判断矩阵（健身信息）

	C_{151}	C_{152}	C_{153}	W
C_{151}	1	3	2	0.540
C_{152}	1/3	1	1/2	0.163
C_{153}	1/2	2	1	0.297

$\lambda_{max} = 3.009$，$CI = 0.005$，$RI = 0.580$，$CR = 0.009 < 0.1$，所以矩阵具有满意的一致性。

第一位专家对基本公共体育服务均等化评价指标体系“产出”二级和三级指标的判断矩阵见表6-15至表6-18。

表6-15　“产出”二级指标专家判断矩阵

	B_{21}	B_{22}	B_{23}	W
B_{21}	1	5	5	0.714
B_{22}	1/3	1	1	0.143
B_{23}	1/2	2	1	0.143

$\lambda_{max} = 3.000$，$CI = 0.000$，$RI = 0.580$，$CR = 0.000 < 0.1$，所以矩阵具有满意的一致性。

表6-16　“产出”三级指标专家判断矩阵（日常体育）

	C_{211}	W
C_{211}	1	1

由于只有一个指标，矩阵必然具有满意的一致性。

表6-17　“产出”三级指标专家判断矩阵（体质测试）

	C_{221}	W
C_{221}	1	1

由于只有一个指标，矩阵必然具有满意的一致性。

表6-18　“产出”三级指标专家判断矩阵（活动赛事）

	C_{231}	C_{232}	W
C_{231}	1	1	0.5
C_{232}	1	1	0.5

由于只有两个指标，矩阵必然具有满意的一致性。

第一位专家对基本公共体育服务均等化评价指标体系“效果”二级和三级指标的判断矩阵见表6-19至表6-22。

表6-19　“效果”二级指标专家判断矩阵

	B_{31}	B_{32}	B_{33}	W
B_{31}	1	1	1	0.333
B_{32}	1	1	1	0.333
B_{33}	1	1	1	0.333

$\lambda_{max}=3.000$，$CI=0.000$，$RI=0.580$，$CR=0.000<0.1$，所以矩阵具有满意的一致性。

表 6-20 “效果”三级指标专家判断矩阵（体质状况）

	C_{311}	W
C_{311}	1	1

由于只有一个指标，矩阵必然具有满意的一致性。

表 6-21 “效果”三级指标专家判断矩阵（体育人口）

	C_{321}	W
C_{321}	1	1

由于只有一个指标，矩阵必然具有满意的一致性。

表 6-22 “效果”三级指标专家判断矩阵（主观态度）

	C_{331}	W
C_{331}	1	1

由于只有一个指标，矩阵必然具有满意的一致性。

2. 基本公共体育服务均等化评价指标体系综合权重的计算

通过对 8 位专家对于基本公共体育服务均等化评价指标体系各层次指标判断矩阵的分析，分别计算出各指标的权重。由于不同专家对于基本公共体育服务均等化及其各指标的认知和价值判断存在差异，因此，不同专家对于不同指标所赋予的权重存在着差异，有些指标的权重差异甚至较大。对于不同专家对于指标权重的不同认识，需要通过一定的方法进行综合，以获得对于指标权重的总体看法。较为简单的合成方式是将各位专家作为具有相同权重的判断主体，采用平均数合成综合权重，也有些研究通过对专家和判断矩阵进行再分析的方式，使专家及其判断矩阵获得相应的权重，再合成对于指标的综合权重①②③。本研究在基本公共体育服务均等化评价指标专家权重合成中决定采用较为简便的平均数合成综合权重的方法。平均数可以将各专家的判断权重差异抽象化，能够表征专家们对于某一指标权重的总体看法。本研究假设各位专家具有相同的权重，因此，在基本公共体育服务均等化评价

① 郭文明，相景丽，肖凯生. 群组 AHP 权重系数的确定[J]. 华北工学院学报，2000，21(2)：110－113.

② 刘万里. 关于 AHP 中群体决策逆判问题的研究[J]. 模糊系统与数学，2000，14(3)：106－110.

③ 吴云燕，华中生，查勇. AHP 中群决策权重的确定与判断矩阵的合并[J]. 运筹与管理，2003，12(4)：16－21.

指标专家权重合成中，以 8 位专家指标权重的算术平均数作为最终的权重。基本公共体育服务均等化评价最终指标体系及权重见表 6-23。

表 6-23　基本公共体育服务均等化评价指标体系权重表

目标层	一级指标	二级指标	三级指标	W
我国基本公共体育服务均等化评价指标体系	投入 0.388	筹资水平 0.219	拥有公共体育服务经费支出社区（行政村）的比例	1
		人力资源 0.145	各社区（行政村）社会体育指导员数量配备达标比例	1
		场地设施 0.362	体育主管部门公共体育设施免费或优惠开放的比例	0.506
			各社区（行政村）体育健身苑、健身路径（农民体育健身工程）覆盖率	0.494
		管理组织 0.189	各社区（行政村）体育管理机构覆盖率	0.427
			各社区（行政村）有定期开展体育活动社会团体的比例	0.573
		健身信息 0.086	体育主管部门和各社区（行政村）举办体育健身讲座次数	0.424
			体育主管部门和各社区（行政村）发放体育健身资料份数	0.310
			各社区（行政村）设置并定期更新体育信息宣传栏的比例	0.266
	产出 0.199	日常体育 0.627	各社区（行政村）晨（晚）练健身点分布的比例	1
		体质测试 0.170	各社区（行政村）组织居民体质测试落实率	1
		活动赛事 0.203	各社区（行政村）每年开展体育竞赛活动的比例	0.243
			各社区（行政村）每年参加体育主管部门举办赛事活动的比例	0.224
	效果 0.413	体质状况 0.385	居民体质测试达到及格的比例	1
		体育人口 0.311	社区居民体育人口的比例	1
		主观态度 0.304	居民满意度	1

七、基本公共体育服务均等化评价指标体系的应用

在基本公共体育服务均等化评价指标体系设计完成后，可进行基本公共

体育服务均等化水平的测量。采用综合评分法，可以求得某地区基本公共体育服务均等化的整体或某一方面的得分，从而评价该地区基本公共体育服务均等化的整体或某一方面的水平；也可对该地区基层基本公共体育服务均等化的整体或某一方面的得分进行排序，评价各基层单位基本公共体育服务均等化所处的水平和位置；根据基本公共体育服务均等化得分进行分类，可以确定不同地区基本公共体育服务均等化发展的标准和创先评优的标准。

以区（市）、县基本公共体育服务均等化水平测试为例，就具体应用过程来看，可以分为以下几个步骤：

（1）区（市）、县体育行政部门联合教育行政部门组织街道、乡镇分别填写“体育情况调查表”，相应地获得各评价指标的数据。

（2）街道、乡镇分别抽取社区居民分别填写“基本公共体育服务均等化现状满意度问卷（居民）”（需要另外设计）。

（3）根据基本公共体育服务均等化评价指标体系计算各街道、乡镇的得分，并进而得到该区（市）、县基本公共体育服务均等化的得分。通过比较各街道、乡镇的得分，对各评价单位进行基本公共体育服务排名，同时找差距用于提高当地基本公共体育服务均等化总体水平。

该指标体系可以运用于更大区域范围内基本公共体育服务均等化水平的评价，另外，也可以通过数据包络分析（DEA）方法计算基本公共体育服务的投入—产出效率，可以更加深入了解我国基本公共体育服务效率均等化的问题。

第七章　我国基本公共体育均等化推进：基本公共体育服务标准体系

通过建立基本公共体育服务标准体系，推进我国基本公共体育服务均等化发展，保障广大社会成员实然而均等地享有一定水平的基本公共体育服务。将标准体系运用于我国基本公共体育服务领域，就是我国在基本公共体育服务过程中，由具有内在联系的基本公共体育服务标准组成的科学的有机整体。我国基本公共体育服务标准体系是具有价值导向、结构特征和功能的体系，构建我国基本公共体育服务标准体系具有相应的原则和方法，最终形成我国基本公共体育服务标准体系框架，并进行推广、实施和评价。

第一节　我国基本公共体育服务标准体系的价值导向

我国基本公共体育服务标准体系的价值导向，是我国基本公共体育服务标准体系构建的思想基础，是我国基本公共体育服务标准体系的价值体现。我国基本公共体育服务标准体系的价值导向，是我国基本公共体育服务标准体系的指针，指导着我国基本公共体育服务标准体系内容的取舍，决定着我国基本公共体育服务体系指标的选择，对于我国基本公共体育服务标准体系的发展具有重要的意义。

一、我国基本公共体育服务标准体系的科学导向

标准自其产生之日起便有着对客观事物进行科学总结的内涵，标准体系更是一系列标准按科学方式形成的标准组合。我国基本公共体育服务标准体系以科学化作为其价值导向，首先，对于我国基本公共体育服务的科学性认识，需要科学地把握我国基本公共体育服务的内涵和外延，科学地确立我国基本公共体育服务的边界，科学地明确我国基本公共体育服务中具有重复性特征的事物；其次，对于我国基本公共体育服务标准的科学性制定，在我国

基本公共体育服务发展进程之中，部分标准由于实践的需要已经制定完成，这些科学制定的我国基本公共体育服务标准是我国基本公共体育服务标准体系发展的重要基石；再次，对于我国基本公共体育服务标准体系的科学指导，科学的标准体系构建理论、原则、方法是我国基本公共体育服务标准体系发展的必要保障。

二、我国基本公共体育服务标准体系的均等导向

标准的作用之一在于规范和统一，从这个意义上来说，标准就意味着均等，标准确立了标准对象的品质，保证了标准对象质量的均等，保障使用者能够使用均等质量的标准对象。我国基本公共体育服务标准体系作为我国基本公共体育服务一系列标准的集合，首先，要确立我国基本公共体育服务的品质水平，并且保证我国基本公共体育服务的品质；其次，社会公众能够享有相同品质的基本公共体育服务，这种基本公共体育服务品质不因地区、区域而发生差异；最后，应当保障所有社会成员能够享有相同品质的基本公共体育服务，不论社会成员的身份、性别、民族、收入等生理和社会因素而影响到其享有相同品质的基本公共体育服务。由于基本公共体育服务关系到广大社会成员的健康、娱乐和休闲福利，因此，我国基本公共体育服务体系更是对于公民基本体育权益的均等化保障。

三、我国基本公共体育服务标准体系的服务导向

我国基本公共体育服务标准体系发展的根本目的在于为促进我国基本公共体育服务的发展而服务，为了更好地实施我国基本公共体育的服务功能而服务。我国基本公共体育服务标准体系是制定我国基本公共体育服务相关标准的推动器，它对于改变目前我国基本公共体育服务标准制定中主要由应用推动、以单个标准制定为主的现状，向按部就班、系列标准制定而发展转变，具有重要作用。在标准开发的安排上，将基础性质的、在公共体育服务之中具有关键作用的标准置于时间表的前列，其他标准可以在公共体育服务实践中逐步开发，最终使我国更多的基本公共体育服务标准能够早日出台。以服务为导向的基本公共体育服务标准体系和基本公共体育服务标准，需要在实际操作性上多下功夫，需要切实地考虑到实际的需要，真正地解决公共体育服务中的实际问题。

第二节　我国基本公共体育服务标准体系的特征表现

我国基本公共体育服务标准体系作为我国基本公共体育服务领域标准的有机集合，具有标准体系的相应特征，包括目标性、整体性、层次性和适应性等。

一、目标性

我国基本公共体育服务标准体系具有明确的目的，就是通过基本公共体育服务领域的标准化活动推动我国服务型政府建设和公共服务标准化建设，促进我国基本公共体育服务标准体系建设，指导我国基本公共体育服务标准制定，保障我国基本公共体育服务的发展。

二、整体性

整体性是多个标准之所以能够构成标准体系的重要条件。我国基本公共体育服务标准体系是具有整体性结构的基本公共体育服务标准形成的有机整体。我国基本公共体育服务的各项标准都处于整体结构之下，不同基本公共体育服务标准相互配合，共同促进我国基本公共体育服务的发展。

三、层次性

我国基本公共体育服务体系同所有的系统一样，也是“点、线、面、体”的组合。基本公共体育服务标准是“点”，基本公共体育服务相关标准的标准系列即是“线”和“面”，“体”就是由基本公共体育服务标准和标准系列所构成的基本公共体育服务体系，其相互的隶属和制约关系形成了相应的层次结构。

四、适应性

我国的社会、经济发展水平是我国基本公共体育服务标准及其体系制定、建立的基础，它既反映了当下的经验和技术、管理水平，同时也有一定的先进性。但是随着各方面情况的发展，我国基本公共体育服务标准及其体系都存在着与时俱进的要求，我国基本公共体育服务标准体系不是静态闭合的，随着我国经济、社会的发展，需要不断地进行标准的维护、修改、修订甚至废止。

第三节　我国基本公共体育服务标准体系的功能

根据我国基本公共体育服务标准化资源，我国基本公共体育服务标准体系具有为我国基本公共体育服务标准化工作绘制发展蓝图，确立发展方向、内容与重点，制订标准编制计划，开展我国基本公共体育服务标准化工作的功能。

一、为我国基本公共体育服务标准化工作绘制发展蓝图

我国基本公共体育服务标准体系是我国基本公共体育服务标准化发展的宏观图景，它以系统化的方式全局性地对于我国基本公共体育服务标准化发展进行了勾画。相对于我国基本公共体育服务单个标准建立等标准化活动，我国基本公共体育服务标准体系能够促进我国基本公共体育服务标准化活动的整体发展。

二、为我国基本公共体育服务标准化工作确立发展方向、内容与重点

我国基本公共体育服务标准化工作在现实发展条件下具有相应的发展方向、内容与重点。我国基本公共体育服务标准体系为我国基本公共体育服务标准化工作的发展方向而服务，确立我国基本公共体育服务标准化的具体内容，同时对照目前我国基本公共体育服务标准化活动的薄弱环节，重点加大对于相应标准化活动的重视。

三、为我国基本公共体育服务标准化工作制订标准编制计划

我国基本公共体育服务标准体系的重要内容之一是确立我国基本公共体育服务相关标准体系表。由于国家标准制定资源有限，各行各业需要制定和审核的标准数量巨大，因此，首先需要建立我国基本公共体育服务标准体系，然后按照轻重缓急及标准建立条件确立我国基本公共体育服务相关标准编制的计划，提高标准制定资源利用的效率和效果。

第四节　我国基本公共体育服务标准体系构建

一、我国基本公共体育服务标准体系的构建原则

《标准体系构建原则和要求》（GB/T 13016—2018）对于标准体系表编制应遵循的一般原则进行了规定，分别是目标明确、全面成套、层次适当，划分清楚。[①] 构建我国基本公共体育服务标准体系时，既要遵循国家标准所规定的一般原则，同时也应结合我国基本公共体育服务发展现状和实际情况。

（一）针对性原则

构建我国基本公共体育服务标准体系具有明确的目标指向，因此构建我国基本公共体育服务标准体系时应针对这一目标而进行相关活动。构建我国基本公共体育服务标准体系为我国基本公共体育服务标准化工作提供指导，为我国基本公共体育服务标准的修订提供立项依据，可以促进我国基本公共体育服务领域各项标准的协调，最终实现我国基本公共体育服务水平的不断提高。

（二）系统性原则

系统学的第一定律提出：系统的新质总是大于组成它的各个要素在孤立状态下的总和，系统可累加或不可累加的某一具体属性的数量，既可放大，也可缩小，或者既不放大，也不缩小，究竟起哪种作用，取决于这一具体属性的特征、系统的结构及系统内协同作用的强弱。我国基本公共体育标准体系不是一系列标准的简单堆砌，它既体现全面性，又具有层次性，标准需要涵盖我国基本公共体育服务的所有活动，标准层次适当、分类清晰。这种整体性的功能能够保证我国基本公共体育服务满足社会需求，持续地促进我国基本公共体育服务的不断发展。

（三）专业性原则

构建我国基本公共体育服务标准体系是一项专业化程度很高的活动。首先，必须对公共服务、基本公共体育服务十分了解，对我国基本公共体育服务区别于其他社会活动的界限和内容有清晰的认识；其次，必须具有专业的

① 中华人民共和国国家质量监督检验检疫总局，中国国家标准管理委员会．标准体系构建原则和要求：GB/T 13016—2018［S］．北京：中国标准出版社，2018．

标准理论知识基础，熟练掌握标准化活动的标准内容、构建标准体系的要求；再次，能够将标准相关理论与我国基本公共体育服务相结合，完成我国基本公共体育服务标准体系的构建。

（四）操作性原则

一方面，从构建我国基本公共体育服务标准体系的角度来说，它是一个注重操作性的过程，构建我国基本公共体育服务标准体系需要运用一定的构建方法，才能够完成构建工作。另一方面，从已经构建完成的我国基本公共体育服务标准体系的实践角度来说，我国基本公共体育服务标准体系应与我国基本公共体育服务的相关法律法规体系相契合，虽然标准体系应有一定的前瞻性，但是不能够脱离我国基本公共体育服务发展的现实基础。同时我国基本公共体育服务标准体系应该能够指导我国基本公共体育服务的现实工作，能够充分发挥标准体系的作用，体现标准体系的价值。

二、我国基本公共体育服务标准体系构建流程

我国标准体系的建设活动始于制造业生产活动，“标准主要服务工业生产，由政府主导制定并强制执行”①。1979 年颁布的《中华人民共和国标准化管理条例》提到标准化是组织现代化生产的重要手段，是科学管理的重要组成部分。中华人民共和国的第一个标准即为《工程制图》。2016 年调整的《企业标准体系》包括《企业标准化工作 指南》（GB/T 35778—2017）、《企业标准体系 要求》（GB/T 15496—2017）、《企业标准体系 产品实现》（GB/T 15497—2017）、《企业标准体系 基础保障》（GB/T 15498—2017）和《企业标准化工作 评价与改进》（GB/T 19273—2017），都致力于推动我国生产企业的标准体系建设。相对于制造业生产活动，服务业与其在服务产品形式、服务质量形成过程和顾客关系等方面差异较大。2009 年，国家标准化管理委员会发布实施了《服务业组织标准化工作指南》（GB/T 24421—2009）系列标准，对于我国服务业标准体系建设提出了明确的指导，但是该系列标准内容相对较为简练，根据我国基本公共体育服务标准体系构建需要，将我国基本公共体育服务标准体系构建主要分为以下 11 个步骤（图 7-1）。

（1）基本公共体育服务标准体系目标分析。我国基本公共体育服务标准体系的目标是建立一个全新的标准体系。

（2）基本公共体育服务标准需求分析。我国基本公共体育服务标准目前

① 本刊编辑部. 田世宏讲述中国标准化 70 年历程[J]. 中国标准化,2019(10):8－21.

总体处于缺失状态，因此，需要制定规划标准。

（3）基本公共体育服务标准适用性分析。目前颁布的一些体育标准可以作为我国基本公共体育服务标准的内容，因此，需要对现有标准加以筛选。

（4）基本公共体育服务标准体系体系结构设计。对于我国基本公共体育服务标准体系进行分类，确立各类标准之间的关系。

（5）基本公共体育服务标准体系表编制。进行我国基本公共体育服务标准信息项的设计和标准汇总。

（6）基本公共体育服务标准体系规划表编制。设计我国基本公共体育服务标准规划表信息关系，根据我国基本公共体育服务标准体系表的制订项目进行编制。

（7）基本公共体育服务标准体系现行标准搜集或汇编。根据我国基本公共体育服务标准体系表中所列现行标准进行搜集。

（8）基本公共体育服务标准体系编制说明撰写。对于我国基本公共体育服务标准体系编制的一些情况进行说明。

（9）基本公共体育服务标准体系的印发和宣讲。完成我国基本公共体育服务标准体系之后，应及时将标准体系印发给相关部门和人员，并进行积极地宣传、贯彻和实施。

（10）基本公共体育服务标准体系的使用及信息的搜集和反馈。将我国基本公共体育服务标准发送到使用处，以相应的措施推动标准的实施，同时配发我国基本公共体育服务标准使用信息反馈表，搜集在标准使用中存在的问题。

（11）基本公共体育服务标准体系的改进和维护。根据我国基本公共体育服务标准在使用过程中反馈回来的问题，对标准进行修改或者修订，将新制定的标准补充入我国基本公共体育服务标准体系数据库，对我国基本公共体育服务标准体系进行动态的分析。

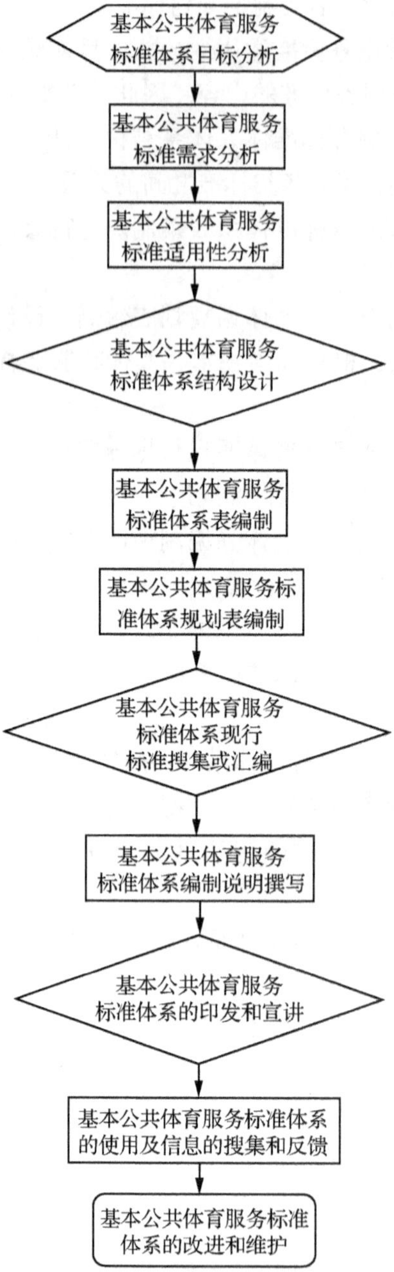

图 7-1　我国基本公共体育服务标准体系构建流程图[①]

① 麦绿波. 标准体系构建的方法论[J]. 标准科学,2011(10):11－15. 根据本研究需要改编。

三、我国基本公共体育服务标准体系结构模式选择

目前标准体系的结构模式主要有四种，分别是功能模式、集成模式、板块模式和作业序列模式。不同的结构模式具有不同的设置原则、结构关系和适用范围，通过对不同标准体系结构模式的分析，选择适合于我国基本公共体育服务标准体系的结构模式。

（一）功能模式①

1. 设置原则

功能模式企业标准体系结构图设置的主要依据：

a）企业构建标准体系前应识别相关方的需求和期望，以及企业标准化现状，需要分析企业标准体系构建规划、方针、目标，并遵守法律法规，参考相关的上级标准；

b）围绕过程和过程的结果（产品），直接建立“基础保障标准体系”和“产品实现/服务提供标准体系”，再建立落实该二体系的“岗位标准体系”，完成实现企业标准体系的全要素。

2. 结构关系

功能模式企业标准体系结构图见图 7-2 所示，其中：

a）将图 7-2 中的产品实现/服务提供标准体系、基础保障标准体系和岗位标准体系三个方框直接展开，扩展到子体系层次。

b）产品实现/服务提供标准体系、基础保障标准体系是对企业标准体系的具体化和支撑。产品实现/服务提供标准体系是为满足用户需求，规范产品实现/服务提供全过程而建立的体系；基础保障标准体系是为保障企业生产、经营、管理等各项工作的有序开展，以管理对象为组成要素建立的坐标系；岗位标准体系是为实现基础保障标准体系和产品实现/服务提供标准体系有效落地，以岗位作业为组成要素建立的体系。

c）在该图已经开展到三类“子体系”的基础上，下一个层次则应由企业根据实际需求分别列出其他专业标准或专项标准。

d）岗位标准体系中也可按照企业的实际管理机构，即按照管理部门和企业的基层单位为基础，分列出主要的岗位标准方框。

e）企业应根据实际对结构图中所列出的方框进行分析，进行相应的裁剪

① 中华人民共和国国家质量监督检验检疫总局，中国国家标准化管理委员会. 企业标准体系表编制指南：GB/T 13017—2018[S]. 北京：中国标准出版社，2018.

或做新的组合。

3. 适用范围

功能模式企业标准体系结图适用于各种大型、中型、小型、微型企业。尚未全面建立、实施信息化的企业可以此为基础，逐步改进完善企业标准体系向更高阶段发展。

（二）集成模式①

1. 设置原则

技术标准体系和管理标准体系结构图中方框设置的主要依据：

a）参照 GB/T 22032—2008、GB/T 18757 等标准中企业、产品的生命周期阶段的划分，技术标准体系按产品生命周期序列展开；

b）ISO/IEC 导则中高层体系结构图（HLS）对管理体系标准结构的划分，管理标准体系内容结构序列展开；

c）结合企业功能部门的设置、业务流程的实际情况。

2. 结构关系

企业标准体系结构图采用由技术标准体系、管理标准体系和工作标准体系等三个子体系组成的属性结构，然后，再对层次内容予以细化，详见图 7-3。该图由三个层次组成，分别为：

a）第一层为指导性标准，属于基础标准；为了突出企业集成、一体化管理标准体系对技术标准体系和管理标准体系的指导关系，此处单独列出。

b）第二层为企业技术标准体系和企业管理标准体系；企业技术标准体系和管理标准体系的构建要符合企业集成要求和一体化管理体系建设的要求。

c）第三层为企业工作标准体系。

3. 适用范围

集成模式企业标准体系结构图适用于大多数工业企业，尤其适用于一体化管理体系整合、信息化集成需求的企业，对于中小型企业、服务性企业、其他非营利的组织机构及工程项目的标准体系结构图，也可参照采用。

---

① 中华人民共和国国家质量监督检验检疫总局，中国国家标准化管理委员会. 企业标准体系表编制指南：GB/T 13017—2018[S]. 北京：中国标准出版社，2018.

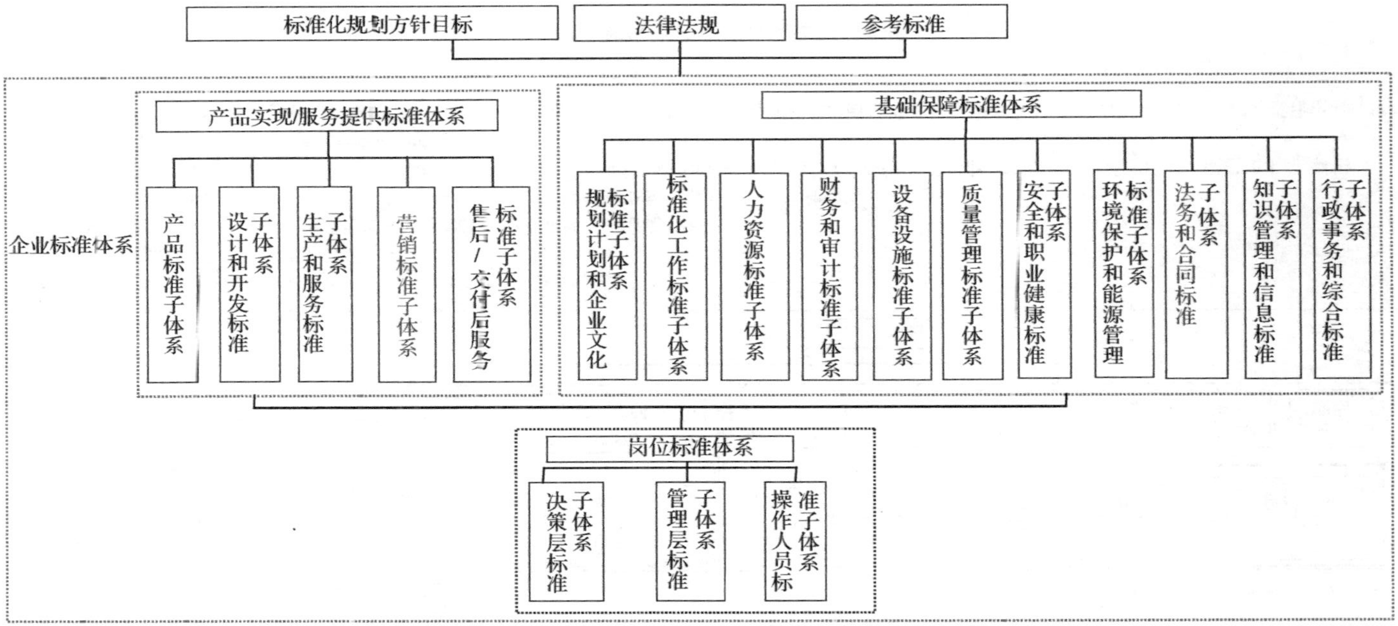

注1：企业标准体系由产品实现/服务提供标准体系、基础保障标准体系和岗位标准体系三个体系组成。

注2：企业通过相关方的需求和期望及企业标准化现状，形成企业标准化构建规划、标准体系方针、标准化目标和识别适用于企业的法律法规和参考标准。对法律法规和参考标准的适用条款要求转化到企业制定的标准化文件中，并纳入企业标准体系。

注3：粗虚线大方框所含内容代表了企业标准体系；最上部三组方框是建立企业标准体系的指导性文件。体系表中的设置内容，包括所示方框但不限于此，企业宜根据实际情况裁剪或增删。

图7-2　功能模式企业标准体系结构图

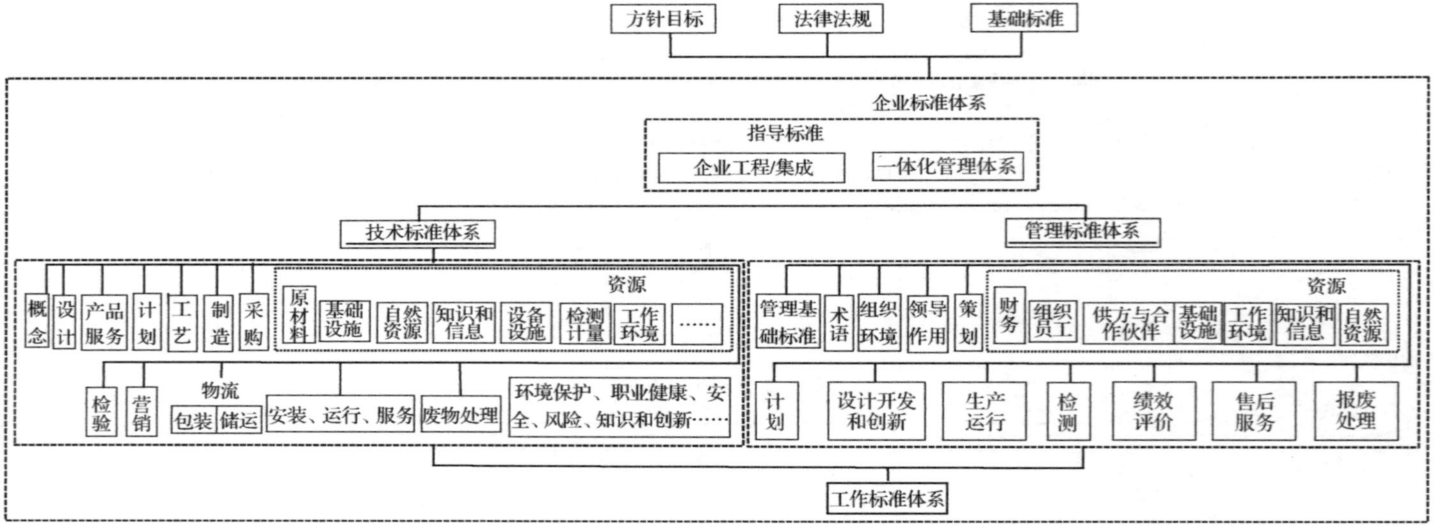

注：1. 带下划线的方框，仅代表标准体系的标题，而不是具体的标准。
2. 每一个方框都有一个层次或序列编号。
3. 图中的省略号“……”表示此处还可扩充其他标准，根据企业实际情况而定。
4. 图中“技术标准体系”中“环境保护、职业健康、安全、风险、知识和创新……”，单独列出。
5. 图中的“基础标准包括适用于本企业的国际标准、国家标准、行业标准、团体标准等，此处从逻辑上表明企业标准宜采用基础标准，促进技术兼容性；基础标准不宜都列在此处，宜嵌入相应的标准子体系中。
6. 图中“指导标准”包括“企业工程/集成”标准、“一体化管理体系”标准，是企业实施的基础标准，采用企业集成、一体化管理体系的理念指导企业构建标准体系。

图7-3　集成模式企业标准体系结构图

（三）板块模式①

1. 设置原则

结构图中方框设置的主要依据：

a）由“战略方针顶层设计”板块、“资源管理”板块、“产品实现或服务提供”板块和“监测评审改进创新”板块等四大板块组成，形成四大类功能分别归口的结构，并分别涵盖了所需要的技术标准、管理标准和工作标准；

b）结构图参与 GB/T 19004—2011 致力于“为系统地持续改进组织的整体绩效提供指南”，为企业质量管理体系和企业标准体系更宽内容的目标合作提供了借鉴：

1）除了有效性，还特别关注持续改进组织的总体业绩与效率；

2）提供以过程为基础的质量管理体系模式图所表达的“四大板块”，关注对象也由顾客扩展到相关方；

3）对“资源管理”中提供了七种类型的资源，为企业整体管理的实现提供了可能。

2. 结构关系

板块模式企业标准体系结构图见图 7-4 板块模式企业标准体系结构图，其中：

a）工作标准包括由“决策层”“管理层”各岗位人员工作标准和“全员通用”工作标准组成，纳入“战略方针 顶层设计”板块中，是因为“全员参与”和“以人为本”正是企业战略的需要；

b）四个板块为各类企业所通用，不能删除其中任何一个板块，但对板块内所包含的各层次要素或过程，则应根据企业的实际情况，进行相应的裁剪或做新的组合。

3. 适用范围

板块模式企业标准体系结构图尤其适用于对“过程管理”有一定理解或曾建立、实施过“质量管理体系”的企业或组织，无论其产品是软件、硬件、流程性材料或服务。

企业标准体系结构图中的组成方框应根据企业的实际情况做相应的裁剪（包含裁减和增补）。图 7-5 提供的标准体系结构图是为构建企业标准体系而提供的参考结构图，为企业编制本企业标准体系结构图提供借鉴。

---

① 中华人民共和国国家质量监督检验检疫总局，中国国家标准化管理委员会. 企业标准体系表编制指南：GB/T 13017—2018[S]. 北京：中国标准出版社，2018.

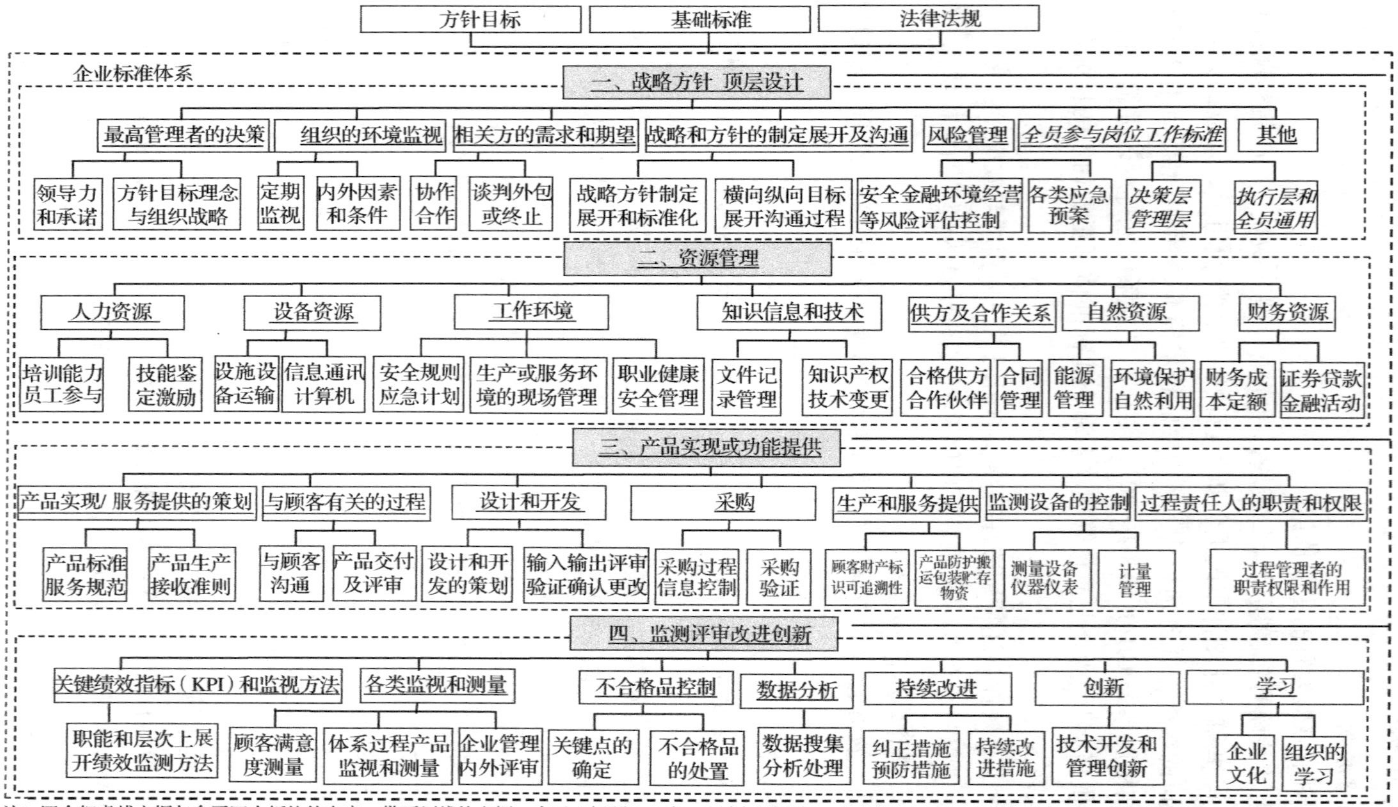

注1. 四个细虚线方框包含了四个板块的内容，带下划线的方框，表示“标题”之意，不含标准明细；有阴影的最下层方框代表其中包含技术标准和/或管理标准；方框中白底色的代表管理标准；该图右上角斜体字方框表示工作标准。而粗虚线大方框所含内容代表了企业标准体系，最上部三组方框是建立企业标准体系的指导性文件。

2. 基础标准包括国家、行业、社会团体等通用性的基础标准。

图7-4　板块模式企业标准体系结构图

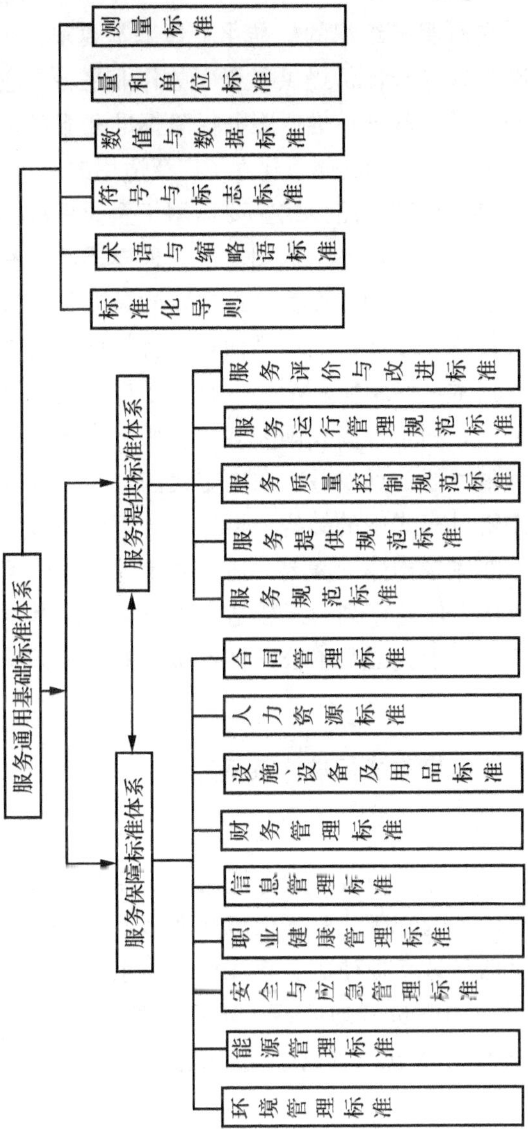

图7-5　服务标准体系结构图[①]

① 全国服务标准化技术委员会.服务业组织标准化工作指南：GB/T 24421—2009［M］.北京：中国标准出版社，2010.

(四) 作业序列模式①

《服务业组织标准化工作指南》(GB/T 24421—2009) 为指导服务业标准化工作的专业标准。它对服务组织的标准化工作基本要求、标准体系、标准的制修订，以及标准实施及其评价提供了全面的作业平台。它创建的作业序列模式标准体系以服务通用基础标准、服务保障标准和服务提供标准三大体系为各类型、各行业服务组织标准体系建立了广泛适用的模式（图 7-5）。

上述四种模式，前三种结构图模式主要运用于企业标准体系结构图，最后一种则主要针对服务业标准体系结构图。这四种模式并没有好与不好之间的区别，对于标准体系结构图构建而言，最主要的是哪种模式更适用于该组织。对于我国基本公共体育服务标准体系而言，就是该模式能够全面覆盖我国基本公共体育服务技术、经营管理活动，有利于提高我国基本公共体育服务的质量和管理水平，有利于提高我国公共体育服务人员的总体素质，有利于我国基本公共体育服务的长远发展。在决定我国基本公共体育服务标准体系结构图模式后，需要对模式中的结构要素进行合理的剪裁，使之符合我国基本公共体育服务标准体系构建的需要。通过对不同标准体系结构图模式的分析、比较，本研究认为作业序列模式较适合于目前我国基本公共体育服务标准体系构建的需要，用于我国基本公共体育服务标准体系构建时的剪裁量也比较小。

四、我国基本公共体育服务标准体系框架

服务业组织的标准体系由服务通用基础标准体系、服务保障标准体系、服务提供标准体系三大子体系组成。服务通用基础标准体系是服务保障标准体系、服务提供标准体系的基础，服务保障标准体系是服务提供标准体系的直接支撑，服务提供标准体系促使服务保障标准体系的完善。该标准体系是服务业组织其他体系，如质量管理体系、环境管理体系等的基础和融合体，服务业组织应根据自身的特点，研究建立协调配合、科学合理的标准体系，并有效运行。②

基本公共体育服务通用基础标准体系是由基本公共体育服务中被普遍使用、具有基础指导意义的规范性文件构成的具有内在联系的有机整体。基本

① 吴成宗. 服务业组织标准体系实用教程[M]. 北京：中国质检出版社・中国标准出版社，2013：23.

② 中华人民共和国国家质量监督检验检疫总局，中国国家标准化管理委员会. 服务业组织标准化工作指南 第 2 部分：标准体系：GB/T 24241. 2—2009[S]. 北京：中国标准出版社，2009.

公共体育服务通用基础标准体系包括标准化导则、术语与缩略语标准、符号与标志标准、数值与数据标准、量和单位标准、测量标准。基本公共体育服务保障标准体系是为支撑基本公共体育服务有效提供而制定的由规范性文件构成的具有内在联系的有机整体。基本公共体育服务保障标准体系是以安全、环保、健康、节能为主，以人力、财力、物力和信息为辅的完整标准的体系，它为基本公共体育服务的有效开展提供必要的资源。基本公共体育服务保障标准体系包括环境管理标准，能源管理标准，安全与应急管理标准，职业健康管理标准，信息管理标准，财务管理标准，设施、设备及用品标准，人力资源标准，合同管理标准。基本公共体育服务提供标准体系是由为满足顾客需要，规范供方与顾客之间的接触活动而制定的规范性文件构成的具有内在联系的有机整体。基本公共体育服务提供标准体系包括服务规范标准、服务提供规范标准、服务质量控制规范标准、服务运行管理规范标准、服务评价与改进标准。(图 7-5)

对于组成标准体系的标准，需要加以编号，使标准易于准确识别和检索。目前我国各级标准的编号方法见表 7-1。基本公共体育服务从主体来看不属于企业，组织所提供的是基本公共体育服务，因此从目前我国的标准化相关法律、法规和部门规章来看，是没有明确的法律地位的，也不属于我国现行的四级标准体系中的任何一级，这种情况预计在《标准化法》修改完成前仍将持续。[①] 虽然基本公共体育服务标准在现有的法律框架下没有获得相应的定位，但是仍然可以参照企业标准的编号规则进行编号。基本公共体育服务标准体系号编码规则为："企业标准代号 Q + 组织代号 + 顺序号 + 年代号，Q/BPSS/JC（BZ、TG）＊＊＊.＊　年代号"，Q/BPSS 为"标准标志/基本公共体育服务缩写标志"，JC、BZ 和 TG 分别代表"基础标准、保障标准和提供标准"，＊＊＊.＊代表"子体系分类号.顺序号"，年代号为标准编入标准体系的年份，在标准体系层次结构图中省去了年份。

① 上海市质量和标准化研究院.公共服务标准化理论与实务[M].北京：中国质检出版社，中国标准出版社，2015：143.

表 7-1　我国各级标准编号方法

标准类型	标准代号	编号构成	示例
国家标准	GB	标准代号＋顺序号＋年代号	GB 19079. 1—2013 体育场所开放条件与技术要求 第1部分：游泳场所
行业标准	WS、HJ、GA	标准代号＋顺序号＋年代号	TY/T 2001—2015 国民体质测试器材通用要求
地方标准	DB	标准代号＋地区代号＋顺序号＋年代号	DB 3302/T 1075—2016 体育现代化村建设和服务规范
企业标准	Q	标准代号＋企业代号＋顺序号＋年代号	Q/CPKWC 0008—2015 北京康比特体育科技股份有限公司 Ⅰ型蛋白型固体饮料

五、我国基本公共体育服务标准明细表

我国基本公共体育服务标准具体明细表见表 7-2 至表 7-21，该明细表中所列举标准有些为已制定标准，有些标准有待进一步开发。

（一）基本公共体育服务通用基础标准明细表（JC101～106）

表 7-2　JC 101 标准化导则（Q/BPSS JC101. 1～101. 10）

序号	体系内标准号	标准名称	标准号
1	Q/BPSS JC101. 1—2021	标准化工作导则	GB/T 1
2	Q/BPSS JC101. 2—2021	标准化工作指南	GB/T 20000
3	Q/BPSS JC101. 3—2021	标准中特定内容的起草	GB/T 20002
4	Q/BPSS JC101. 4—2021	标准制定的特殊程序	GB/T 20003. 1—2014
5	Q/BPSS JC101. 5—2021	标准体系构建原则和要求	GB/T 13016—2018
6	Q/BPSS JC101. 6—2021	服务标准化工作指南	GB/T 15624—2011
7	Q/BPSS JC101. 7—2021	服务业组织标准化工作指南	GB/T 24421

续表

序号	体系内标准号	标准名称	标准号
8	Q/BPSS JC101.8—2021	服务标准制定导则 考虑消费者需求	GB/T 24620—2009
9	Q/BPSS JC101.9—2021	服务标准编写通则	GB/T 28222—2011
10	Q/BPSS JC101.10—2021	国家标准制定程序的阶段划分及代码	GB/T 16733—1997

表 7-3　JC 102 术语与缩略语标准（Q/BPSS JC102.1～102.13）

序号	体系内标准号	标准名称	标准号
1	Q/BPSS JC102.1—2021	术语工作 原则与方法	GB/T 10112—2019
2	Q/BPSS JC102.2—2021	术语工作 词汇 第1部分:理论与应用	GB/T 15237.1—2000
3	Q/BPSS JC102.3—2021	图形符号 术语	GB/T 15565—2020
4	Q/BPSS JC102.4—2021	术语工作 概念和术语的协调	GB/T 16785—2012
5	Q/BPSS JC102.5—2021	术语工作 概念体系的建立	GB/T 19100—2003
6	Q/BPSS JC102.6—2021	标准编写规则 第1部分:术语	GB/T 20001.1—2001
7	Q/BPSS JC102.7—2021	民用枪弹术语	GB/T 14657—1993
8	Q/BPSS JC102.8—2021	民用枪械术语	GB/T 14658—1993
9	Q/BPSS JC102.9—2021	运动竞赛场所基本术语	GB/T 34310—2017
10	Q/BPSS JC102.10—2021	滑雪用具 通用词汇	GB/T 23867—2019
11	Q/BPSS JC102.11—2021	体育用品的分类	GB/T 23868—2019
12	Q/BPSS JC102.12—2021	运动竞赛场所基本术语	GB/T 34310—2017
13	Q/BPSS JC102.13—2021	基本公共体育服务基本术语	待开发

表 7-4　JC 103 符号与标志标准(Q/BPSS JC103.1～103.5)

序号	体系内标准号	标准名称	标准号
1	Q/BPSS JC103.1—2021	公共信息图形符号	GB/T 10001
2	Q/BPSS JC103.2—2021	公共信息导向系统 设置原则与要求	GB/T 15566
3	Q/BPSS JC103.3—2021	图形符号 基于消费者需求的技术指南	GB/T 7291—2008
4	Q/BPSS JC103.4—2021	体育信息分类与代码 第1部分:分类编码导则	GB/T 34308.1—2017
5	Q/BPSS JC103.5—2021	基本公共体育服务基本符号与标志	待开发

表 7-5　JC 104 数值与数据标准(Q/BPSS JC104.1～104.3)

序号	体系内标准号	标准名称	标准号
1	Q/BPSS JC104.1—2021	统计学词汇及符号	GB/T 3358
2	Q/BPSS JC104.2—2021	统计分布数值表	GB/T 4086
3	Q/BPSS JC104.3—2021	数值修约规则与极限数值的表示和判定	GB/T 8170—2008

表 7-6　JC 105 量和单位标准(Q/BPSS JC105.1～105.4)

序号	体系内标准号	标准名称	标准号
1	Q/BPSS JC105.1—2021	国际单位制及其应用	GB/T 3100—1993
2	Q/BPSS JC105.2—2021	有关量、单位和符号的一般原则	GB/T 3101—1993
3	Q/BPSS JC105.3—2021	空间和时间的量和单位	GB/T 3102.1—1993
4	Q/BPSS JC105.4—2021	力学的量和单位	GB/T 3102.3—1993

表 7-7　JC 106 测量标准(Q/BPSS JC106.1～106.6)

序号	体系内标准号	标准名称	标准号
1	Q/BPSS JC106.1—2021	计数抽样检验程序	GB/T 2828
2	Q/BPSS JC106.2—2021	单水平和多水平计数连续抽样检验程序及表	GB/T 8052—2002
3	Q/BPSS JC106.3—2021	残疾人冬季运动项目运动员分级	GB/T 16931—2022
4	Q/BPSS JC106.4—2021	残疾人自行车和射箭运动员医学和功能分级	GB/T 17256—2012
5	Q/BPSS JC106.5—2021	残疾人田径运动员医学和功能分级	GB/T 16433—2009
6	Q/BPSS JC106.6—2021	残疾人射击和乒乓球运动员功能分级	GB/T 15493—2009

（二）基本公共体育服务保障标准明细表（BZ201～209）

表 7-8　环境管理标准(Q/BPSS BZ201.1～201.12)

序号	体系内标准号	标准名称	标准号
1	Q/BPSS BZ201.1—2021	环境管理体系 要求及使用指南	GB/T 24001—2016
2	Q/BPSS BZ201.2—2021	环境管理体系原则、体系和支持技术通用指南	GB/T 24004—2004
3	Q/BPSS BZ201.3—2021	环境管理 现场和组织的环境评价(EASO)	GB/T 24015—2003
4	Q/BPSS BZ201.4—2021	环境管理 环境表现评价 指南	GB/T 24031—2021
5	Q/BPSS BZ201.5—2021	环境空气质量标准	GB 3095—2012
6	Q/BPSS BZ201.6—2021	声环境质量标准	GB 3096—2008
7	Q/BPSS BZ201.7—2021	污水综合排放标准	GB 8978—1996
8	Q/BPSS BZ201.8—2021	公共场所设计卫生规范	GB 37489
9	Q/BPSS BZ201.9—2021	公共场所卫生管理规范	GB 37487—2019
10	Q/BPSS BZ201.10—2021	公共场所卫生指标及限值要求	GB 37488—2019

续表

序号	体系内标准号	标准名称	标准号
11	Q/BPSS BZ201.11—2021	游泳池水微生物检验方法 细菌总数测定	GB/T 18204.9—2000
12	Q/BPSS BZ201.12—2021	游泳池水微生物检验方法 大肠菌群测定	GB/T 18204.10—2000

表 7-9 能源管理标准(Q/BPSS BZ202.1～202.5)

序号	体系内标准号	标准名称	标准号
1	Q/BPSS BZ202.1—2021	体育用品 电气部分的通用要求	GB 31187—2104
2	Q/BPSS BZ202.2—2021	灯具 第 2—18 部分:特殊要求 游泳池和类似场所用灯具	GB 7000.218—2008
3	Q/BPSS BZ202.3—2021	室外运动和区域照明的眩光评价	GB/Z 26214—2010
4	Q/BPSS BZ202.4—2021	低压电气装置 第 7—702 部分:特殊装置或场所的要求 游泳池和喷泉	GB/T 16895.19—2017
5	Q/BPSS BZ202.5—2021	节约型机关评价导则	GB/T 29118—2012

表 7-10 安全与应急管理标准(Q/BPSS BZ203.1～203.6)

序号	体系内标准号	标准名称	标准号
1	Q/BPSS BZ203.1—2021	图形符号 安全色和安全标志	GB/T 2893
2	Q/BPSS BZ203.2—2021	安全标志及其使用导则	GB 2894—2008
3	Q/BPSS BZ203.3—2021	体育场馆公共安全通用要求	GB/T 22185—2008
4	Q/BPSS BZ203.4—2021	室外健身器材的安全 通用要求	GB 19272—2011
5	Q/BPSS BZ203.5—2021	体育用品安全 风险评估指南	GB/T 31708—2015
6	Q/BPSS BZ203.6—2021	基本公共体育服务活动安全规范	待开发

表 7-11　职业健康管理标准（Q/BPSS BZ204.1～204.2）

序号	体系内标准号	标准名称	标准号
1	Q/BPSS BZ204.1—2021	职业健康安全管理体系 要求及使用指南	GB/T 45001—2020
2	Q/BPSS BZ204.2—2021	合格评定 管理体系审核认证机构要求 第10部分：职业健康安全管理体系审核与认证能力要求	GB/T 27021.10—2021

表 7-12　信息管理标准（Q/BPSS BZ205.1～205.14）

序号	体系内标准号	标准名称	标准号
1	Q/BPSS BZ205.1—2021	信息技术 安全技术 信息安全管理体系审核指南	GB/T 28450—2020
2	Q/BPSS BZ205.2—2021	信息安全技术 信息安全产品类别与代码	GB/T 25066—2020
3	Q/BPSS BZ205.3—2021	信息安全技术 信息系统安全管理要求	GB/T 20269—2006
4	Q/BPSS BZ205.4—2021	信息安全技术 信息系统安全管理评估要求	GB/T 28453—2012
5	Q/BPSS BZ205.6—2021	信息安全技术 服务器安全技术要求和测评准则	GB/T 39680—2020
6	Q/BPSS BZ205.7—2021	信息安全技术 网络基础安全技术要求	GB/T 20270—2006
7	Q/BPSS BZ205.8—2021	信息安全技术 信息系统通用安全技术要求	GB/T 20271—2006
8	Q/BPSS BZ205.9—2021	信息安全技术 操作系统安全技术要求	GB/T 20272—2019
9	Q/BPSS BZ205.10—2021	信息安全技术 办公设备安全测试方法	GB/T 38558—2020
10	Q/BPSS BZ205.11—2021	信息安全技术 应用软件安全编程指南	GB/T 38674—2020
11	Q/BPSS BZ205.12—2021	信息安全技术 移动智能终端安全技术要求及测试评价方法	GB/T 39720—2020
12	Q/BPSS BZ205.13—2021	信息安全技术 政务信息共享 数据安全技术要求	GB/T 39477—2020
13	Q/BPSS BZ205.14—2021	信息安全技术 个人信息安全影响评估指南	GB/T 39335—2020
14	Q/BPSS BZ205.15—2021	信息安全技术 健康医疗数据安全指南	GB/T 39725—2020

表 7-13　财务管理标准(Q/BPSS BZ206.1～206.2)

序号	体系内标准号	标准名称	标准号
1	Q/BPSS BZ206.1—2021	基本公共体育服务票据管理办法	待开发
2	Q/BPSS BZ206.2—2021	基本公共体育服务会计管理办法	待开发

表 7-14　设施、设备及用品标准(Q/BPSS BZ207.1～207.9)

序号	体系内标准号	标准名称	标准号
1	Q/BPSS BZ207.1—2021	体育场所开放条件与技术要求 总则	GB/T 34311—2017
2	Q/BPSS BZ207.2—2021	体育场所开放条件与技术要求	GB 19079
3	Q/BPSS BZ207.3—2021	人工材料体育场地使用要求及检验方法	GB/T 20033
4	Q/BPSS BZ207.4—2021	天然材料体育场地使用要求及检验方法	GB/T 19995
5	Q/BPSS BZ207.5—2021	固定式健身器材	GB 17498
6	Q/BPSS BZ207.6—2021	篮球、足球、排球、手球试验方法	GB/T 14625
7	Q/BPSS BZ207.7—2021	中小学体育器材和场地	GB/T 19851
8	Q/BPSS BZ207.8—2021	体育用品标准编写要求	GB/T 23866—2019
9	Q/BPSS BZ207.9—2021	基本公共体育服务用品标准	待开发

表 7-15　人力资源标准(Q/BPSS BZ208.1～208.6)

序号	体系内标准号	标准名称	标准号
1	Q/BPSS BZ208.1—2021	人力资源培训服务规范	GB/T 32624—2016
2	Q/BPSS BZ208.2—2021	人力资源管理咨询服务规范	GB/T 32625—2016
3	Q/BPSS BZ208.3—2021	职业经理人信用评价指标	GB/T 31864—2016
4	Q/BPSS BZ208.4—2021	职业经理人考试测评	GB/T 26998—2020
5	Q/BPSS BZ208.5—2021	基本公共体育服务员工招聘、录用、考勤、休假、离职管理办法	待开发
6	Q/BPSS BZ208.6—2021	基本公共体育服务员工绩效管理办法	待开发

表 7-16　合同管理标准（Q/BPSS BZ209.1）

序号	体系内标准号	标准名称	标准号
1	Q/BPSS BZ209.1—2021	基本公共体育服务合同管理规定	待开发

（三）基本公共体育服务提供标准明细表（TG301～305）

表 7-17　服务规范标准（TG301.1～301.8）

序号	体系内标准号	标准名称	标准号
1	Q/BPSS TG301.1—2021	体育场所等级的划分	GB/T 18266
2	Q/BPSS TG301.2—2021	市场、民意和社会调查 服务要求	GB/T 26316—2010
3	Q/BPSS TG301.3—2021	城乡休闲服务一体化导则	GB/T 31172—2014
4	Q/BPSS TG301.4—2021	城市公共休闲服务与管理导则	GB/T 28102—2011
5	Q/BPSS TG301.5—2021	社区服务指南 第3部分：文化、教育、体育服务	GB/T 20647.3—2006
6	Q/BPSS TG301.6—2021	灾后过渡性安置区基本公共服务 第5部分：文化体育	GB/T 28221.5—2011
7	Q/BPSS TG301.7—2021	全民健身活动中心分类配置要求	GB/T 34281—2017
8	Q/BPSS TG301.8—2021	社区基本公共体育服务指南	待开发

表 7-18　服务提供规范标准（TG302.1～302.8）

序号	体系内标准号	标准名称	标准号
1	Q/BPSS TG302.1—2021	保健服务通用要求	GB/T 30443—2013
2	Q/BPSS TG302.2—2021	主题公园服务规范	GB/T 26992—2011
3	Q/BPSS TG302.3—2021	全民健身活动中心管理服务要求	GB/T 34280—2017
4	Q/BPSS TG302.4—2021	体育类民办非企业单位成立、变更、注销规程	待开发
5	Q/BPSS TG302.5—2021	体育类社团、协会成立、变更、注销规程	待开发

续表

序号	体系内标准号	标准名称	标准号
6	Q/BPSS TG302.6—2021	中国成人身体活动指南	待开发
7	Q/BPSS TG302.7—2021	国家体育锻炼标准	待开发
8	Q/BPSS TG302.8—2021	国民体质测定标准	待开发

表 7-19　服务质量控制规范标准(TG303.1～303.7)

序号	体系内标准号	标准名称	标准号
1	Q/BPSS TG303.1—2021	体育用品售后服务的要求	GB/T 28238—2011
2	Q/BPSS TG303.2—2021	社区休闲服务质量导则	GB/T 28928—2012
3	Q/BPSS TG303.3—2021	城市中央休闲区服务质量规范	GB/T 28003—2011
4	Q/BPSS TG303.4—2021	卓越绩效评价准则	GB/T 19580—2012
5	Q/BPSS TG303.5—2021	质量管理 顾客满意 组织投诉处理指南	GB/T 19012—2019
6	Q/BPSS TG303.6—2021	投诉处理指南	GB/T 17242—1998
7	Q/BPSS TG303.7—2021	基本公共体育服务质量管理体系实施指南	待开发

表 7-20　运行管理规范标准(TG304.1～304.3)

序号	体系内标准号	标准名称	标准号
1	Q/BPSS TG304.1—2021	基本公共体育设施规划通则	待开发
2	Q/BPSS TG304.2—2021	基本公共体育设施施工、维护、更新规范	待开发
3	Q/BPSS TG304.3—2021	体育社团运行管理规范	待开发

表 7-21　服务评价与改进标准（TG305.1～305.4）

序号	体系内标准号	标准名称	标准号
1	Q/BPSS TG305.1—2021	国民休闲满意度调查与评价	GB/T 31174—2014
2	Q/BPSS TG305.2—2021	服务业组织标准化工作指南 第4部分：标准实施及评价	GB/T 24421.4—2009
3	Q/BPSS TG305.3—2021	卓越绩效评价准则实施指南	GB/Z 19579—2012
4	Q/BPSS TG305.4—2021	基本公共体育服务绩效评价指标体系	待开发

第五节　我国基本公共体育服务标准体系的推广、实施与评价

我国基本公共体育服务标准体系的推广、实施与评价是我国基本公共体育服务标准化工作中的重要内容。虽然我国基本公共体育服务需求日益强烈，但我国基本公共体育服务发展水平仍然较低，因此，构建我国基本公共体育服务标准体系成为促进我国基本公共体育服务发展的重要路径，而推广、实施与评价我国基本公共体育服务标准体系是实现理论构建到现实实践的重要转换。

一、我国基本公共体育服务标准体系的推广与实施

我国基本公共体育服务标准体系的推广和实施包括基础条件、基本步骤和基本策略。

（一）我国基本公共体育服务标准体系推广与实施的基础条件

我国基本公共体育服务标准体系的构建是建立在对标准体系知识、我国基本公共体育服务发展现状和发展远景的认识基础之上的，推广和实施我国基本公共体育服务标准体系同样也是一项涉及社会多个层次、多个领域、多个部门、多个利益相关者的系统工程。因此，对于我国基本公共体育服务标准体系的推广和实施，需要宏观、中观和微观的基础条件。

1. 我国基本公共体育服务标准体系推广与实施的宏观背景基础

自我国服务型政府建设目标提出以来，政府日益重视公共服务职能的履行情况、日益重视公共服务能力的发展情况和公共服务建设的进展情况。政

府对于公共服务发展的重视是我国基本公共体育服务标准体系推广与实施的宏观背景基础。政府对于公共体育服务在社会公共服务中扮演重要角色的认同感，政府对于广大社会成员应当事实上享有基本公共体育服务的责任感，使基本公共体育服务标准体系的推广和实施获得强有力的支撑。

2. 我国基本公共体育服务标准体系推广与实施的中观保障基础

经济、社会和体育发展现状是我国基本公共体育服务标准体系建立的基础，脱离经济、社会和体育发展现状，无法建立起来具有现实意义的标准体系，基本公共体育服务标准体系在推广和实施时也离不开经济、社会和体育的发展作为保障。经济发展为我国基本公共体育标准体系的推广和实施提供公共物质资源，为我国基本公共体育服务基础建设提供保障；社会发展为我国基本公共体育服务标准体系的推广和实施提供公共软资源，社会文化、社会心理对我国基本公共体育发展环境提供保障；体育需求、体育认知、体育参与决定了我国体育发展的基础水平，为我国基本公共体育服务标准体系的推广和实施提供体育基础保障。

3. 我国基本公共体育服务标准体系推广与实施的微观运行基础

我国基本公共体育服务标准体系推广与实施的微观运行基础包括标准化人才力量、标准化体制和机制、标准化操作水平等方面。标准化人才既是我国基本公共体育服务标准体系建立的基础，更是实际操作的基础，没有高水平的标准化人才就没有高水平的标准体系，没有高水平的标准化人才更没有高水平的标准体系推广与实施。标准化体制和机制涉及的是公共服务的运行传统和文化，建立起标准化体制和机制更易于推广和实施基本公共体育服务标准体系。标准化操作水平决定了我国基本公共体育服务标准体系推广和实施的效率和效果。

（二）我国基本公共体育服务标准体系推广与实施的基本步骤

为了更好地推广与实施我国基本公共体育服务标准体系，需要采取一定的步骤，以保证我国基本公共体育服务推广的幅度和实施的力度。

1. 明确我国基本公共体育服务标准体系实施重点宣讲部门

在对我国基本公共体育服务标准体系进行宣讲时，一方面，要将宣讲和培训覆盖到基本公共体育服务标准体系实施的所有部门和所有人员，要宣讲我国基本公共体育服务标准体系的重要性、必要性、可行性和可操作性；另一方面，要明确我国基本公共体育服务标准体系实施的重点部门，体育政府部门是最重要的部门，同时财政部门、民政部门、卫生部门、非政府组织、志愿者组织都是宣讲的重点。

2. 制定我国基本公共体育服务标准体系实施操作指南

由于我国基本公共体育服务标准体系是一个涉及多方面内容的综合体系，其中所包含的内容非常丰富，在实际操作过程中也将面临一系列现实问题的考验，因此，制定详细和具有操作性的指南就显得至关重要。在我国基本公共体育服务标准体系的实施过程中，大量的人员都不具有标准化的相关理论知识基础，但是这些人员又具有相当丰富的实际体育工作经验，因此，标准体系操作指南应尽量避免过多理论知识的讲解，更多地侧重于如何将标准体系的实施分解为一个个实际操作任务，便于实际操作人员的实施。

3. 建立我国基本公共体育服务标准体系监督和评价体系

我国基本公共体育服务标准体系在实施过程中同样需要加以监督，在实施过程之中和实施结束之时同样需要进行评价。实施我国基本公共体育服务标准体系监督和评价的有效方式是建立监督和评价体系。监督和评价体系能够系统化地对基本公共体育服务标准体系的实施加以控制，对已建立的基本公共体育服务标准体系加以监督和评价的同时，也为改进和完善我国基本公共体育服务标准体系提供建议。

4. 改进和完善我国基本公共体育服务标准体系

我国基本公共体育服务标准体系是一个不断改进和完善的体系，一方面，这种不断改进和完善可能是因为标准体系构建时出现了疏忽而产生了一些问题，另一方面，也可能是随着我国基本公共体育需求的发展和经济、社会的发展，现有的基本公共体育服务标准体系已经不适应发展的步伐。我国基本公共体育服务标准体系只有在不断地改进和完善之中，才能够不断地促进我国基本公共体育服务的发展。

（三）我国基本公共体育服务标准体系推广与实施的基本策略

我国基本公共体育服务标准体系推广与实施的基本策略的制定原则和最终目的是有效性，即有效地促进我国基本公共体育服务标准体系的推广、有效地促进我国基本公共体育服务标准体系的实施。

1. 加强我国基本公共体育服务标准体系的宣传力度

我国基本公共体育服务标准体系的推广与实施需要加强宣传的力度，提高宣传的效果。从宣传对象来看，政府作为我国基本公共体育服务标准体系的主要实施主体，承载着实施的职能，拥有着实施的资源，加强对其的宣传将直接影响到实施的效果；宣传的另外主要对象是广大的社会公众，只有在广大社会公众对于我国基本公共体育服务标准体系有所认知、有所理解的情况之下，才会对它的实施情况投以关注，对它在实施当中存在的问题进行反馈和问责。从宣传的途径来看，目前信息传递的方式呈现多元化的趋势，传统的宣传媒体呈现下滑趋势，以网络为主的新宣传方式不断出现，对于我国基本公共体育服务体系的宣传而言，需要对其宣传对象加以明确，有针对性地利用多种宣传途径加大宣传力度。从宣传的内容选择来看，我国基本公共体育服务体系内容既包括非常专业的标准化知识，也包括十分普通的日常锻炼知识，对于不同对象在宣传时也要确立相应的侧重点，以保证宣传达到相应的效果。

2. 强化我国基本公共体育服务标准体系推广和实施的政策保护

我国基本公共体育服务标准体系需要在我国政府现行运转体制和机制之下进行推广和实施。目前在我国政府最为有效的政策执行方式是领导重视和考评制度，因此，我国基本公共体育服务标准体系的推广和实施仍然需要依靠上述两种方式来促进实施。从领导层面，需要对其给予高度的认识和评价；从政策层面，对于我国基本公共体育服务标准体系实施的重要性、必要性进行阐述和下达，使我国基本公共体育服务标准体系的推广和实施在政府系统内部上下达成共识。政府考评对于下级政府的约束力是相当大的，下级和基层普遍都十分重视上级政府的考评，因此，将我国基本公共体育服务标准体系纳入考评内容之中，将极大地促进我国基本公共体育服务标准的实施。

3. 建立我国基本公共体育服务标准体系推广和实施的相关利益者合作机制

我国基本公共体育服务标准体系的推广和实施是一个系统工程，由于该工程的推广和实施涉及部门众多、涉及利益广泛，因此，建立相关利益者合作机制能够充分地调动各方的积极性，协调各方的资源参与到推广和实施过程中去。利益相关者原来是作为一个管理学和经济学的概念，其后该概念被广泛地运用于社会领域，主要表示对于目标的达成具有相关责任和涉及利益者。我国基本公共体育服务标准体系涉及政府部门和非政府部门、体育领域和非体育领域、组织和个人，基本公共体育服务作为公共服务内容总体并不存在上述相关者之间的利益的争执，更主要的是要建立上述相关者之间的合作机制，共同促进我国基本公共体育服务标准体系的推广和实施。在我国基本公共体育服务体系的推广和实施之中由于受益的非他性，很多时候组织和个人都会存在“搭便车”的心理，建立相关利益者合作机制也是为了避免这种情况的发生，真正地将相关利益者都动员起来。

4. 建立我国基本公共体育服务标准体系推广和实施的监督、评价及反馈体制和机制

在我国基本公共体育服务标准推广和实施中建立监督、评价及反馈体制和机制十分重要。从体制来看，需要建立融监督、评价和反馈于一体的我国基本公共体育服务标准体系推广和实施的整体制度，并且制定整体的和分别的制度、规章和办法，涉及人力资源的分配、事权的划分、责任的确立和奖惩的措施。相对于体制建设的显性，我国基本公共体育服务标准体系监督、评价和反馈机制的建立就相对隐性，同时其建立的时间要长于体制建设，其建立的方式也不同于体制建设。我国基本公共体育服务标准体系监督、评价和反馈机制与政府行政机制一脉相传，没有建立起相应的政府行政监督、评价和反馈机制，监督、评价和反馈体制无法发挥其相应的功能和作用，监督、评价和反馈更多的时候只是流于形式，而不能够取得预想的效果。

5. 推进我国基本公共体育服务标准体系的国际化

我国基本公共体育服务标准体系的国际化，包括学习国外有关公共服务标准化等方面工作和把我国基本公共体育服务标准体系推向国际两个方面。目前我国的标准化工作主要是通过学习和借鉴西方标准化相关理论而进行。西方标准化理论起步较早，相关的公共服务标准化工作成果也较为丰富，占据着国际标准化工作的主导地位。但是，在国际公共体育服务领域标准化工作的开展也仍未充分。而我国在巨量人口、发展中国家语境下基本公共体育服务实践已经取得巨大成果，应当有信心在进一步完善我国基本公共体育服务标准体系的基础之上向国际化发展，把我国的成果和经验推向世界，发出我国体育领域标准化的国际声音。

二、我国基本公共体育服务标准体系的评价

我国基本公共体育服务标准体系的评价是我国基本公共体育服务标准体系实施中重要的一环，在我国基本公共体育服务标准体系基本步骤和基本策略之中，都提到了我国基本公共体育服务标准体系的评价。对我国基本公共体育服务标准体系评价环节加以着重阐述的原因在于，评价环节在我国基本公共体育服务标准体系的实施之中具有重要的地位，同时是实施之中相对欠缺的环节。

（一）我国基本公共体育服务标准体系的评价主体

所谓评价主体，即是由谁来对我国基本公共体育服务标准体系进行评价。由于评价方式的不同，对于我国基本公共体育服务标准体系可以进行自评，也可以进行他评，因此，我国基本公共体育服务标准体系的评价主体包括我国基本公共体育服务标准体系的制定者和其他评价者。

1. 自我评价

我国基本公共体育服务体系的自我评价即是我国基本公共体育服务标准

制定人员、标准化实施部门和人员对标准体系的实施效果进行评价。由于我国基本公共体育服务标准制定人员、标准化实施部门和人员是标准体系建立过程的直接参与者，因此，对于标准的内容、标准实施的情况十分熟悉和了解，同时也能够针对标准体系的实施制定相应的评价内容和标准，收集标准体系实施的相关信息用于评价。但是自我评价的劣势也是十分明显的。作为我国基本公共体育服务标准体系的制定者、实施者和评价者，类似于体育比赛中的既是球员又是教练员还是裁判员，自我评价会由于所处地位的原因造成一些评价上的盲区，而当自我评价与部门利益、权力寻租相结合时会产生更为严重的评价偏差。

2. 第三方评价

第三方评价是聘请专业的评价机构或专业人士对我国基本公共体育服务标准体系的实施进行评价。无论聘请专业的机构还是专业人士，其选择的标准都是对方的专业知识、专业背景和专业能力。专业化机构的优势是其具有丰富的评价操作经验和专业化人员，对于专门问题的精细化评价是专业机构所长，但是专业机构的评价费用也较为昂贵。专业人士的优势在于其丰富的理论知识和评价经验，对于宏观问题的把握和探讨是专业人士所长，但是专业人士一般难以长时间集中并进行跟踪评价。所以在进行第三方评价时需要就评价内容进行相应的分析，选择恰当的第三方评价主体。

（二）我国基本公共体育服务标准体系的评价方法

评价方法对于评价具有重大的意义，选择适宜的评价方法能够有效地检验我国基本公共体育服务标准体系的实施情况。从逻辑上来看，最主要的评价方法即是前后对比分析法，以我国基本公共体育服务标准体系的实施作为变量，对实施前后的情况进行对照，获得对于我国基本公共体育服务标准体系实施的准确评价。从评价方法的成本和复杂性而看，“有—无”比较最为简单，只需核对我国基本公共体育服务标准体系实施后相关内容的有无即可，在不追求精细变化差异分析和在我国基本公共体育服务标准体系实施初期适宜使用。“控制对象—试点对象”比较就较为复杂一些，相当于试验组和普通组之间进行比较，如试验组取得良好的变化差异，则表示我国基本公共体育服务标准体系存在良好的效果。“预测—实施”比较更加复杂，首先要预测我国基本公共体育服务标准体系实施之后的预期效果，然后将预期效果与最终实施我国基本公共体育服务标准体系的效果进行比较，如实施效果与预期效果一致，表明我国基本公共体育服务标准体系制定契合实际，否则就存在我国基本公共体育服务标准体系制定过于超前或者已然落后。

（三）我国基本公共体育服务标准体系的评价内容

我国基本公共体育服务标准体系的评价主要以体系文本评价为主，具体内容包括标准体系文件评价和标准体系实施效果评价。

1. 标准体系文件评价

对于我国基本公共体育服务体系文件评价包括体系完整性评价、体系规范性评价、体系协调性评价。体系完整性评价是指我国基本公共体育服务标准体系是否覆盖了我国基本公共体育服务的所有领域，是否涵盖了我国基本公共体育服务标准的所有内容。体系规范性评价是指我国基本公共体育服务标准体系框架、标准体系表、标准明细表、标准汇总表和标准文本是否符合标准体系的规范，是否符合标准体系的要求。体系协调性评价是指标准体系内的标准是否与相关法律法规相协调，标准与标准之间的关系是否协调，不同标准之间是否有相互矛盾的现象。

2. 标准体系实施效果评价

我国基本公共体育服务标准体系实施效果评价是一项长期的工作，在标准体系构建和发布实施推进的初期通常需要开展评价工作，在标准体系实施的外部条件发生重大变化时也需要进行评价，在标准体系实施的周期性时间节点也同样需要展开专项的评价。我国基本公共体育服务标准体系的构建，最终目的是要应用于我国基本公共体育服务实践之中，能够促进我国基本公共体育服务的发展是其最终的目标，因此，对于我国基本公共体育服务标准和标准体系的评价应当紧紧围绕促进我国基本公共体育服务发展这个中心目标而展开。客观的评价标准体系在满足我国基本公共体育服务需要，保障我国基本公共体育服务有效运转之中发挥着重要的作用。

（四）我国基本公共体育服务标准体系的评价应用

我国基本公共体育服务标准体系某一时间段评价任务的完成并不意味着评价工作的结束。从评价工作的长期性来看，关于我国基本公共体育服务标准化评价的工作只有阶段性任务的完成，我国基本公共体育服务标准体系只有实施工作的开始时间，没有评价工作的结束。从评价工作的系统性来看，我国基本公共体育服务标准体系评价只是我国基本公共体育服务标准化工作的一个环节，在评价结果产生之后需要将相关报告送交相关决策部门，促进标准的修订和标准体系的完善，同时需要将评价结果信息加以传递，告知我国基本公共体育服务标准化的利益相关者，通过我国基本公共体育服务标准体系评价，提升我国基本公共体育服务的水平。

第八章　我国基本公共体育服务均等化落实：基本公共体育服务标准

基本公共体育服务标准为基本公共体育服务提供了规则和指南，其所形成的规范性文本能够直接指导我国基本公共体育服务的开展，促进我国基本公共体育服务均等化的落实。根据我国已经发布的关于标准编写的相关标准，如《标准化工作导则》（GB/T 1—2020）、《服务业组织标准化工作指南 第3部分：标准编写》（GB/T 24421.3—2009）、《服务标准制定导则 考虑消费者需求》（GB/T 24620—2022）、《服务标准编写通则》（GB/T 28222—2011）、《服务标准化工作指南》（GB/T 15624—2011），制定我国基本公共体育服务标准，实施和评价我国基本公共体育服务标准。

第一节　我国基本公共体育服务标准制定程序

标准是利益相关方协调的产物，严格按照统一规定的程序开展公共服务标准制定工作，是保障公共服务标准编制质量和水平，缩短公共服务标准制定周期，实现公共服务标准制定过程公平、公正、协调、有序的基础和前提。[①] 目前，以世界贸易组织（WTO）关于标准制定阶段划分的要求为基础，参考国际标准化组织（ISO）和国际电工委员会（IEC）的《ISO/IEC 导则第1部分：技术工作程序》（2018年版），我国颁布了《国家标准制定程序的阶段划分及代码》（GB/T 16733—1997）。《国家标准制定程序的阶段划分及代码》将我国国家标准制定程序阶段划分为预阶段、立项阶段、起草阶段、征求意见阶段、审查阶段、批准阶段、出版阶段、复审阶段和废止阶段9个阶段（表8-1）。我国基本公共体育服务标准的制定也应当符合该标准的程序要求。

---

① 上海市质量和标准化研究院. 公共服务标准化理论与实务[M]. 北京：中国质检出版社，中国标准出版社，2015：70.

表 8-1 基本公共体育服务国家标准制定程序的阶段划分及代码①

阶段代码	阶段名称	阶段任务	阶段成果	完成周期/月	WTO 对应阶段	ISO/IEC 对应阶段	对应条文
00	预阶段	提出新工作项目建议	PW1			00	3.1
10	立项阶段	提出新工作项目	NP	3	Ⅰ	10	3.2
20	起草阶段	提出标准草案征求意见稿	WD	10	Ⅱ	20	3.3
30	征求意见阶段	提出标准草案送审稿	CD	5	Ⅲ	30	3.4
40	审查阶段	提供标准草案报批稿	DS	5	Ⅲ	40	3.5
50	批准阶段	提供标准出版稿	FDS	8	Ⅳ	50	3.6
60	出版阶段	提供标准出版物	GN,GB/T,GB/Z	3	Ⅳ	60	3.7
90	复审阶段	定期复审	确认,修改,修订	60	Ⅴ[D]	90	3.8
95	废止阶段		废止			95	3.9

1. **预阶段** (preliminary stage)

对将要立项的新工作项目进行研究及必要的论证，并在此基础上提出新工作项目建议，包括标准草案或标准大纲（如标准的范围、结构及其相互关系等）（00 阶段的成果：PW1）。根据我国经济、社会和体育发展的需要，对将要进行的基本公共体育服务标准项目进行研究及必要的论证，对将要进行的基本公共体育服务标准的草案、范围、结构及与其他标准相互协调的关系提出相关的建议。

2. **立项阶段** (proposal stage)

对新工作项目建议进行审查、汇总、协调、确定，直至下达《国家标准制、修订项目计划》（10 阶段的成果：NP）。时间周期不超过 3 个月。国务院标准化行政主管部门收到基本公共体育服务标准新项目建议，对项目建议进行审查、汇总后形成《国家标准拟制修订计划》并向全社会征求意见，经协

① 国家技术监督局. 国家标准制定程序的阶段划分及代码：GB/T 16733—1997[S]. 北京：中国标准出版社，1997.

调、确定后下达《国家标准制修订计划》。

3. **起草阶段**（preparatroy stage）

项目负责人组织标准起草工作直至完成标准草案征求意见稿（20 阶段的成果：WD）。时间周期不超过 10 个月。基本公共体育服务标准起草工作单位按照《标准化工作导则》（GB/T 1）、《标准化工作指南》（GB/T 20000）、《标准编写规则》（GB/T 20001）和《标准中特定内容的起草》（GB/T 20002）等基础标准的要求起草基本公共体育服务国家标准征求意见稿，编写《标准编制说明》及有关附件，对标准的质量及其技术内容全面负责。

4. **征求意见阶段**（committee stage）

按有关规定，分发标准草案征求意见稿，对反馈意见进行收集和整理，至完成标准送审稿（30 阶段的成果：CD）。时间周期不超过 5 个月。基本公共体育服务标准起草工作组完成的标准征求意见稿和《标准编制说明》经相关标准化技术委员会就格式、内容等审查通过后，以网络、函件、会议等形式向有关行业部门、协会以及相关服务提供单位广泛征求意见。被征求意见单位在规定期限内回复意见，对比较重大的意见，应说明论据或提出技术经济认证。负责起草单位对征集意见进行归纳、整理后提出基本公共体育服务标准送审稿、"基本公共体育服务标准编制说明"及有关附件、"基本公共体育服务标准意见汇总处理表"，并送基本公共体育服务标准项目标准化委员会秘书处或技术归口单位审阅，最终确定能否提交审查。如果需要对基本公共体育服务标准进行重大修改时可分发第二征求意见稿（甚至第三稿）征求意见，项目负责人应相应地主动提出延长或终止基本公共体育服务标准的申请报告。

5. **审查阶段**（voting stage）

对标准草案送审稿组织审查会（审或函审），并在审（查协）商一致的基础上，形成标准草案报批稿和审查会议纪要或函审结论（40 阶段的成果：DS）。时间周期不超过 5 个月。基本公共体育服务标准按《全国专业标准化技术委员会管理规定》、标准化技术委员会章程，送项目主管部门或技术归口单位组织审查。基本公共体育服务标准可采用会议审查和函审相结合的形式进行。基本公共体育服务标准起草工作组应根据会议和函审意见完成基本公共体育服务标准报批稿，并完成"基本公共体育服务标准编制说明"修改。如果基本公共体育服务标准草案送审稿没有通过，则应分发第二标准草案送审稿，并再次进行审查。项目负责人应相应地主动提出延长或终止基本公共体育服务标准的申请报告。

6. **批准阶段**（approval stage）

（1）主管部门对基本公共体育服务标准草案报批稿及报批材料进行程序、

技术审核。对不符合报批要求的，一般应退回有关标准化技术委员会或起草单位，限时解决问题后再行审核。时间周期不超过 4 个月。

（2）国家标准技术审查机构对基本公共体育服务标准草案报批稿及报批材料进行技术审查，在此基础上对报批稿完成必要的协调和完善工作。时间周期不超过 3 个月。若报批稿中存在重大技术方面的问题或协调方面的问题，一般应退回部门或有关专业标准化技术委员会，限时解决问题后再行报批。

（3）国务院标准化行政主管部门批准、发布基本公共体育服务国家标准（50 阶段的成果：FDS）。时间周期不超过 1 个月。

7. 出版阶段（publication stage）

将基本公共体育服务国家标准出版稿编辑出版，提供标准出版物（60 阶段的成果：GB，GB/T，GB/Z）。时间周期不超过 3 个月。

8. 复审阶段（review stage）

对实施周期达 5 年的基本公共体育服务标准进行复审，以确定是否确认（继续有效）、修改（通过技术勘误表或修改单）、修订（提交一个新工作项目建议）或废止。

9. 废止阶段（withdrawal stage）

经过经复审后确定为无存在必要的标准，予以废止。

第二节 我国基本公共体育服务标准编写原则和方法

一、我国基本公共体育服务标准编写原则

《标准化工作导则 第 1 部分：标准化文件的结构和起草规则》（GB/T 1.1—2020）总则中提到，制定标准的目标是规定明确且无歧义的条款，以便促进贸易和交流，进而提出标准的统一性、协调性、适用性、一致性和规范性。本研究据此提出我国基本公共体育服务标准编写的原则，包括规范性、适用性和协调性。

（一）规范性

标准是具有严格要求的文本，因此，我国基本公共体育服务标准编写的最重要原则即是规范性。我国基本公共体育服务标准编写的规范主要体现在两个方面，一方面是指我国基本公共体育服务标准制定程序必须遵守标准编写的规范，另一方面是指我国基本公共体育服务标准编写过程必须符合标准编写的要求。

1. **我国基本公共体育服务标准编写必须遵守标准制定的程序**

我国基本公共体育服务国家标准编写应遵守《国家标准管理办法》（2022年9月9日国家市场监督管理总局令第59号）和《国家标准制定程序的阶段划分及代码》（GB/T 16733—1997），行业标准编写应遵守《行业标准管理办法》（1990年国家技术监督局令第11号），地方标准应遵守《地方标准管理办法》（2020年1月16日国家市场监督管理总局令第26号）。

2. **我国基本公共体育服务标准编写必须遵守标准制定的相关基础标准**

我国基本公共体育服务标准需要遵守的通用基础标准包括，《标准化工作导则 第1部分：标准化文件的结构和起草规则》（GB/T 1. 1—2020）、《标准化工作指南》（GB/T 20000. 1—20000. 7）、《标准编写规则》（GB/T 20001. 1—2001. 10）、《标准中特定内容的起草》（GB/T 20002. 1—20002. 2）等。

我国基本公共体育服务标准需要遵守的基础标准包括，《服务业组织标准化工作指南》（GB/T 24421. 1—24421. 3）、《服务标准制定导则 考虑消费者需求》（GB/T 24620—2022）、《服务标准编写通则》（GB/T 28222—2011）等。

我国基本公共体育服务标准编写遵守相关基础标准，能够保证标准编写中术语使用、标准结构、标准文体、标准形式上的规范统一，保证公共体育服务标准的规范性。

（二）适用性

我国基本公共体育服务标准应便于实施，容易被其他标准或文件所引用。

（三）协调性

我国基本公共体育服务标准的协调性体现在我国基本公共体育服务领域内各标准之间应相互协调；同级公共体育服务标准之间没有交叉、重复或矛盾；下级公共体育服务标准不得与上级公共体育服务标准相抵触。

二、我国基本公共体育服务标准编写方法

（一）我国基本公共体育服务标准主要要素和环节的梳理及确定

编写我国基本公共体育服务标准的第一步是对基本公共体育服务活动的主要要素和环节进行分析和梳理。基本公共体育服务的主要要素包括场地、设施、设备、人力、组织、活动、信息等，从基本公共体育服务的环节来分，主要包括基本公共体育服务供给、基本公共体育服务享有、基本公共体育服务评价等。场地是决定基本公共体育服务质量最重要的因素，而评价是决定基本公共体育服务质量最重要的环节。

在制定基本公共体育服务标准时需要界定标准的范畴，应考虑基本公共体育服务标准与我国法律法规、公共体育服务领域规范性文件的关系。在制定基本公共体育服务标准最初阶段应当确定标准编写的目的，“若对公共服务应达到的水平和要求进行规定，则应制定为服务规范类标准，可在标准中描述公共服务结果的质量要求，包括明示的、隐含的或必须履行的期望或需求。若需对公共服务的提供方法、手段、流程、操作环节等进行规定，则需制定为服务提供规范类标准”。① 我国基本公共体育服务标准属于国家标准，因此应考虑我国幅员辽阔的特点，制定适合各地基本公共体育服务需求的标准。

（二）我国基本公共体育服务标准主要要素相关指标的确定

我国基本公共体育服务标准主要要素相关指标包括定量化的硬指标和定性化的软指标。定量化的硬指标，如《社区服务指南 第3部分：文化、教育、体育服务》（GB/T 20647.3—2006）中规定：“常住人口在1万人以上的社区，宜建立面积为1 000m^2 ~3 000m^2 的室内教育文体活动中心。”定性化的软指标，如社《区服务指南 第3部分：文化、教育、体育服务》设施的配置中提出，“旧社区改建时，应增设体育设施”，建议的意味多于执行的要求。

（三）我国基本公共体育服务标准的具体编写

我国基本公共体育服务标准中的要素主要包括资料性概述要素、规范性一般要素、规范性技术要素、资料性补充要素、资料性技术要素，具体包括封面，目次，前言，引言，范围，规范性引用文件，术语和定义，符号和缩略语，基本公共体育服务要求，参考文献，索引。（表8-2）在这其中基本公共体育服务要求是最为核心的内容，因此，应当首先编写该部分的内容，然后按标准要素顺序由前至后开始编写。

表8-2　我国基本公共体育服务标准中要素的编排②

<table>
<tr><th rowspan="2">要素</th><th colspan="2">要素的类别</th><th rowspan="2">要素的构成</th><th rowspan="2">要素所允许的表述形式</th></tr>
<tr><th>必备或可选</th><th>规范性或资料性</th></tr>
<tr><td>封面</td><td>必备</td><td rowspan="2">资料性</td><td rowspan="2">附加信息</td><td>标明文件信息</td></tr>
<tr><td>目次</td><td>可选</td><td>列表（自动生成的内容）</td></tr>
</table>

① 上海市质量和标准化研究院. 公共服务标准化理论与实务[M]. 北京：中国质检出版社，中国标准出版社，2015：81.

② 国家市场监督管理总局，国家标准化管理委员会. 标准化工作导则 第1部分：标准化文件的结构和起草规则：GB/T 1.1—2020[S]. 北京：中国标准出版社，2020. 根据本研究需要改编.

续表

要素	要素的类别		要素的构成	要素所允许的表述形式
	必备或可选	规范性或资料性		
前言	必备	资料性	附加信息	条文、注、脚注、指明附录
引言	可选			条文、图、表、数学公式、注、脚注、指明附录
范围	必备	规范性	条款、附加信息	条文、表、注、脚注
规范性引用文件	必备/可选	资料性	附加信息	清单、注、脚注
术语和定义	必备/可选	规范性	条款、附加信息	条文、图、数学公式、示例、注、引用、提示
符号和缩略语	可选	规范性	条款、附加信息	条文、图、表、数学公式、示例、注、脚注、引用、提示、指明附录
基本公共体育服务要求	必备			
参考文献	可选	资料性	附加信息	清单、脚注
索引	可选			列表（自动生成的内容）

第三节　我国基本公共体育服务标准内容的编写

我国基本公共体育服务标准中的封面、前言、标准名称和范围属于资料性概述要素和规范性一般要素中不可缺少的必备要素，其他要素则按照标准化对象的需要加以选择。

规范性要素是指声明符合标准而需要遵守的条款的要素，分为规范性一般要素和规范性技术要素。我国基本公共体育服务标准的规范性技术要素是标准的主体。

资料性要素标示标准、介绍标准和提供标准附加信息的要素，分为资料性概述要素和资料性补充要素。我国基本公共体育服务标准的规范性附录对标准内容进行相应的解释。

下面以《社区基本公共体育服务指南》为例，介绍我国基本公共体育服务标准内容的编写。

一、封面

封面属于资料性概述要素，是标准的必备要素。封面内容包括：标准名称、标准英文译名、标准的层次、标准的标志、标准编号、国际标准分类号（ICS 号）、中国标准文献分类号、备案号、发布日期、实施日期和发布部门。封面格式应参照《标准化工作导则 第 1 部分：标准化文件的结构和起草规则》GB/T 1.1—2020。《社区基本公共体育服务指南》封面如下。

ICS 03.080
A16

GB

中华人民共和国国家标准

GB/T ×××××—××××

社区基本公共体育服务指南

Gideline for coumunity basic public sports service

××××-××-××发布　　　　××××-××-××实施

国家市场监督管理总局
国家标准化管理委员会　发布

二、目次

目次属于资料性概述要素，为可选要素。目次所列的各项内容和顺序为a）前言、b）引言、c）章、d）带有标题的条（需要时列出）、e）附录、f）附录中的章（需要时列出）、g）附录中的带有标题的条（需要时列出）、h）参考文献、i）索引、j）图（需要时列出）、k）表（需要时列出）。为方便标准查阅，《社区基本公共体育服务指南》设置目次如下。

目　次

三、前言

前言属于资料性概述要素，也是必备要素。前言包括标准结构的说明，标准编制所依据的起草规则，标准代替的全部或部分其他文件的说明，标准与国际文件、国外文件关系的说明，标准的提出信息（或省略）或归口信息，标准的起草单位和主要起草人，历次版本标准发布情况。《社区基本公共体育服务指南》前言如下。

前　言

本标准按 GB/T 1.1—2020 给出的规则起草。

本标准由××××××提出。

本标准由××××××归口。

本标准起草单位：××××××。

本标准主要起草人：×××××。

四、引言

引言属于资料性概述要素，属于可选要素。可根据需要给出标准编制的原因、目的和意义等。《社区基本公共体育服务指南》引言如下。

> 引　言
>
> 在现代社会之中，社区是人们的基本生活单元，社区体育成为人们享有体育福利和实现体育权利的基本所在。为了建设“健康中国”“体育强国”，建立惠及全民的公共体育服务体系，切实保障广大社会成员参加体育活动的权利，满足广大社会成员的基本体育需求，促进我国体育消费和体育产业的进一步发展，应切实加强社区基本公共体育服务。
>
> 本标准旨在通过指导社区体育场地设施建设、社区体育组织培育、社区体育活动开展、社区体育信息化建设，规范社区基本公共体育服务，使所有社区成员都能够享有基本公共体育服务，增强广大社会成员的身体素质和体质水平，营造文明、和谐、科学、健康的社区体育氛围，发挥社区基本公共体育服务在促进社会、经济、体育和人的全面发展中的积极作用。

五、标准名称

标准名称属于规范性一般要素，为必备要素。标准名称一般由引导要素、主体要素和补充要素的一种或多种组成。引导要素为可选要素，表示标准所属的领域，当主体要素不明确时应有引导要素。主体要素为必备要素，表示上述领域内标准所涉及的对象。补充要素为可选要素，表示上述主要对象的特定方面，或给出区分该标准（或该部分）与其他标准（或其他部分）的细节。《社区基本公共体育服务指南》为仅包含主体要素的标准名称。

六、范围

范围属于规范性一般要素，为必备要素，位于标准正文的起始位置。“范围应明确界定标准化对象和所涉及的各个方面，由此指明标准或其特定部分的适用界限。必要时，可指出标准不适用的界限。”[①] 对于标准对象的陈述可使用“本标准规定了……的尺寸（方法、特征）”“本标准确立了……的系统（一般原则）”“本标准给出了……的指南”“本标准界定了……的术语”。对

① 国家市场监督管理总局，国家标准化管理委员会. 标准化工作导则 第1部分：标准化文件的结构和起草规则：GB/T 1.1—2020[S]. 北京：中国标准出版社，2020.

于标准适用性的陈述可使用“本标准适用于……”“本标准不适用于……”。当陈述标准部分时应将“本标准……”改为“本部分……”。

《社区基本公共体育服务指南》范围如下。

1 范围

本标准规定了社区基本公共体育服务的体育场地、体育设施、体育组织、体育活动、体育信息以及社区基本公共体育服务评价。

本标准适用于社区基本公共体育服务的建设。

七、规范性引用文件

规范性引用文件属于规范性一般要素，为可选要素。所谓规范性引用，是指使用标准时需要遵守被引用文件的内容。引用分为注日期引用和不注日期引用，注日期引用需要给出被引用文件的年号或者版本号，不注日期引用可以不给出被引用文件的年号或者版本号，但是可以表述为引用文件最新版本，在引用一项由多个部分组成的标准时，应在标准顺序号后标明“(所有部分)”及其标准名称中的相同部分。同时标准的规范性引用文件不宜引用法律法规。

《社区基本公共体育服务指南》规范性引用文件如下。

2 规范性引用文件

下列文件对于本文件的应用是必不可少的。凡是注日期的引用文件，仅注日期的版本适用于本文件。凡是不注日期的引用文件，其最新版本（包括所有的修改单）适用于本文件。

GB 37488 公共场所卫生指标及限值要求

GB 19079 体育场所开放条件与技术要求

GB 22185 体育场馆公共安全通用要求

GB/T 10001.1—2012 公共信息图形符号 第1部分：通用符号

GB/T 10001.4—2009 标志用公共信息图形符号 第4部分：运动健身符号

GB/T 10001.9—2008 标志用公共信息图形符号 第9部分：无障碍设施符号

GB/T 20647.3—2006 社区服务指南 第3部分：文化、教育、体育服务

八、术语和定义

术语和定义属于规范性技术要素，为可选要素。当标准中所使用的概念已经在其他标准中建立时，就引用定义该概念的标准，如未能在其他标准中建立时，就需要对术语给出定义。术语和定义由引导语和术语条目构成，通

常使用的引导语为“下列术语和定义适用于本文件”。术语条目包括条目编号、术语、英文对应词、定义，根据需要可增加符号、概念的其他表述方式（例如，公式、图等）、示例、注等。

《社区基本公共体育服务指南》术语和定义如下。

3　术语和定义

下列术语和定义适用于本文件。

3.1　社区 community

居住在一定地域内的人们所组成的多种社会关系的生活共同体。

[GB/T 20647.1—2006 中定义 3.1]

3.2　社区体育 community sports

在社区中，利用自然环境和体育设施，以社区全体成员为对象，以满足社区成员的体育需求、增进社区成员的身心健康、巩固和发展社区成员之间的感情为主要目的，就近、就便开展的区域性体育活动。

[GB/T 20647.1—2006 中定义 3.3]

3.3　社区体育活动 community sports activities

有组织地开展的社区体育。

3.4　组织 organization

职责、权限和相互关系得到安排的一组人员和设施。

示例：公司、集团、商行、企事业单位、研究机构、慈善机构、代理商、社团或上述组织的部分或者组合。

注 1：安排通常是有序的。

注 2：组织可以是公有的或私有的。

[GB/T 19000—2016 中定义 3.3.1]

九、符号、代号和缩略语

符号、代号和缩略语属于规范性技术要素，为可选要素，它给出为理解标准所必需的符号、代号和缩略语清单。为了方便，符号、代号和缩略语通常与术语和定义合并。《社区基本公共体育服务指南》无该要素。

十、基本公共体育服务要求

基本公共体育服务要求属于规范性技术要素，为可选要素。虽然在基本公共体育服务标准中有不包含“要求”要素的标准，如基本公共体育服务术语标准可以没有“要求”要素，但是对于大多数其他基本公共体育服务标准基本都包含“要求”要素，同时该部分也是大多数基本公共体育服务标准的核心内容。《社区基本公共体育服务指南》基本公共体育服务要求如下。

4 社区体育场地和设施
4.1 社区体育场地和设施基本配置
4.1.1 社区体育场地和设施基本配置应考虑的因素
——所在社区的人口规模、经济社会、气候、民族和体育传统等特点；
——社区体育场地和设施的服务范围，根据社区用地情况确定场地和设施建设；
——社区体育场地和设施建设以便于开展社区体育活动、不影响社区居民生活为宗旨；
——社区体育场地和设施建设纳入社区建设规划，符合合理布局、因地制宜、综合开发、配套建设、功能兼备的原则。
4.1.2 社区体育场地和设施基本配置
4.1.2.1 社区体育场地和设施人均室外用地面积 0.30m^2，人均室内建筑面积 0.10m^2。
4.1.2.2 根据不同的人口规模，社区体育场地和设施项目室外用地面积与室内建筑面积应符合表 1 的规定。

表 1　社区体育场地和设施分级面积指标

人口规模/人	室外用地面积/m^2	室内建筑面积/m^2
1 000—3 000	300—900	100—300
10 000—15 000	3 000—4 500	1 000—1 500
30 000—50 000	9 000—15 000	3 000—5 000

4.1.2.3 社区体育场地和设施项目设置包括 1 个多功能体育活动室，可进行乒乓球、健身操运动；1 个包括健身路径（步道）在内的多功能体育活动场，可进行走跑、投篮、小型足球运动，配置全民健身活动设施。
4.2 社区体育场地和设施标识
4.2.1 公共信息图形符号
各类公共信息图形符号应符号《公共信息图形符号 第 1 部分：通用符号》（GB/T 10001.1—2012）、《标志用公共信息图形符号 第 4 部分：运动健身符号》（GB/T 10001.4—2009）、《标志用公共信息图形符号 第 9 部分：无障碍设施符号》（GB/T 10001.9—2008）、《公共信息导向系统 设置原则与要求 第 7 部分：运动场所》（GB/T 15566.7—2007）的规定。
4.2.2 告示牌
社区体育场地和设施应在醒目位置悬挂、张贴和放置各类告示牌：
——对社区体育场地和设施功能、布局和使用方法要有告示牌；
——对社区体育场地和设施安全出口、疏散通道、厕所要有告示牌；
——对社区体育场地和设施开放时间、安全须知和收费标准要有告示牌。
4.2.3 警示牌
社区体育场地和设施应在醒目位置悬挂、张贴和放置各类警示牌：
——对社区体育场地和设施配电室、消防栓、禁止通行要有警示牌；
——对社区体育场地和设施易滑、维修、关闭要有警示牌；
——对社区体育场地和设施超人数使用、非适宜人群要有警示牌；
——其他需要警示的内容和事项。
4.3 社区体育场地和设施管理
社区体育场地和设施应有相应的管理措施：
——社区体育场地和设施应当有完备的硬件管理规章制度；
——社区体育场地和设施应当有完备的日常运行规章制度；
——任何个人和组织都不得侵占和变更社区体育场地和设施用途。

5　社区体育组织和人员

5.1 社区体育组织形式

社区体育组织是社区成员根据共同的体育兴趣和爱好而自愿成立的，以社区内体育场地和设施为依托，能够开展体育活动的组织。

5.1.1 行政主导类社区体育组织

主要是在行政部门指导下成立的社区体育服务中心、社区体育俱乐部、体育协会。

5.1.2 社会主导类社区体育组织

主要是以社会性自发社团为主，有体育活动点、体育活动协会。

5.2 社区体育组织人员

社区体育组织人员包括社区体育组织负责人和成员。

5.2.1 社区体育组织负责人

5.2.1.1 行政体育干事：

行政体育干事应具备所从事工作相适应的服务知识、体育知识和工作技能，熟悉社区体育活动的开展和管理现状，具备一定的组织协调能力。

5.2.1.2 社区体育指导员：

——热心社区体育事业，积极从事社区体育工作；

——具备健全的人格、积极的精神状态、良好的人际沟通能力；

——具有一定的基础医学和运动生理学知识；

——能够从事体育技能传授、锻炼指导和组织管理，具有制定和组织实施运动计划的能力。

5.2.1.3 志愿者：

——爱好体育活动，热心社区体育事业；

——具有基本的体育活动知识；

——具有良好的人际沟通和组织能力。

5.2.2 社区体育组织成员

社区体育组织成员来自社区体育活动爱好者。

5.2.3 人员培训

由社区体育组织负责人组织成员接受专业知识培训。

5.3 社区体育组织管理

5.3.1 行政主导类社区体育组织管理

——建立管理章程；

——有负责人；

——有固定活动场所；

——有固定开展活动；

——有较为稳定的经费，公布经费使用情况，并接受审核；

——有上级管理部门。

5.3.2 社会主导类社区体育组织管理

——有管理规定；

——有负责人；

——有活动场所；

——有活动项目。

6　社区体育活动

6.1 社区体育活动的内容

6.1.1 基本活动

——为社区成员提供体育知识传授、咨询；

——开展体育活动知识宣传和普及；

——开展体育技能培训和指导；

——开展体育竞赛和表演活动；

——进行国民体质测定。

6.1.2 其他社区体育活动

——特定人群的体育活动：婴幼儿体育活动、青少年体育活动、老年人体育活动和残疾人体育活动；

——联合开展的体育活动：文体联合活动、体卫联合活动；

——特定节假日的体育活动：假日体育活动、节日体育活动；

——特定主题的体育活动：家庭体育活动、拥军体育活动。

6.2 社区体育活动组织实施

6.2.1 社区体育活动开展前确定主题、项目、人数、方案、流程并向社区和警区报备

6.2.2 社区体育活动开展时落实负责人、开展活动项目、维护现场秩序

6.2.3 社区体育活动开展后负责场地整理、发布活动总结

6.3 社区体育活动安全管理

6.3.1 社区体育活动安全管理一般要求

——社会活动安全知识是生活常备知识；

——体育活动安全知识是体育活动知识内容。

6.3.2 场地安全

开展社区体育活动前应事先对场地安全进行细致的检查，存有安全隐患的场地和设施应进行维修和更换，场地安全不满足社区体育活动时应取消活动。

6.3.3 活动安全

——建立社区体育活动安全预案；

——进行社区体育活动安全评估；

——配备社区体育活动安全预防设备；

——进行社区体育活动安全演习；

——对社区体育活动参加人员进行评估；

——明确社区体育活动安全职责；

——设立社区体育活动临场监督人员。

6.3.4 事故处理

在社区体育活动之中出现事故时，维护好现场秩序，控制事故发展，联系相关部门进行专业处置。

7　社区体育信息

7.1 社区体育信息内容

——组织信息：社区体育组织的基本信息、职责、制度等；

——人员信息：社区体育组织的人员基本信息、职责、资质、特长等；

——资源信息：社区体育资源的基本信息、数量、位置分布、功能、质量、维修、告示、警示等；

——活动信息：社区体育活动的基本信息、活动计划、活动内容、活动方案、活动参与方式等；

——管理信息：社区体育活动的各类记录、统计信息、评价等；

——体质测试信息：社区体质测试参与者的基本信息、历年的体质测试记录。

7.2 社区体育信息收集和管理

应当建立常态化的机制，及时更新录入社区体育活动信息，动态化的社区体育信息管理制度贯穿社区体育活动的全过程。

7.3 社区体育信息化

——社区体育信息收集的数据库化：建立社区体育信息收集的数据库，将各项信息录入数据库。

——社区体育信息发布的网络化：以跨平台网络进行社区体育信息发布，可在宣传橱窗、Led 显示屏、网站、手机 App 上发布社区体育信息。

8　社区基本公共体育服务评价

8.1 社区基本公共体育服务质量评价

制定社区体育质量评价指标体系，综合评价社区体育质量水平。

8.2 社区基本公共体育服务满意度评价

社区体育满意度应通过调查、访谈和受理投诉等方式获得相关信息，分析社区体育满意度评价信息，得出社区体育满意度的准确评价。

8.3 社区基本公共体育服务监督和投诉

社区体育组织因主动公开监督和投诉方式，积极回复和处理监督意见和投诉内容，及时通知监督人和投诉者。

附录A（规范性附录）
社区基本公共体育服务评价指标

评价内容	评价指标	备注
社区体育场地和设施	1. 社区室外人均用地不低于0.3平方米，室内人均建筑面积不低于0.1平方米，配套建设体育设施 2. 社区体育场地和设施落实登记、维护、管理责任人制 3. 10分钟到达校园、街道、区、市体育场地设施	
社区体育组织和人员	4. 社区拥有一定数量的体育组织 5. 社区体育组织负责人具备社会指导员资质 6. 社区体育组织具有相对固定的活动场所、固定的参与人员和管理规范	
社区体育活动	7. 社区体育组织定期开展社区体育活动 8. 社区体育组织定期开展社区体育培训 9. 社区体育组织每年开展社区体质测试 10. 社区体育组织定期开展社区体育宣传	
社区体育信息	11. 社区体育建立数据库 12. 社区体育建立跨平台信息网络	
社区体育质量和满意度	13. 社区居民体质测试参与率达到60%以上 14. 社区居民体质测试及格率达到70%以上 15. 社区居民经常参加体育活动人数占40%以上 16. 社区居民对于社区体育场地和设施、体育组织、体育活动、体育信息的知晓率达到60%以上 17. 社区居民参与社区体育组织和社区体育活动的人数达到40%以上 18. 社区居民参与社区体育工作满意度调查人数达到60%以上 19. 社区居民对社区体育工作的满意及基本满意度达到80%以上	

十一、参考文献

参考文献属于资料性补充要素，为可选要素。标准起草过程中依据或参考的文件，以及标准中被资料性引用的文件，列入参考文献。《社区基本公共体育服务指南》无此要素。

十二、索引

索引属于资料性补充要素，为可选要素。索引一般以标准中关键词作为索引对象，以关键词的汉语拼音顺序作为索引顺序，并引出对应的章、条、附录编号和（或）表的编号。设置索引的目的在于为使用和检索标准提供方面。《社区基本公共体育服务指南》无此要素。

第四节　我国基本公共体育服务标准的实施与评价

标准的实施是指有组织、有计划、有措施地贯彻执行标准的活动，是将标准规定的各项内容贯彻到服务（产品）实现、经营管理、使用维护等领域的活动过程，是整个标准化活动的重要环节。[①] 标准的评价则是发现标准自身、标准实施过程和标准实施结果的重要途径，对于发现标准存在的不足，对于发现标准实施过程中存在的问题，对于标准推进服务（产品）的作用具有极为重要的意义。

一、我国基本公共体育服务标准的实施

（一）我国基本公共体育服务标准实施的基本原则

《服务业组织标准化工作指南 第4部分：标准实施及评价》（GB/T 24421.4—2009）提出了服务业组织实施标准应遵循的系统性原则、有效性原则和持续性原则。[②] 这些原则同样可以应用于我国基本公共体育服务标准的实施。

1. 系统性原则

我国基本公共体育服务标准实施应坚持系统性原则，统筹兼顾，有计划、有步骤地进行。实施标准的过程中应关注相关标准间的协调性，所有基本公共体育服务标准应作为一个整体实施，以保证标准实施的总体效果。

2. 有效性原则

我国基本公共体育服务标准实施应坚持有效性原则，把保证安全、保护环境、促进基本公共体育服务发展作为首要目标。实施标准，应因地制宜、注重实效，实现效益最大化。

3. 持续性原则

我国基本公共体育服务标准实施应坚持持续性原则。实施标准应使各个环节符合标准要求，并不断改进实施方法，提升实施效果。

---

① 全国服务标准化技术委员会. 服务业组织标准化工作指南：GB/T 24421—2009［M］. 北京：中国标准出版社，2010：107.

② 全国服务标准化技术委员会. 服务业组织标准化工作指南：GB/T 24421—2009［M］. 北京：中国标准出版社，2010：108－109.

（二）我国基本公共体育服务标准实施的主体

1. 政府

政府是我国基本公共体育服务标准实施的主要主体。由于基本公共体育服务所具有的公共性属性，政府对于基本公共体育服务的发展具有不可推卸的责任。在我国基本公共体育服务标准建立的整个流程中政府都扮演着重要的角色，在标准制定完成之后，政府同样是标准实施的推动者、执行者和监督者。

2. 非政府组织

非政府组织包括的对象十分广泛，政府下设的事业单位、社会团体和其他组织都属于非政府组织。大量非政府组织参与到社会事务的管理、监督和发展之中，是社会高度发展的表现。同样，大量非政府组织实施基本公共体育服务标准，对于促进我国基本公共体育服务的发展具有重要的意义。

3. 企业组织

企业组织涉及的行业、机构和企业众多，主要是以市场为导向，以基本公共体育服务标准为要求进行企业的生产和服务活动。基本公共体育服务之中既包括实物性质的生产标准，也包括非实物性质的服务标准，企业实施基本公共体育服务标准的主要目的在于营利性的生产和服务活动，不执行相应的标准，企业就无法进行相关的生产和服务活动，因此，标准对于企业组织具有更大的约束性。

（三）我国基本公共体育服务标准实施的方法

《服务业组织标准化工作指南 第 4 部分：标准实施及评价》提出了服务业组织实施的过程法和要素法，同样可以运用于我国基本公共体育服务标准的实施之中。

1. 过程法

所谓过程法，是指按照服务过程实现的时间顺序来实施标准的方法。针对服务流程制定的有关标准，一般可采用这种方法实施，采用过程法实施标准要注意各阶段之间的相互衔接。

2. 要素法

所谓要素法，是指按照服务要素来分别实施标准的方法。当标准按服务活动或结果的各个要素给出要求时，可采用要素法实施标准。要素法实施标准应注意各要素之间的关联性。

（四）我国基本公共体育服务标准实施的程序

《服务业组织标准化工作指南 第 4 部分：标准实施及评价》提出了服务

业组织标准实施的一般程序，包括：计划、准备、实施、信息反馈与改进、实施评价等步骤。

1. 计划

我国基本公共体育服务标准实施前应制订相应的工作计划或方案，内容包括我国基本公共体育服务标准实施的范围、方法、步骤、负责组织、负责人、时间节点、目标和要求。

2. 准备

（1）组织准备

成立我国基本公共体育服务标准实施的组织机构，建立完善的组织架构，以条块、流程或者要素为标准成立相应的负责组织。

（2）人员准备

确定我国基本公共体育服务标准实施各组织的负责人，根据组织职责配备具有符合相应职责要求的工作人员，并对标准实施的知识、技能和方法进行专门的培训，既做好人员量的配备，也做好人员质的配备。

（3）物资准备

根据我国基本公共体育服务标准实施的需要，配备相应的设施、设备和资金。

（4）技术准备

根据我国基本公共体育服务标准实施的需要，对于一些新的技术做好技术改造、技术攻关和技术创新的相应准备。

3. 实施

我国基本公共体育服务标准在具体实施时要按照标准内容来具体确定实施活动的开展情况。对于我国基本公共体育服务标准中的物化标准，可按照标准来执行。对于我国基本公共体育服务标准中的服务标准，可按照服务流程对各环节按标准提出要求来实施。

4. 信息反馈与改进

我国基本公共体育服务标准在实施过程中要注意收集相关信息，注意对标准实施者、标准实施对象进行访问，对标准实施效果进行调查，将所收集到的信息进行整理后反馈给标准实施主管部门，以便及时解决标准实施过程中出现的问题并对今后标准的修订提供支持。

5. 实施评价

实施评价另行展开。

二、我国基本公共体育服务标准的评价

（一）我国基本公共体育服务标准的评价原则

1. 客观公正的原则

以客观公正的态度、客观公正的方法评价我国基本公共体育服务标准的实施情况。

2. 科学严谨的原则

我国基本公共体育服务标准实施的评价需要运用科学严谨的理论、科学严谨的方法和科学严谨的技术。

3. 全面准确的原则

对我国基本公共体育服务标准实施情况，需要进行全面而不是片面、准确而不是模棱两可的评价。

（二）我国基本公共体育服务标准的评价程序

1. 评价准备

（1）组织准备

我国基本公共体育服务标准评价需要成立实施评价工作组，明确工作组的职责和权限。从实施评价工作组的来源可分为政府为主的实施评价工作组、上级政府牵头下级政府和非政府组织联合的实施评价工作组及非政府为主的实施评价工作组。

（2）人员准备

我国基本公共体育服务标准评价与其他标准评价一样，需要具备专业标准化知识、掌握有关法律法规政策、熟悉评价技术业务的人员。对于我国基本公共体育服务标准实施评价工作质量的好坏依赖于评价人员的良好素质。通过培训的方式，可以使人员做好实施评价的准备。

（3）物资准备

我国基本公共体育服务标准评价需要一定的测量设备、工具，如评价问卷、评价量表及评价统计工具等。

（4）确定评价方案

我国基本公共体育服务标准实施评价之前应当制订详细、可靠的评价方案，保证评价的准确性。评价方案包括以下内容[①]：

---

① 全国服务标准化技术委员会. 服务业组织标准化工作指南：GB/T 24421—2009[M]. 北京：中国标准出版社，2010：118－119.

a）给出评价工作的总体安排

b）确定评价方法。对于涉及面广、内容复杂的标准，可采用抽样的方式进行，所抽取的指标或事项应反映标准实施的总体情况；对内容简单或较重要的标准，应采取逐项检查的方法。对具体项目可采取测量、过程再现或通过标准实施痕迹（包括各种记录、报告等）检查等方法实施评价。

c）建立评价指标体系。指标体系应能尽可能反映标准要求，准确衡量标准实施效果。应根据指标体系和评价要求，确定合理的抽样方案及判定规则。

2. 评价内容

（1）符合性评价

符合性评价是指我国基本公共体育服务的标准是否符合现实的需要，是否得到规范地执行等方面。虽然我国基本公共体育服务标准来自现实，但是标准的制定有一个抽象的过程。而标准作为从现实到抽象的成果再重新运用于现实中时，可能会发生与现实有所不符的地方，这些与现实不相符合的标准内容需要及时加以修改。我国基本公共体育服务标准的实施规范性也是符合性评价的重要内容，标准实施的规范性虽然不属于标准实施的效果，但是标准实施的规范性能够在程序上保证标准实施效果的取得。同时在我国基本公共体育服务标准的实施过程中有些内容属于过程性内容，标准实施的规范性本身就是标准实施的要求。

（2）实施效果评价

我国基本公共体育服务标准实施效果的评价“应按评价方案确定的反映标准实施效果的指标体系、抽样方案、判定规则进行评价。通过验证、核实指标体系中的各项指标，确定标准实施效果达到的程度，给出相应的结论性意见。”① 针对我国基本公共体育服务标准，建立起可靠的评价指标体系是实施效果评价的关键步骤，同时也是实施效果评价的一个难点，对于一些可量化的指标较容易纳入评价指标体系之中，对于一些量化性差的指标如何选择操作性强的信息来判断实施效果就较为困难。同时在我国基本公共体育服务标准实施效果评价中结论性意见的给出也需要综合考虑多方面的因素，城乡区域之间、东西部地区之间的经济、社会和体育发展差异都应当予以考虑，以客观评价标准实施效果。

3. 评价报告

我国基本公共体育服务标准实施评价报告是一个阶段评价活动的最终文

---

① 全国服务标准化技术委员会. 服务业组织标准化工作指南：GB/T 24421—2009[M]. 北京：中国标准出版社，2010：120.

本结果。评价报告的内容应当包括评价的依据、评价人员的情况、评价的时间、评价的主要程序、评价的指标体系、评价的结论、评价中发现的问题以及对于问题解决和今后发展的建议等内容。评价报告应当真实、可靠、客观、公正，同时应与被评价对象的负责部门、机构、团体进行沟通，并将评价结果通过适当途径向公众传递。

第九章　我国基本公共体育服务均等化发展：基本公共体育服务标准化发展现状、困境与策略

我国基本公共体育服务标准化的发展是伴随着我国公共服务及其均等化和标准化的发展而来的，从基本公共体育服务的提出到基本公共体育服务的均等化，再到我国基本公共体育服务的标准化，我国基本公共体育服务标准化发展的总体时间仍然较短。本章对我国基本公共体育服务标准化发展现状进行论述和分析，对我国基本公共体育服务标准化发展的困境进行归纳和总结，提出我国基本公共体育服务标准化发展的相关策略。

第一节　我国基本公共体育服务标准化发展现状

一、我国基本公共体育服务国家标准数量少、层次低

我国基本公共体育服务国家标准的数量和层次情况是我国基本公共体育服务标准化发展现状的重要表征。对于我国基本公共体育服务国家标准的数量情况，通过中国国家标准化管理委员会网站（www. sac. gov. cn），截至2021底，共检索到现行体育类国家标准208个，从归口单位看，全国体育用品标准化技术委员会有40个，排列第一，其后是中国轻工业联合会37个，国家体育总局和全国体育标准化技术委员会各有30个，工业和信息化部与教育部（基础）各有11个，全国皮革工业标准化技术委员会和全国橡胶与橡胶制品标准化技术委员会各有7个，全国残疾人康复和专用设备标准化技术委员会和中国兵器装备集团公司各有6个，全国服务标准化技术委员会、全国图形符号标准化技术委员会和全国音频、视频及多媒体系统与设备标准化技术委员各有3个（表9-1）。从目前我国现行体育类国家标准现状来看，在208个体育类国家标准中体育场地器材标准占据了绝大部分，直接以服务为主题的只有《体育用品售后服务的要求》（GB/T 28238—2011）、《消费品使用说明

第7部分：体育器材》（GB/T 5296. 7—2008）、《社区服务指南 第3部分：文化、教育、体育服务》（GB/T 20647. 3—2006）、《灾后过渡性安置区基本公共服务 第5部分：文化体育》（GB/T 28221. 5—2011）、《滨海景区海上运动救援服务规范》（GB/T 35557—2017）、《全民健身活动中心管理服务要求》（GB/T 34280—2017）、《公共服务领域英文译写规范 第5部分：体育》（GB/T 30240. 5—2017）等少数国家推荐标准，所占比例极小（附录5）。体育场地器材标准无疑也是我国基本公共体育服务发展必不可缺的标准内容，但是其中的体育产品标准主要的还是与企业生产有关，目前我国现行体育类国家标准中的基本公共体育服务标准数量偏少。

表9-1 我国现行体育类国家标准统计表　　单位：个

归口单位	GB	GB/T、GB/Z	N
全国体育用品标准化技术委员会	0	40	40
中国轻工业联合会	0	37	37
国家体育总局	30	0	30
全国体育标准化技术委员会	0	30	30
工业和信息化部	11	0	11
教育部（基础）	1	10	11
全国皮革工业标准化技术委员会	0	7	7
全国橡胶与橡胶制品标准化技术委员会	0	7	7
全国残疾人康复和专用设备标准化技术委员会	0	6	6
中国兵器装备集团公司	0	6	6
全国服务标准化技术委员会	0	3	3
全国图形符号标准化技术委员会	0	3	3
全国音频、视频及多媒体系统与设备标准化技术委员会	0	3	3
全国纺织品标准化技术委员会	0	1	1
全国服装标准化技术委员会	0	1	1
全国服务标准化技术委员会	0	1	1
全国纺织品标准化技术委员会	0	1	1
全国机器人标准化技术委员会	0	1	1
全国建筑节能标准化技术委员会	0	1	1
全国节水标准化技术委员会	0	1	1
全国人造板标准化技术委员会	0	1	1

续表

归口单位	GB	GB/T、GB/Z	N
全国信息分类与编码标准化技术委员会	0	1	1
全国饮料标准化技术委员会	1	0	1
全国语言文字标准化技术委员会	0	1	1
全国照明电器标准化技术委员会	0	1	1
全国质量监管重点产品检验方法标准化技术委员会	0	1	1
中国纺织工业联合会	0	1	1
N	43	165	208

从目前我国现行体育类国家标准层次来看（表9-1），在208个体育类国家标准中国家强制标准只有43个，所占比例为20%，这其中体育场所开放条件与技术要求26个，固定式健身器材要求9个，田径运动鞋、运动头盔、中小学合成材料面层运动场地标准3个，卡丁车相关标准2个，体育用品电气部分的通用要求1个，运动饮料1个，室外健身器材的安全通用要求1个。现行体育类国家强制标准中同样以场地器材的生产、卫生、安全为主，为数甚少的基本公共体育服务标准都是推荐性标准，标准层次相对较低，不利于我国基本公共体育服务标准的宣贯，对于我国基本公共体育服务标准化的推动作用较为有限。

二、我国基本公共体育服务标准指导性强、针对性差、操作性弱

我国基本公共体育服务标准化发展中的另一个重要现状是目前的基本公共体育服务标准侧重于指导性，对于基本公共体育服务的针对性差，操作性较弱。体育场地设施是公共体育服务中的基础性内容，目前我国发布有多个关于体育场地设施的规定和标准。1986年，中华人民共和国城乡建设环境保护部（现住房和城乡建设部）联合中华人民共和国体育运动委员会（现国家体育总局），发布了《城市公共体育运动设施用地定额指标暂行规定》[（86）体计基字559号]；2005年，国家体育总局主编，中华人民共和国建设部（现住房和建设部）和中华人民共国和国土资源部（现自然资源部）联合批准发布了《城市社区体育设施建设用地指标》（建标〔2005〕156号）；2012年，国家发展改革委和国家体育总局共同发布了《“十二五”公共体育设施建设规划》。《城市公共体育运动设施用地定额指标暂行规定》对不同人口规模体育场馆数量、用地规模和千人指标进行了规定；《城市社区体育设施建设用地指标》制定社区不同活动项目的建设用地标准；《“十二五”公共体育设施

建设规划》对不同地区公共体育设施建设进行了规划。这些规定和标准对于我国体育场地设施建设具有很强的指导性，特别是每五年出台的公共体育设施建设规划，能够对于我国公共体育设施建设中的薄弱点提出指导性规划。但是，这些规定、标准、规划针对较多的还是城市社区标准体育设施的建设，对于广大农村地区体育场地设施的标准化关注仍然缺失，同时对于我国基本公共体育服务中的基础性体育场地设施问题的针对性不强，真正贴近广大人民群众身边的基本公共体育服务标准仍然缺乏。由于标准的层次不高，标准偏重于指导性，因此，标准在实际中的操作性就不强。《社区服务指南 第3部分：文化、教育、体育服务》中关于体育场地设施的设置仅提出考虑的因素和庞统的要求，作为国家社区服务标准其指导性意义远远超出了操作性。

三、我国基本公共体育服务标准地区差异大、与国际接轨少

我国经济、社会发展中的城乡问题、东西部问题，在我国基本公共体育服务标准化发展中也同样存在。宁波市在我国地方基本公共体育服务标准化发展中处于前列，2011年，发布了《游泳场馆服务规范》（DB3302/T 1043—2011），2012年，发布了《社区体育服务规范》（DB3302/T 1050—2012），2013年，发布了《公共体育健身场地管理规范》（DB3302/T 1057—2013），2016年，发布了《体育现代化村建设与服务规范》（DB3302/T 1075—2016）。2016年，浙江省就地方标准《体育现代化村建设要求》《体育现代化社区建设要求》公开征求意见。2016年，江苏省就地方标准《江苏省公共体育设施基本标准》公开征求意见。可以看到，处于东部经济、社会发达地区的江浙两省和宁波市在基本公共体育服务标准发布方面走在了全国的前列，不仅有关于体育场地设施的标准，也有关于服务的标准，不仅有关于城市的标准，也有关于农村的标准。从其所设置的标准来看也要远高于国家标准，浙江省《体育现代化村建设要求（征求意见稿）》提出，中心村不少于1.6m^2/人，建成15分钟健身圈，非中心村不少于1.4m^2/人；浙江省《体育现代化社区建设要求（征求意见稿）》提出，中心城区社区不少于1.4m^2/人，其他社区和新建小区不少于1.8m^2/人，建成10分钟健身圈。

目前我国基本公共体育服务标准化与国际标准化接轨仍然不足。在体育用品标准方面，我国体育用品标准采用国际标准和国外先进标准率低于我国全部标准的采标率①，我国基本公共体育服务的体育场地设施标准仍然有待提

① 席玉宝. 中国体育用品标准化建设现状与对策[J]. 武汉体育学院学报,2011,45(12):5－13.

高。从国际体育标准化发展趋势来看，1971 年，德国标准化学会（DIN）成立体育与休闲器械标准委员会（NASport），其任务是致力于休闲运动、体育训练、竞赛及休养使用的体育运动器械、设备、装备的标准化，2007 年，决定其工作重点由产品标准化向服务标准化转移。我国基本公共体育服务标准化发展中服务标准的发展亟须提升。

第二节　我国基本公共体育服务标准化发展困境

一、我国公共服务标准化总体水平制约基本公共体育服务标准化发展

我国公共服务标准化发展的时间较短，2010 年 10 月，国家标准化管理委员会发布了《公共服务标准化指南（征求意见）》，这可以看成是在国家层面上为构建公共服务标准化整体性的通用框架做热身准备。[①] 之后，2012 年 7 月，国务院印发《国家基本公共服务体系“十二五”规划》，2012 年 8 月，国家标准化管理委员会同国家发改委等 27 个部委制定了《社会管理和公共服务标准化工作“十二五”行动纲要》，从顶层设计的高度推进我国公共服务标准化。在国家层面公共服务标准化行动不断加强之前，各地方政府在公共服务标准化方面也进行了积极的探索，北京市东城区、杭州市上城区、南京市江宁区、山东省新泰市都作为国家标准化示范点开展公共服务区域、部门或服务窗口标准化的实践。

我国公共服务标准化水平取得了一系列突破，但是我国公共服务标准化水平总体仍然不高。首先，公共服务作为一种服务，具有服务的无形性、生产和消费的同时性、不可储存性以及不确定性等特征，因此，公共服务标准化相对于企业产品生产的标准化难度更大。目前公共服务标准化取得最好效果的是重复性大、流程性强的公共服务，比如行政服务大厅，标准化的引入确实起了规范流程和服务的良好作用。但是在一些存在个性化、不确定性后果的公共服务领域，标准化并未能带来令人十分满意的效果。其次，公共服务相对于服务更主要体现在其公共性方面。公共服务由代表公共利益的政府提供，针对的是公共领域中的某个需求问题，在具体公共服务过程中由其代理人——政府工作人员操作，动员公共资源，形成公共利益，为个人独享或

---

① 卓越，张世阳，兰丽娟．公共服务标准化顶层设计的战略思考［J］．中国行政管理，2014（2）：34－38．

共享。由于权责利在公共服务的各个环节分属不同的对象，政府有其权、政府代理人有其责、公共服务对象获其利，因此，政府在公共服务中可以不行其权、政府代理人在公共服务中可以不尽其责、公共服务对象不见其利的现象屡见不鲜。正因如此，迫切需要推进我国公共服务标准化以规范政府行其权、政府代理人尽其责、公共服务对象获其利。

我国基本公共体育服务标准化发展制约我国公共服务标准化的发展水平。基本公共体育服务作为广大公民应当享有的基本体育权利，相对于公共文化服务、公共卫生服务、公共教育服务对公民基本权益的保障，政府对公民基本体育权利的保障仍然有待提高。体育部门作为基本公共体育服务的直接责任部门，在部门政绩和部门利益的驱动之下，把大量的人才、物力和财力投入竞技体育之中，基本公共体育服务获得的资源极其有限。因此，我国基本公共体育服务标准化之路仍然有很长的道路需要走。

二、我国基本公共体育服务标准化进程与基本公共体育服务需求脱节

标准化产生初期，其作用就是规范生产，提高生产效率。由于企业生产的产品以物的形式储存其对于顾客需要的满足，因此，标准化在企业生产中以刚性的姿态保障生产的水平，最终生产出高质量的产品。当标准化被运用于服务领域和公共服务领域，规范服务行为、促进服务效果成为其最主要的目的。由于公共服务的非物化形态，标准化在公共服务之中更多的是对于服务流程的规范，标准化在满足公共服务需求时更注重于没有产生“不满意”，但是标准化并不能够产生满足公共服务需求的“满意”结果。这正是著名的“双因素”理论所提示的：“满意”的反面不是“不满意”，而是“没有满意”；“不满意”的反面也不是“满意”，而是“没有不满意”。区别于“满意”和“不满意”的两分法，“没有满意”和“没有不满意”的加入对于追求卓越的服务结果具有重大的意义。

推进基本公共体育服务标准化无疑有助于提高公共服务质量，但是基本公共体育服务标准化在与满足广大人民群众需求之间仍然有很大的距离。基本公共体育服务标准化能够规定体育场地和设施的标准，但是不能够规定这些体育场地和设施是否是广大人民群众所最需要的，简易的健身器材对于广大人民群众锻炼的吸引力十分有限，绿道、绿地、休闲公园比标准的田径跑道更适合人们休闲锻炼的需要。基本公共体育服务标准化能够规定社会体育指导员的数量、开展活动的次数和内容，但是不能够规定社会指导员在指导时的态度和表情，指导过程之中的交流和沟通极大地影响着受指导者的满意

度感受。基本公共体育服务标准化能够规定公共体育服务组织的制度、运转、监督，但是无法对公共体育服务组织吸引力、组织凝聚力进行规定，我国基本公共体育服务组织化程度很低，难以营造良好的氛围满足基本公共体育服务组织化需求。

因此，在推进基本公共体育服务标准化的进程之前，应当对广大人民群众的基本公共体育服务需求进行广泛的调查和准确的评价。脱离广大人民群众的基本公共体育服务需求，单方面地进行基本公共体育服务的标准化，难免会造成标准化与需求满足之间的脱节，浪费了宝贵的标准化社会资源，同时也不会产生良好的公共体育服务效果。

三、我国基本公共体育服务标准化推进获得的社会多领域综合支持不足

在我国现行社会领域分而治之的管理现状之下，政府体育部门是我国体育领域发展的主要负责部门，政府体育部门相应地承担着基本公共体育服务及其标准化的任务，在文化、教育、卫生等社会其他领域也同样如此。这种将社会不同领域在认识上、管理上、部门上进行条块划分的方式有助于行政管理专业性的发挥和行政效率的提升。但是，社会领域的每一部分都不可能脱离社会其他领域而存在和发展，当社会发展进入越来越高水平时，社会各领域综合发展的现象越来越明显。从公共服务来看，作为政府提供的社会每个成员都能够享有的社会福利，它体现的是政府所具有的公共服务综合能力，在政府公共服务能力基础之上具体向广大社会成员提供各项公共服务内容。因此，基本公共体育服务标准化的推进，体育部门责无旁贷。正如体育部门牵头起草基本公共体育服务相关标准，体育总局作为基本公共体育服务相关标准的主管部门和归口单位也同样需要承担起基本公共体育服务标准化工作职责。但是基本公共体育服务标准化需要以政府公共服务综合能力作为支撑，公共体育服务标准化的推进需要获得社会多领域的综合支持。

从基本公共体育服务标准计划开始，国务院标准化行政主管部门在每年6月提出编制下年度国家标准计划项目的原则要求，下达给国务院有关行政主管部门及国务院标准化行政主管部门领导和管理的全国专业标准化技术委员会；国务院有关行政主管部门将编制国家标准计划项目的原则、要求，转发给由其负责领导和管理的全国专业标准化技术委员会或专业标准化技术归口单位，离开政府部门对基本公共体育服务的重视，基本公共体育服务标准化工作就无法开展。基本公共体育服务标准制定和标准化推进过程中，需要社会其他领域的综合支持。以《国务院关于加快发展体育产业促进体育消费的

若干意见》（国发〔2014〕46号）中提到体育场地和设施要求为例，该意见中提道："各地要将体育设施用地纳入城乡规划、土地利用总体规划和年度用地计划，合理安排用地需求。新建居住区和社区要按相关标准规范配套群众健身相关设施，按室内人均建筑面积不低于0.1平方米或室外人均用地不低于0.3平方米执行，并与住宅区主体工程同步设计、同步施工、同步投入使用。凡老城区与已建成居住区无群众健身设施的，或现有设施没有达到规划建设指标要求的，要通过改造等多种方式予以完善。充分利用郊野公园、城市公园、公共绿地及城市空置场所等建设群众体育设施。鼓励基层社区文化体育设施共建共享。在老城区和已建成居住区中支持企业、单位利用原划拨方式取得的存量房产和建设用地兴办体育设施，对符合划拨用地目录的非营利性体育设施项目可继续以划拨方式使用土地；不符合划拨用地目录的经营性体育设施项目，连续经营一年以上的可采取协议出让方式办理用地手续。"① 其中涉及大量亟须开展的标准化工作，涉及大量的社会管理部门，包括国土资源、规划、建设、工商等部门，远非体育部门独自能够完成相应的工作，只有通过社会多领域的共同支持与合作才能够进行。

第三节　我国基本公共体育服务标准化发展策略

一、将基本公共体育服务标准化工作作为我国基本公共体育服务发展的重要内容，积极培养基本公共体育服务标准化人才

基本公共体育服务在我国体育发展中的地位不断提升，《体育发展"十三五"规划》提出的"共享目标"中提出，"加快完善体育共建共享机制，着力推进基本公共体育服务均等化"，在"落实全民健身国家战略，加快推动群众体育发展"中提到，"不断完善基本公共体育服务"，具体内容有"加快建设水平较高、内容完备、惠及全民的基本公共体育服务体系，逐步推动基本公共体育服务在地域、城乡和人群间的均等化。推进基本公共体育服务示范区建设，制定结构合理、内容明确、符合实际的基本公共体育服务标准体系。"建立基本公共体育服务标准体系已经成为我国体育发展之中不断完善基本公共体育服务的重要内容。而建立基本公共体育服务标准体系只是基本公

① 国务院. 国务院关于加快发展体育产业促进体育消费的若干意见[EB/OL]. (2014-10-20)[2022-02-10]. http://www.gov.cn/zhengce/content/2014-10/20/content_9152.htm.

共体育服务标准化工作的组成部分，对于我国基本公共体育服务发展而言，应当将公共体育服务标准化工作列入我国基本公共体育服务发展重要内容。通过基本公共体育服务标准化工作，建立我国基本公共体育服务标准体系，制定基本公共体育服务相关标准，宣传和贯彻我国基本公共体育服务标准，实施和评价我国基本公共体育服务标准，以标准的形式推动我国基本公共体育服务的落实，实现我国基本公共体育服务的均等化。

我国基本公共体育服务标准化工作各项内容都亟须重视和提高，但是重中之重是积极培养基本公共体育服务标准化人才。人才是人类任何事业发展的根基，同样也是我国基本公共体育服务标准化工作发展之本。相对于西方国家“将标准化知识融入本国的国民教育知识体系，根据学校常规的知识能力培养环节按部就班地实施教育”，我国由于标准化专业人才缺口较大，因此“企事业单位中的标准化技术人员，几乎清一色都是因工作需要‘半路出家’，然后经由师傅带徒弟的‘作坊式’培养模式而来”，标准化专业人才缺口很大。[①] 在我国公共服务领域和基本公共体育服务标准化工作中专业化人才更加缺乏，目前我国体育领域标准化工作的开展主要以聘请和委托国家及地方质量监督管理部门和标准化管理部门及其人员的方式为主。因此，建议在体育专业本科教程中应当增加标准化相关知识内容，同时有条件的学校开设第二学士学位培养标准化人才，在岗体育人员积极参加标准化课程学习和标准化技术培训，扩充我国基本公共体育服务标准化人才队伍，促进我国基本公共体育服务标准化工作的开展。

二、以“健康中国 2030”为契机，将基本公共体育服务标准化发展与健康发展紧密结合

健康是人的全面发展的基础、保障和要求，是经济社会发展的基石、条件和要素。2015 年，“十三五”规划建议正式落地，“健康中国”正式升级成为国家战略，2016 年《“健康中国 2030”规划纲要》发布。在 2012 年发布的《“健康中国 2020”战略研究报告》中，对我国健康领域面临的机遇与挑战、战略重点与行动计划进行了全面的现状分析和政策建议，但是其中仅在不健康生活方式和促进群众生活方式的改善之中提到身体活动不足和全面健身相关内容。[②] 这种健康中国与体育之间的距离在《“健康中国 2030”规划纲要》中被极大地接近，《“健康中国 2030”规划纲要》提出了与体育相关的具体目

① 李丹青. 中国标准化人才培养问题及对策[J]. 高等工程教育研究,2012(6):84－90.

② 陈竺. “健康中国 2020 战略”研究报告[M]. 北京:人民卫生出版社,2012:44,79.

标、任务，对于体育领域的发展方向提出了相关要求。《“健康中国2030”规划纲要》还提出，经常参加体育锻炼人数在2015年达3.6亿人，2020年达4.35亿人，2030年达5.3亿人；在“普及健康生活”中专门提出要“提高全民身体素质”，具体内容包括“完善全民健身公共服务体系、广泛开展全民健身运动、加强体医融合和非医疗健康干预、促进重点人群体育活动”；在“发展健康产业”中专门提出“积极发展健身休闲运动产业”；同时，还提到要加大学校健康教育力度、加强体育领域监管创新、加强社会体育指导员队伍建设。① 作为我国健康发展的顶层设计规划，《“健康中国2030”规划纲要》将体育作为共同合作的重要领域，是我国健康发展规划中的一个重大突破。

《“健康中国2030”规划纲要》中所提到的提高身体素质、促进身体健康发展目标与我国基本公共体育服务发展目标高度契合，对于我国基本公共体育服务及其标准化发展是一个重要的契机。首先，健康领域及其规划具有更高的社会关注度和政府重视度，基本公共体育服务作为健康规划内容的一部分，可以获得更高的关注和重视。健康发展规划之中纳入体育相关内容，已经表明体育在健康发展之中的相应地位获得了认同，全民健身服务体系、全民健身运动这些体育领域的内容借助于健康规划能够获得更好的推广和执行。其次，健康领域标准化水平能够促进基本公共体育服务标准化的发展。对于健康的要求和健康科学发展的历史，健康领域的标准化发展在社会领域之中处于绝对领先的地位，基本公共体育服务被纳入健康发展规划，必然需要适应整个健康领域标准化发展的要求。基本公共体育服务在全民健身设施网络建设、全民健身运动开展、体医结合、学校健康教育、监管体系等方面，需要广泛学习和借鉴健康领域相关工作，不断提高自身的标准化水平，以满足社会对于健康发展的需要。

三、建立基本公共体育服务标准化示范点，加强我国基本公共体育服务标准的制定、宣贯和评价

我国基本公共体育服务标准化建设正处于起步阶段，公共体育服务标准化开展的时间较短，积累的实践经验也十分有限，可以借鉴《关于推进服务标准化试点工作的意见》的做法，建立一些基本公共体育服务标准化示范区和示范点。选择一些具有代表性的地方，开展基本公共体育服务整体或者部分内容的标准化工作。比如，2009年9月，重庆九龙坡区体育标准化工作被

---

① 中华人民共和国中央人民政府. 中共中央 国务院印发《“健康中国2030”规划纲要》[EB/OL].(2016-10-25)[2021-12-20]. http://www.gov.cn/xinwen/2016-10/25/contert-5124174.htm.

国家标准化委员会批准为试点项目，开展了全民健身标准化工作，取得了丰富的实践经验。我国应当鼓励有条件的地方积极申报基本公共体育服务标准化示范点，申报基本公共体育服务标准化示范点的过程是一个建设的过程，也是一个积累的过程，对于申报基本公共体育服务标准化示范点地区和其他地区都有积极的意义。

我国基本公共体育服务标准化工作之中标准的制定、宣贯和评价是十分重要的内容。我国基本公共体育服务标准制定、宣贯和评价的基础是我国基本公共体育服务需求。基本公共体育服务需求作为每个社会公民的权利和福利，决定了基本公共体育服务需要均等化，而当前我国基本公共体育服务均等化的操作性不能满足基本公共体育服务需求，因此，应当立足于我国基本公共体育服务需求开展标准的制定、宣贯和评价。我国基本公共体育服务制定的标准来于现实的基本公共体育服务需求，需要为广大人民群众的基本公共体育服务需求而服务，同时制定的标准也要略高于基本公共体育服务需求，使标准具有一定的前瞻性。对于我国基本公共体育服务需求的城乡差异问题，需要根据各地发展现实情况提出地方基本公共体育服务标准。我国基本公共体育服务标准在宣贯过程中同样要突出基本公共体育服务需求。面对政府宣贯时，需要将政府工作人员视为同样具有基本公共体育服务需求的对象，以此加深其对基本公共体育服务标准的理解；面对基层民众宣贯时，更加要从普通大众的基本公共体育服务需求出发，使其对基本公共体育服务标准的重要性、必要性、内容和权利加以了解，更好地获得基本公共体育服务和监督基本公共体育服务标准的实施。我国基本公共体育服务标准的评价也同样围绕公共体育服务需求展开。从基本公共体育服务标准评价内容来看，对基本公共体育服务需求的满足是十分重要的评价内容；从基本公共体育服务标准评价的主体来看，基本公共体育服务需求被满足方在公共体育服务评价中的主体地位应当得到加强；从基本公共体育服务评价的反馈对象来看，基本公共体育服务需求被满足方是公共体育服务评价的直接关系人，应当获得对于基本公共体育服务的全面反馈，对基本公共体育服务评价结果进行监督。

参考文献

[1] Bergsgard Nils Asle, Houlihan Barrie, Mangset Per, et al. Sport policy: Acomparative analysis of stability and change[M]. Oxford: Butterworth-Heinemann, 2007.

[2] Brake D. L. Getting in the game: Title IX and the women's sports revolution [M]. NewYork: NYU Press, 2010.

[3] Collins, Michael F. Sport and social exclusion[M]. London: Routledge, 2003.

[4] David P. Human rights in youth sport[M]. New York: Routledge, 2005.

[5] Delaney K. J., Eckstein R. Public dollars, private stadiums: The battle over building sports stadiums[M]. NewBrunswick, New Jersey, and London: Rutgers Univ Pr, 2003.

[6] Green M., Houlihan B. Elite sport development: Policy learning and political priorities [M]. Oxon: Routledge, 2005

[7] Hartmann-Tews I., Pfister G. Sport and women: Social issues in international perspective [M]. London: Routledge, 2003.

[8] Houlihan B. Sport, policy, and politics: A comparative analysis [M]. London: Routledge, 1997.

[9] Houlihan B., Green M. Comparative elite sport development: Systems, structures and public policy[M]. Oxford: Butterworth Heinemann, 2008.

[10] Hoye R., Nicholson M., Houlihan B. Sport and policy: Issues and analysis[M]. Oxford: Butterworth Heinemann, 2009.

[11] James S. Coleman. Equality and achievement in eduction[M]. Boulder: Westview Press, 1990.

[12] King N. Sport policy and governance: Local perspectives [M]. Oxford: Butterworth-Heinemann, 2009.

[13] Robinson L. Managing public sport and leisure services[M]. London: Routledge, 2004.

[14] Ross C. K. Race and sport: The struggle foreEquality on and off the field [M]. Mississippi: Univ Pr of Mississippi, 2006.

[15] Sport England. Performance measurement for the development of sport: A good practice guide for local authorities main report[R]. London: 2001.

[16] Stewart B., M. Nicholson, A. Smith, et al. Australian sport-better by design?: The

evolution of Australian sport policy[M]. London:Routledge,2004.

[17] Thomas N., Smith A. Disability, sport, and society: An introduction[M]. New York: Routledge,2009.

[18] T. R. B. 桑德斯. 标准化的目的与原理[M]. 中国科学技术研究所,译. 北京:科学技术文献出版社,1974.

[19] 阿尔蒙德,小鲍威尔. 当代比较政治学[M]. 朱曾汶,林铮,译. 北京:商务印书馆,1993.

[20] 艾尔·巴比. 社会研究方法[M]. 10 版. 邱泽奇,译. 北京:华夏出版社,2005.

[21] 宾昊. 均等人生[M]. 长沙:湖南人民出版社. 2005.

[22] 陈昌盛,蔡跃洲. 中国政府公共服务:体制变迁与地区综合评估[M]. 北京:中国社会科学出版社,2007.

[23] 陈竺. "健康中国 2020 战略"研究报告[M]. 北京:人民卫生出版社,2012.

[24] 辞海编委会. 辞海[M]. 上海:上海辞书出版社,2000.

[25] 戴健,等. 公共体育服务体系建设[M]. 上海:上海交通大学出版社,2015.

[26] 戴维·威尔逊,克里斯·盖姆. 英国地方政府[M]. 3 版. 张勇,译. 北京:北京大学出版社,2009.

[27] 戴维·奥斯本,特德·盖布勒. 改革政府:企业家精神如何改革着公共部门[M]. 周敦仁,汤国维,寿进文,等译. 上海:上海译文出版社,2006.

[28] 道格拉斯·C. 诺思. 制度、制度变迁与经济绩效[M]. 杭行,译. 上海:格致出版社,上海三联书店,上海人民出版社. 2008.

[29] 董新光. 全民健身大视野[M]. 北京:北京体育大学出版社,2003.

[30] 杜栋,庞庆华,吴炎. 现代综合评价方法与案例精选[M]. 2 版. 北京:清华大学出版社,2008.

[31] 风笑天. 社会调查中的问卷设计[M]. 天津:天津人民出版社,2002.

[32] 高培勇,杨志勇,杨立刚,等. 公共经济学[M]. 北京:中国社会科学出版社,2007.

[33] 郭亚军. 综合评价理论、方法及应用[M]. 北京:科学出版社,2007.

[34] 国家体育总局. 改革开放 30 年的中国体育[M]. 北京:人民体育出版社,2008.

[35] 何怀宏. 选举社会及其终结:秦汉至晚清历史的一种社会学阐释[M]. 北京:生活·读书·新知三联书店,1988.

[36] 侯定丕,王战军. 非线性评估的理论探索与应用[M]. 合肥:中国科技大学出版社,2001.

[37] 胡锦涛. 在北京奥运会、残奥会总结表彰大会上的讲话[M]. 北京:人民出版社,2008.

[38] 黄恒学,张勇. 政府基本公共服务标准化研究[M]. 北京:人民出版社,2011.

[39] 黄建钢. 论公共社会[M]. 北京:中共中央党校出版社,2009.

[40] 霍布斯. 利维坦[M]. 黎思复,黎廷弼,译. 北京:商务印书馆,1985.

[41] 蒋逸民. 教育机会与家庭资本[M]. 北京:社会科学文献出版社,2008.

[42] 凯文·希尔顿. 体育发展:政策、过程与实践[M]. 吴玉伦,韩琳,施伯群,等译. 北京:北京体育大学出版社,2007.

[43] 科斯. 经济学中的灯塔[M]//丹尼尔·史普博. 经济学的著名寓言:市场失灵的神话. 余晖,朱彤,张余文,译. 上海:上海人民出版社,2004.

[44] 莱昂·狄骥. 公法的变迁:法律与国家[M]. 郑戈,冷静,译. 北京:中国法制出版社. 2010.

[45] 莱恩·多亚夫,伊恩·高夫. 人的需要理论[M]. 汪淳波,张宝莹,李秉勤,等译. 北京:商务印书馆,2008.

[46] 李军鹏. 公共服务型政府建设指南[M]. 北京:中共党史出版社. 2006.

[47] 联合国经济和社会事务部统计处. 社会和人口统计体系[M]. 许成钢,黄琪,钟学义,译. 北京:中国财政经济出版社,1985.

[48] 刘学之. 基本公共服务均等化问题研究[M]. 北京:华夏出版社,2008.

[49] 柳成洋,等. 服务标准化导论[M]. 北京:中国标准出版社,2009.

[50] 卢映川,万鹏飞,等. 创新公共服务的组织与管理[M]. 北京:人民出版社,2007.

[51] 吕晨飞. 澳大利亚均等化转移支付制度研究[M]. 北京:北京大学出版社,2010.

[52] 马丁·阿尔布罗. 官僚制[M]. 阎布克,译. 北京:知识出版社,1990.

[53] 马费成,胡翠华,陈亮. 信息管理学基础[M]. 武汉:武汉大学出版社,2002.

[54] 马克思,恩格斯. 马克思恩格斯全集(第2卷)[M]. 北京:人民出版社,1995.

[55] 马克思,恩格斯. 马克思恩格斯全集(第26卷)[M]. 北京:人民出版社,1979.

[56] 马克思·韦伯. 经济与社会[M]. 林荣远,译. 北京:商务印书馆,1997.

[57] 迈克尔·J. 桑德尔. 自由主义与正义的局限[M]. 万俊人,等译. 南京:译林出版社,2001.

[58] 闵健,李万来,刘青. 公共体育管理概论[M]. 北京:北京体育大学出版社,2005.

[59] 彭和平,竹立家,等. 国外公共行政理论精选[M]. 北京:中共中央党校出版社,1997.

[60] 邱均平. 信息计量学[M]. 武汉:武汉大学出版社,2007.

[61] 全国服务标准化技术委员会. 服务业组织标准化工作指南:GB/T 24421—2009[M]. 北京:中国标准出版社,2010.

[62] 人民教育出版社课程教材研究所,体育课程教材研究开发中心. 美国学校体育国家标准研究[M]. 北京:人民教育出版社,2007.

[63] 任强. 公共服务均等化问题研究[M]. 北京:经济科学出版社,2009.

[64] 上海市质量和标准化研究院. 公共服务标准化理论与实务[M]. 北京:中国质检出版社,中国标准出版社,2015.

[65] 松浦四郎. 工业标准化原理[M]. 熊国风,薄国华,译. 北京:技术标准出版社,1981.

[66] 宋立,刘树杰. 各级政府公共服务事权财权配置[M]. 北京:中国计划出版社,2005.

[67] 苏为华,陈钰芬,陈骥. 社会经济和谐发展度综合评价体系研究:基于主客观双重系统的实证研究[M]. 杭州:浙江工商大学出版社,2009.

[68] 孙洁. 英国的政党政治与福利制度[M]. 北京:商务印书馆,2008.

[69] 孙晓莉. 中外公共服务体制比较[M]. 北京:国家行政学院出版社,2007.

[70] 泰勒. 科学管理原理[M]. 马风才,译. 北京:机械工业出版社,2007.

[71] 田晓明,钮雪林,江波,等. 综合标准化与公共服务提升:来自苏州市的创新实践[M]. 苏州:苏州大学出版社,2015.

[72] 王丽莉. 服务型政府:从概念到制度设计[M]. 北京:知识产权出版社,2009.

[73] 吴成宗. 服务业组织标准体系实用教程[M]. 北京:中国质检出版社,中国标准出版社,2013.

[74] 伍绍祖. 中华人民共和国体育史(1949～1998)综合卷[M]. 北京:中国书籍出版社,1999.

[75] 休谟. 人性论[M]. 关文运,译. 北京:商务印书馆,1980.

[76] 徐小青. 中国农村公共服务[M]. 北京:中国发展出版社,2002.

[77] 亚当·斯密. 国民财富的性质和原因的研究(下卷)[M]. 郭大力,王亚南,译. 北京:商务印书馆,2004.

[78] 杨团. 社区公共服务论析[M]. 北京:华夏出版社,2002.

[79] 杨文轩,陈琦. 体育原理[M]. 北京:高等教育出版社,2004.

[80] 姚大志. 何谓正义:当代西方政治哲学研究[M]. 北京:人民出版社,2007.

[81] 姚洋. 转轨中国:审视社会公正和平等[M]. 北京:中国人民大学出版社,2004.

[82] 约翰·罗尔斯. 正义论[M]. 何怀宏,何包钢,廖申白,译. 北京:中国社会科学出版社,1988.

[83] 约翰·斯图亚特·穆勒. 功利主义[M]. 叶建新,译. 北京:九州出版社,2007.

[84] 詹姆斯·N. 罗西瑙. 没有政府的治理[M]. 张胜军,刘小林,等译. 南昌:江西人民出版社,2001.

[85] 赵明. 正义的历史映像[M]. 北京:法律出版社,2007.

[86] 珍妮特·V. 登哈特,罗伯特·B. 登哈特. 新公共服务:服务,而不是掌舵[M]. 丁煌,译. 北京:中国人民大学出版社,2004.

[87] 中华人民共和国国家统计局. 中国统计年鉴(2008)[M]. 北京:中国统计出版社,2008.

[88] 中国群众体育现状调查课题组. 中国群众体育现状调查与研究[M]. 北京:北京体育大学出版社,2005.

[89] 朱庆芳,吴寒光. 社会指标体系[M]. 北京:中国社会科学出版社,2001.

附　录

附录1　基本公共体育服务均等化调查问卷
（体育主管部门部分）

请根据实际情况填写以下内容，请在相应的横线上填写或在［　］中选择打“√”：

您属于：________省（自治区、直辖市）________市________县（市、区）________镇（街道），贵部门辖区内有________个社区居委，__________个行政村。

1. 贵部门是否具有经常性体育事业经费预算。①有［　］②无［　］

2. 贵部门每年的群众体育事业经费支出约有__________元。

您觉得该项体育经费：（只选一个）

①富余［　］②基本够用［　］③不太够用［　］④远远不够用［　］

3. 贵部门是否有专门体育主管人员。①有［　］②无［　］，属于①专职［　］②兼职［　］

4. 贵部门是否建有体质测试中心。①有［　］②无［　］

今年贵部门辖区内接受体质测试的人数为________人，其中优秀比例为________%，合格比例为________%。

5. 贵部门是否建有体育场地和设施。①有［　］②无［　］

如有，请填写具体名称____。

6. 贵部门所辖区域内是否建全民健身广场。①有［　］②无［　］

如有，请填写具体名称____。

7. 贵部门所辖区域内是否建有全民健身苑或全民健身路径。①有［　］②无［　］

如有，具体数量是________个（条），拥有全民健身苑或全民健身路径社区居委（行政村）的数量________个。

贵部门是否实施农民健身工程。①有［　］②无［　］

如有，已经建设农民健身工程具体数量是________个，已经建有一个篮球场行政村的数量________个。

8. 贵部门所辖区域内体育人口比例为________%，共拥有________名社会体育指导员，共拥有________个晨（晚）练健身点，拥有晨（晚）练健身点社区居委（行政村）的数量是__________个。

9. 贵部门所辖区域内共拥有__________个经常性开展活动的体育社团和组织，拥有经常性开展活动体育社团和组织的社区居委（行政村）数量是____________个。

10. 贵部门今年举办体育健身讲座__________次，发放体育健身资料__________份，举办群众性体育赛事__________次。

附录2　基本公共体育服务均等化评价指标体系第一轮专家调查表

填表说明：本次专家问卷调查仅用于本课题的统计分析，请您根据实际情况和个人见解对问题进行回答。请在同意的指标对应处划“√”，在不同意的指标对应处划“×”，如果有不同意见和建议，则请在相应位置填写意见和建议。

一、我国基本公共体育服务均等化评价一级指标评价

指标	是否同意作为评价指标（同意划“√”，否定划“×”）	意见和建议
投入		
产出		
效果		

二、我国基本公共体育服务均等化评价二级指标评价

指标		是否同意作为评价指标（同意划“√”，否定划“×”）	意见和建议
投入	筹资水平		
	规章制度		
	人力资源		
	场地设施		
	管理组织		
	健身信息		
产出	日常体育		
	体质测试		
	活动赛事		
效果	体质状况		
	体育人口		
	主观态度		

三、我国基本公共体育服务均等化评价三级指标评价

目标层	一级指标	二级指标	三级指标	对三级指标的评价	
				是否选择	意见
我国基本公共体育服务均等化评价指标体系	投入	筹资水平	拥有公共体育服务经费支出社区(行政村)的比例		
		规章制度	体育主管部门颁布大众体育服务相关条例、规章和条例数量		
		人力资源	各社区(行政村)设置体育管理人员的比例		
			各社区(行政村)社会体育指导员数量配备达标的比例		
		场地设施	各社区(行政村)体育健身苑、健身路径(农民健身工程)覆盖率		
		管理组织	各社区(行政村)体育管理机构覆盖率		
			各社区(行政村)体质测试点覆盖率		
			各社区(行政村)有定期开展体育活动的体育社会团体的比例		
		健身信息	体育主管部门举办体育健身讲座次数		
			体育主管部门发放体育健身资料份数		
			各社区(行政村)设置体育信息宣传栏并定期更新的比例		
	产出	日常体育	各社区(行政村)晨(晚)练健身点分布的比例		
		体质测试	各社区(行政村)每年组织居民体质测试落实率		
		活动赛事	各社区(行政村)每年开展体育竞赛活动的比例		
			各社区(行政村)每年参加体育主管部门举办赛事活动的比例		
	效果	体质状况	居民体质测试达到及格的比例		
			居民体质测试达到优秀的比例		
		体育人口	社区居民体育人口的比例		
		主观态度	居民满意度		

附录3　基本公共体育服务均等化评价指标体系第二轮专家调查表

一、二级指标重要程度专家调查表

指标层次	指标	重要程度				
		很重要	重要	一般	不重要	很不重要
一级指标	投入					
	产出					
	效果					
二级指标	筹资水平					
	人力资源					
	场地设施					
	管理组织					
	健身信息					
	日常体育					
	体质测试					
	活动赛事					
	体质状况					
	体育人口					
	主观态度					

二、三级指标重要程度专家调查表

指标	重要程度				
	很重要	重要	一般	不重要	很不重要
拥有公共体育服务经费支出社区（行政村）的比例					
各社区（行政村）设置体育管理人员的比例					
各社区（行政村）社会体育指导员数量配备达标的比例					
各社区（行政村）体育健身苑、健身路径（农民健身工程）覆盖率					

续表

指标	重要程度				
	很重要	重要	一般	不重要	很不重要
各社区（行政村）体育管理机构覆盖率					
各社区（行政村）有定期开展体育活动的体育社会团体的比例					
体育主管部门和各社区（行政村）举办体育健身讲座次数					
体育主管部门和各社区（行政村）发放体育健身资料份数					
各社区（行政村）设置体育信息宣传栏并定期更新的比例					
各社区（行政村）晨（晚）练健身点分布的比例					
各社区（行政村）组织居民体质测试落实率					
各社区（行政村）每年开展体育竞赛活动的比例					
各社区（行政村）每年参加体育主管部门举办赛事活动的比例					
居民体质测试达到及格的比例					
社区居民体育人口的比例					
居民满意度					

附录 4 基本公共体育服务指标权重专家调查表

尊敬的专家：

您好！

谢谢您继续为本课题研究提供宝贵意见和建议！

本份问卷目的是为建立每一层各指标的权重，获得相应的判断信息。

具体方法是：请您对所列出的每一层次纵横两列指标，进行重要程度的两两比较。以下面的第一个正式表格为例，需要您首先将行指标 A_1 分别与列指标 A_2、A_3 进行重要程度的判断，其次将行指标 A_2 与列指标 A_3 进行重要程度的判断。

如当第一行一级指标“A_1 投入”与第二列一级指标“A_2 产出”（即 A_1 与 A_2）相比较时，您认为“投入”和“产出”两个指标对于基本公共体育服务均等化“同等重要”，则在两指标交叉格内（带有括号部分）填上数值“1”；如果是“稍微重要”，则填上数值“3”；如果是“明显重要”，则填上数值“5”；如果是“强烈重要”，则填上数值“7”；如果是“极端重要”，则填上数值“9”。若两个指标相比，前者比后者的重要性介于相邻两者之间，则可用数值 2、4、6、8 表示。如果您认为后者比前者重要，则用以上相应数值的倒数来表示。

具体举例：假如行指标“A_1 投入”分别与列指标 A_2、A_3 相比较，得出：投入（A_1）与产出（A_2）“同等重要”，投入（A_1）比效果（A_3）“略重要”，产出（A_2）和效果（A_3）相比，效果（A_3）比产出（A_2）（即行项重要于列项或后者重要于前者）的重要性介于“稍重要和明显重要”之间，那么填写在表格相应位置（标有括号的格内）的数值则应分别是：1、3、1/4。

<table>
<tr><th rowspan="2">两者关系</th><th colspan="9">投入</th><th colspan="9">产出</th><th colspan="9">效果</th></tr>
<tr><th>同等重要1</th><th>两者之间2</th><th>稍重要3</th><th>两者之间4</th><th>明显重要5</th><th>两者之间6</th><th>强烈重要7</th><th>两者之间8</th><th>极端重要9</th><th>同等重要1</th><th>两者之间2</th><th>稍重要3</th><th>两者之间4</th><th>明显重要5</th><th>两者之间6</th><th>强烈重要7</th><th>两者之间8</th><th>极端重要9</th><th>同等重要1</th><th>两者之间2</th><th>稍重要3</th><th>两者之间4</th><th>明显重要5</th><th>两者之间6</th><th>强烈重要7</th><th>两者之间8</th><th>极端重要9</th></tr>
<tr><td>投入</td><td colspan="9">1</td><td colspan="9">(1)</td><td colspan="9">(3)</td></tr>
<tr><td>产出</td><td colspan="9"></td><td colspan="9">1</td><td colspan="9">(1/4)</td></tr>
<tr><td>效果</td><td colspan="9"></td><td colspan="9"></td><td colspan="9">1</td></tr>
</table>

下面请您进行逐一判断，只填写表格中对角线的上半区（标有括号的格内）即可。

一、基本公共体育服务均等化评价指标体系一级指标重要性比较表

两者关系	投入									产出									效果								
	同等重要1	两者之间2	稍重要3	两者之间4	明显重要5	两者之间6	强烈重要7	两者之间8	极端重要9	同等重要1	两者之间2	稍重要3	两者之间4	明显重要5	两者之间6	强烈重要7	两者之间8	极端重要9	同等重要1	两者之间2	稍重要3	两者之间4	明显重要5	两者之间6	强烈重要7	两者之间8	极端重要9
投入	1									（ ）									（ ）								
产出	—									1									（ ）								
效果	—									—									1								

二、基本公共体育服务均等化评价指标体系“投入”二级指标重要性判断表

两者关系	筹资水平									人力资源									场地设施									管理组织									健身信息								
	同等重要1	两者之间2	稍重要3	两者之间4	明显重要5	两者之间6	强烈重要7	两者之间8	极端重要9	同等重要1	两者之间2	稍重要3	两者之间4	明显重要5	两者之间6	强烈重要7	两者之间8	极端重要9	同等重要1	两者之间2	稍重要3	两者之间4	明显重要5	两者之间6	强烈重要7	两者之间8	极端重要9	同等重要1	两者之间2	稍重要3	两者之间4	明显重要5	两者之间6	强烈重要7	两者之间8	极端重要9	同等重要1	两者之间2	稍重要3	两者之间4	明显重要5	两者之间6	强烈重要7	两者之间8	极端重要9
筹资水平	1									（ ）									（ ）									（ ）									（ ）								
人力资源										1									（ ）									（ ）									（ ）								
场地设施	—									—									1									（ ）									（ ）								
管理组织	—									—									—									1									（ ）								
健身信息	—									—									—									—									1								

三、基本公共体育服务均等化评价指标体系“投入”三级指标重要性判断表

1. 筹资水平

两者关系	拥有公共体育服务经费支出社区（行政村）的比例
拥有公共体育服务经费支出社区（行政村）的比例	1

2. 人力资源

两者关系	各社区（行政村）社会体育指导员数量配备达标的比例
各社区（行政村）社会体育指导员数量配备达标的比例	1

3. 场地设施

两者关系	各社区（行政村）体育健身苑、健身路径（农民体育健身工程）覆盖率
各社区（行政村）体育健身苑、健身路径（农民体育健身工程）覆盖率	1

4. 管理组织

<table>
<tr><td rowspan="2">两者关系</td><td colspan="9">各社区（行政村）体育管理机构覆盖率</td><td colspan="9">各社区（行政村）有定期开展体育活动体育社会团体的比例</td></tr>
<tr><td>同等重要1</td><td>两者之间2</td><td>稍重要3</td><td>两者之间4</td><td>明显重要5</td><td>两者之间6</td><td>强烈重要7</td><td>两者之间8</td><td>极端重要9</td><td>同等重要1</td><td>两者之间2</td><td>稍重要3</td><td>两者之间4</td><td>明显重要5</td><td>两者之间6</td><td>强烈重要7</td><td>两者之间8</td><td>极端重要9</td></tr>
<tr><td>各社区（行政村）体育管理机构覆盖率</td><td colspan="9">1</td><td colspan="9">（　　）</td></tr>
<tr><td>各社区（行政村）有定期开展体育活动的体育社会团体的比例</td><td colspan="9">—</td><td colspan="9">1</td></tr>
</table>

5．健身信息

<table>
<tr><th rowspan="2">两者关系</th><th colspan="9">各社区(行政村)举办体育健身讲座次数/次</th><th colspan="9">各社区(行政村)发放体育健身资料份数/份</th><th colspan="9">各社区(行政村)设置并定期更新体育信息宣传栏的比例</th></tr>
<tr><th>同等重要1</th><th>两者之间2</th><th>稍重要3</th><th>两者之间4</th><th>明显重要5</th><th>两者之间6</th><th>强烈重要7</th><th>两者之间8</th><th>极端重要9</th><th>同等重要1</th><th>两者之间2</th><th>稍重要3</th><th>两者之间4</th><th>明显重要5</th><th>两者之间6</th><th>强烈重要7</th><th>两者之间8</th><th>极端重要9</th><th>同等重要1</th><th>两者之间2</th><th>稍重要3</th><th>两者之间4</th><th>明显重要5</th><th>两者之间6</th><th>强烈重要7</th><th>两者之间8</th><th>极端重要9</th></tr>
<tr><td>各社区(行政村)举办体育健身讲座次数/次</td><td colspan="9">1</td><td colspan="9">(　　)</td><td colspan="9">(　　)</td></tr>
<tr><td>各社区(行政村)发放体育健身资料份数/份</td><td colspan="9">—</td><td colspan="9">1</td><td colspan="9">(　　)</td></tr>
<tr><td>各社区(行政村)设置并定期更新体育信息宣传栏的比例</td><td colspan="9">—</td><td colspan="9">—</td><td colspan="9">1</td></tr>
</table>

四、基本公共体育服务均等化评价指标体系“产出”二级指标重要性判断表

<table>
<tr><th rowspan="2">两者关系</th><th colspan="9">日常体育</th><th colspan="9">体质测试</th><th colspan="9">活动赛事</th></tr>
<tr><th>同等重要1</th><th>两者之间2</th><th>稍重要3</th><th>两者之间4</th><th>明显重要5</th><th>两者之间6</th><th>强烈重要7</th><th>两者之间8</th><th>极端重要9</th><th>同等重要1</th><th>两者之间2</th><th>稍重要3</th><th>两者之间4</th><th>明显重要5</th><th>两者之间6</th><th>强烈重要7</th><th>两者之间8</th><th>极端重要9</th><th>同等重要1</th><th>两者之间2</th><th>稍重要3</th><th>两者之间4</th><th>明显重要5</th><th>两者之间6</th><th>强烈重要7</th><th>两者之间8</th><th>极端重要9</th></tr>
<tr><td>日常体育</td><td colspan="9">1</td><td colspan="9">(　　)</td><td colspan="9">( )</td></tr>
<tr><td>体质测试</td><td colspan="9">—</td><td colspan="9">1</td><td colspan="9">(　　)</td></tr>
<tr><td>活动赛事</td><td colspan="9">—</td><td colspan="9">—</td><td colspan="9">1</td></tr>
</table>

1．日常体育

两者关系	各社区（行政村）晨（晚）练健身点分布的比例
各社区（行政村）晨（晚）练健身点分布的比例	1

2．体质测试

两者关系	各社区（行政村）组织居民体质测试落实率
各社区（行政村）组织居民体质测试落实率	1

3．活动赛事

两者关系	各社区（行政村）每年开展体育竞赛活动的比例									各社区（行政村）每年参加体育主管部门举办赛事活动的比例								
	同等重要1	两者之间2	稍重要3	两者之间4	明显重要5	两者之间6	强烈重要7	两者之间8	极端重要9	同等重要1	两者之间2	稍重要3	两者之间4	明显重要5	两者之间6	强烈重要7	两者之间8	极端重要9
各社区（行政村）每年开展体育竞赛活动的比例	1									（ ）								
各社区（行政村）每年参加体育主管部门举办赛事活动的比例	—									1								

五、基本公共体育服务均等化评价指标体系“效果”二级指标重要性判断表

两者关系	体质状况									体育人口									主观态度								
	同等重要1	两者之间2	稍重要3	两者之间4	明显重要5	两者之间6	强烈重要7	两者之间8	极端重要9	同等重要1	两者之间2	稍重要3	两者之间4	明显重要5	两者之间6	强烈重要7	两者之间8	极端重要9	同等重要1	两者之间2	稍重要3	两者之间4	明显重要5	两者之间6	强烈重要7	两者之间8	极端重要9
体质状况	1									（ ）									（ ）								
体育人口	—									1									（ ）								
主观态度	—									—									1								

1．体质状况

两者关系	居民体质测试达到及格的比例
居民体质测试达到及格的比例	1

2．体育人口

两者关系	社区居民体育人口的比例
社区居民体育人口的比例	1

3．主观态度

两者关系	居民满意度
居民满意度	1

附录5　现行体育类国家标准

序号	标准号	标准名称	实施日期	归口单位
1	GB 21536—2008	田径运动鞋	2008/10/01	工业和信息化部
2	GB 17498.10—2008 /ISO 20957-10：2007	固定式健身器材 第10部分：带有固定轮或无飞轮的健身车 附加的特殊安全要求和试验方法	2010/04/01	工业和信息化部
3	GB 17498.1—2008 /ISO 20957-1：2005	固定式健身器材 第1部分：通用安全要求和试验方法	2010/04/01	工业和信息化部
4	GB 17498.2—2008 /ISO 20957-2：2005	固定式健身器材 第2部分：力量型训练器材 附加的特殊安全要求和试验方法	2010/04/01	工业和信息化部
5	GB 17498.4—2008 /ISO 20957-4：2005	固定式健身器材 第4部分：力量型训练长凳 附加的特殊安全要求和试验方法	2010/04/01	工业和信息化部
6	GB 17498.5—2008 /ISO 20957-5：2005	固定式健身器材 第5部分：曲柄踏板类训练器材 附加的特殊安全要求和试验方法	2010/04/01	工业和信息化部
7	GB 17498.6—2008 /ISO 20957-6：2005	固定式健身器材 第6部分：跑步机 附加的特殊安全要求和试验方法	2010/04/01	工业和信息化部
8	GB 17498.7—2008 /ISO 20957-7：2005	固定式健身器材 第7部分：划船器 附加的特殊安全要求和试验方法	2010/04/01	工业和信息化部
9	GB 17498.8—2008 /ISO 20957-8：2005	固定式健身器材 第8部分：踏步机、阶梯机和登山器 附加的特殊安全要求和试验方法	2010/04/01	工业和信息化部
10	GB 17498.9—2008 /ISO 20957-9：2005	固定式健身器材 第9部分：椭圆训练机 附加的特殊安全要求和试验方法	2010/04/01	工业和信息化部
11	GB 24429—2009	运动头盔 自行车、滑板、轮滑运动头盔的安全要求和试验方法	2010/07/01	工业和信息化部
12	GB 19194—2003	竞赛类卡丁车通用技术条件	2003/12/01	国家体育总局
13	GB 19197—2003	卡丁车场建设规范	2003/12/01	国家体育总局
14	GB 19079.1—2013	体育场所开放条件与技术要求 第1部分：游泳场所	2014/05/01	国家体育总局
15	GB 19079.2—2005	体育场所开放条件与技术要求 第2部分：卡丁车场所	2005/06/01	国家体育总局
16	GB 19079.3—2005	体育场所开放条件与技术要求 第3部分：蹦极场所	2005/06/01	国家体育总局
17	GB 19079.4—2014	体育场所开放条件与技术要求 第4部分：攀岩场所	2015/01/01	国家体育总局

续表

序号	标准号	标准名称	实施日期	归口单位
18	GB 19079. 5—2005	体育场所开放条件与技术要求 第5部分：轮滑场所	2005/06/01	国家体育总局
19	GB 19079. 6—2013	体育场所开放条件与技术要求 第6部分：滑雪场所	2014/05/01	国家体育总局
20	GB 19079. 7—2013	体育场所开放条件与技术要求 第7部分：花样滑冰场所	2014/12/01	国家体育总局
21	GB 19079. 8—2013	体育场所开放条件与技术要求 第8部分：射击场所	2014/12/01	国家体育总局
22	GB 19079. 9—2013	体育场所开放条件与技术要求 第9部分：射箭场所	2014/12/01	国家体育总局
23	GB 19079. 10—2013	体育场所开放条件与技术要求 第10部分：潜水场所	2014/12/01	国家体育总局
24	GB 19079. 11—2005	体育场所开放条件与技术要求 第11部分：漂流场所	2005/06/01	国家体育总局
25	GB 19079. 12—2013	体育场所开放条件与技术要求 第12部分：伞翼滑翔场所	2014/12/01	国家体育总局
26	GB 19079. 13—2013	体育场所开放条件与技术要求 第13部分：气球与飞艇场所	2014/12/01	国家体育总局
27	GB 19079. 19—2010	体育场所开放条件与技术要求 第19部分：拓展场所	2011/06/01	国家体育总局
28	GB 19079. 20—2013	体育场所开放条件与技术要求 第20部分：冰球场所	2014/12/01	国家体育总局
29	GB 19079. 21—2013	体育场所开放条件与技术要求 第21部分：拳击场所	2014/12/01	国家体育总局
30	GB 19079. 22—2013	体育场所开放条件与技术要求 第22部分：跆拳道场所	2014/12/01	国家体育总局
31	GB 19079. 23—2013	体育场所开放条件与技术要求 第23部分：蹦床场所	2014/12/01	国家体育总局
32	GB 19079. 24—2013	体育场所开放条件与技术要求 第24部分：运动飞机场所	2014/12/01	国家体育总局
33	GB 19079. 25—2013	体育场所开放条件与技术要求 第25部分：跳伞场所	2014/12/01	国家体育总局
34	GB 19079. 26—2013	体育场所开放条件与技术要求 第26部分：航空航天模型场所	2014/12/01	国家体育总局
35	GB 19079. 27—2013	体育场所开放条件与技术要求 第27部分：定向、无线电测向场所	2014/12/01	国家体育总局

续表

序号	标准号	标准名称	实施日期	归口单位
36	GB 19079.28—2013	体育场所开放条件与技术要求 第28部分：武术散打场所	2014/12/01	国家体育总局
37	GB 19079.29—2013	体育场所开放条件与技术要求 第29部分：攀冰场所	2014/12/01	国家体育总局
38	GB 19079.30—2013	体育场所开放条件与技术要求 第30部分：山地户外场所	2014/05/01	国家体育总局
39	GB 19079.31—2013	体育场所开放条件与技术要求 第31部分：高山探险场所	2014/12/01	国家体育总局
40	GB 19272—2011	室外健身器材的安全 通用要求	2011/10/01	国家体育总局
41	GB 31187—2014	体育用品 电气部分的通用要求	2015/01/01	国家体育总局
42	GB/T 19851.13—2007	中小学体育器材和场地 第13部分：排球网柱、羽毛球网柱、网球网柱	2007/06/01	教育部（基础）
43	GB/T 19851.14—2007	中小学体育器材和场地 第14部分：球网	2007/06/01	教育部（基础）
44	GB/T 19851.15—2007	中小学体育器材和场地 第15部分：足球门	2007/06/01	教育部（基础）
45	GB/T 19851.16—2007	中小学体育器材和场地 第16部分：跨栏架	2007/06/01	教育部（基础）
46	GB/T 19851.17—2007	中小学体育器材和场地 第17部分：跳高架	2007/06/01	教育部（基础）
47	GB/T 19851.18—2007	中小学体育器材和场地 第18部分：实心球	2007/06/01	教育部（基础）
48	GB/T 19851.19—2007	中小学体育器材和场地 第19部分：垒球	2007/06/01	教育部（基础）
49	GB/T 19851.20—2007	中小学体育器材和场地 第20部分：跳绳	2007/06/01	教育部（基础）
50	GB/T 19851.21—2007	中小学体育器材和场地 第21部分：毽球、花毽	2007/06/01	教育部（基础）
51	GB/T 19851.22—2007	中小学体育器材和场地 第22部分：软式橄榄球	2007/06/01	教育部（基础）
52	GB 36246—2018	中小学合成材料面层运动场地	2018/11/01	教育部（基础）
53	GB/T 15492—2009	残疾人轮椅篮球和游泳运动员功能分级	2009/12/01	全国残疾人康复和专用设备标准化技术委员会
54	GB/T 15493—2009	残疾人射击和乒乓球运动员功能分级	2009/12/01	全国残疾人康复和专用设备标准化技术委员会

续表

序号	标准号	标准名称	实施日期	归口单位
55	GB/T 16433—2009	残疾人田径运动员医学和功能分级	2009/12/01	全国残疾人康复和专用设备标准化技术委员会
56	GB/T 17256—2012	残疾人自行车和射箭运动员医学和功能分级	2013/05/01	全国残疾人康复和专用设备标准化技术委员会
57	GB/T 15722—2009	残疾人坐地排球运动员参赛资格的医学标准	2009/09/01	全国残疾人康复和专用设备标准化技术委员会
58	GB/Z 40836—2021	轮椅篮球竞技比赛轮椅车	2021/10/11	全国残疾人康复和专用设备标准化技术委员会
59	GB/T 28844—2012	针织运动服规格	2013/06/01	全国纺织品标准化技术委员会针织品分技术委员会
60	GB/T 20647. 3—2006	社区服务指南 第 3 部分：文化、教育、体育服务	2007/06/01	全国服务标准化技术委员会
61	GB/T 5296. 7—2008	消费品使用说明 第 7 部分：体育器材	2009/03/01	全国服务标准化技术委员会
62	GB/T 28221. 5—2011	灾后过渡性安置区基本公共服务 第 5 部分：文化体育	2012/04/01	全国服务标准化技术委员会
63	GB/T 21980—2017	专业运动服装和防护用品通用技术规范	2018/07/01	全国服装标准化技术委员会
64	GB/T 35557—2017	滨海景区海上运动救捞服务规范	2018/07/01	全国服务标准化技术委员会
65	GB/T 22853—2019	针织运动服	2020/01/01	全国纺织品标准化技术委员会
66	GB/T 37704—2019	运动康复训练机器人通用技术条件	2020/03/01	全国特种作业机器人标准化工作组
67	GB/T 38539—2020	LED 体育照明应用技术要求	2020/10/01	全国建筑节能标准化技术委员会
68	GB/T 30683—2014	室外人工滑雪场节水技术规范	2015/07/01	全国工业节水标准化技术委员会
69	GB/T 22868—2008	篮球	2009/09/01	全国皮革工业标准化技术委员会
70	GB/T 14625. 1—2008	篮球、足球、排球、手球试验方法 第 1 部分：圆度测定方法	2009/09/01	全国皮革工业标准化技术委员会

续表

序号	标准号	标准名称	实施日期	归口单位
71	GB/T 14625. 2—2008	篮球、足球、排球、手球试验方法 第2部分：反弹高度测定方法	2009/09/01	全国皮革工业标准化技术委员会
72	GB/T 14625. 3—2008	篮球、足球、排球、手球试验方法 第3部分：动态耐冲击试验方法	2009/09/01	全国皮革工业标准化技术委员会
73	GB/T 14625. 4—2008	篮球、足球、排球、手球试验方法 第4部分：试验条件与试样准备	2009/09/01	全国皮革工业标准化技术委员会
74	GB/T 14625. 5—2008	篮球、足球、排球、手球试验方法 第5部分：圆周长、圆周差的测量	2009/09/01	全国皮革工业标准化技术委员会
75	GB/T 22892—2008	足球	2009/09/01	全国皮革工业标准化技术委员会
76	GB/T 20239—2015	体育馆用木质地板	2015/11/02	全国人造板标准化技术委员会
77	GB/T 20033. 2—2005	人工材料体育场地使用要求及检验方法 第2部分：网球场地	2006/05/01	国家体育总局体育经济司
78	GB/T 20033. 3—2006	人工材料体育场地使用要求及检验方法 第3部分：足球场地人造草面层	2006/12/01	国家体育总局体育经济司
79	GB/T 19995. 1—2005	天然材料体育场地使用要求及检验方法 第1部分：足球场地天然草面层	2006/05/01	国家体育总局体育经济司
80	GB/T 19995. 2—2005	天然材料体育场地使用要求及检验方法 第2部分：综合体育场馆木地板场地	2006/05/01	国家体育总局体育经济司
81	GB/T 19995. 3—2006	天然材料体育场地使用要求及检验方法 第3部分：运动冰场	2006/12/01	国家体育总局体育经济司
82	GB/T 22185—2008	体育场馆公共安全通用要求	2008/11/01	国家体育总局体育经济司
83	GB/T 22517. 2—2008	体育场地使用要求及检验方法 第2部分：游泳场地	2009/03/01	国家体育总局体育经济司
84	GB/T 22517. 3—2008	体育场地使用要求及检验方法 第3部分：棒球、垒球场地	2009/05/01	国家体育总局体育经济司
85	GB/T 22517. 4—2017	体育场地使用要求及检验方法 第4部分：合成面层篮球场地	2018/04/01	国家体育总局
86	GB/T 22517. 6—2020	体育场地使用要求及检验方法 第6部分：田径场地	2021/01/01	全国体育标准化技术委员会
87	GB/T 22517. 7—2018	体育场地使用要求及检验方法 第7部分：网球场地	2018/10/01	国家体育总局
88	GB/T 22517. 10—2014	体育场地使用要求及检验方法 第10部分：壁球场地	2015/01/01	全国体育标准化技术委员会设施设备分技术委员会

续表

序号	标准号	标准名称	实施日期	归口单位
89	GB/T 22517. 11—2014	体育场地使用要求及检验方法 第11部分：曲棍球场地	2015/01/01	全国体育标准化技术委员会设施设备分技术委员会
90	GB/T 28939—2012	游泳池拆装式垫层	2013/05/01	全国体育标准化技术委员会设施设备分技术委员会
91	GB/T 28935—2012	拆装式游泳池	2013/05/01	全国体育标准化技术委员会设施设备分技术委员会
92	GB/T 29458—2012	体育场馆LED显示屏使用要求及检验方法	2013/05/01	全国体育标准化技术委员会设施设备分技术委员会
93	GB/T 34419—2017	城市社区多功能公共运动场配置要求	2018/05/01	全国体育标准化技术委员会设施设备分技术委员会
94	GB/T 34314—2017	龙狮器材使用要求	2018/04/01	国家体育总局
95	GB/T 34281—2017	全民健身活动中心分类配置要求	2018/04/01	全国体育标准化技术委员会设施设备分技术委员会
96	GB/T 34280—2017	全民健身活动中心管理服务要求	2018/04/01	全国体育标准化技术委员会设施设备分技术委员会
97	GB/T 18266. 1—2000	体育场所等级的划分 第1部分：保龄球馆星级的划分及评定	2001/05/01	国家体育总局经济司市场处
98	GB/T 18266. 2—2002	体育场所等级的划分 第2部分：健身房星级的划分及评定	2003/04/01	国家体育总局经济司市场处
99	GB/T 18266. 3—2017	体育场所等级的划分 第3部分：游泳场馆星级划分及评定	2018/04/01	国家体育总局经济司市场处
100	GB/T 19079. 32—2017	体育场所开放条件与技术要求 第32部分：足球运动场所	2018/04/01	国家体育总局
101	GB/T 34311—2017	体育场所开放条件与技术要求 总则	2018/04/01	国家体育总局
102	GB/T 34308. 1—2017	体育信息分类与代码 第1部分：分类编码导则	2018/04/01	国家体育总局

续表

序号	标准号	标准名称	实施日期	归口单位
103	GB/T 34308. 2—2017	体育信息分类与代码 第2部分：运动竞赛赛事代码	2018/04/01	国家体育总局
104	GB/T 34308. 3—2017	体育信息分类与代码 第3部分：运动生理生化与营养指标代码	2018/04/01	国家体育总局
105	GB/T 34308. 4—2017	体育信息分类与代码 第4部分：运动医学指标代码	2018/04/01	国家体育总局
106	GB/T 34310—2017	运动竞赛场所基本术语	2018/04/01	国家体育总局
107	GB/T 38373—2019	体育设施运动面层系统和运动性能 通用词汇	2020/07/01	全国体育标准化技术委员会
108	GB/T 19851. 1—2005	中小学体育器材和场地 第1部分：健身器材	2005/10/01	全国体育用品标准化技术委员会
109	GB/T 19851. 2—2005	中小学体育器材和场地 第2部分：体操器材	2005/10/01	全国体育用品标准化技术委员会
110	GB/T 19851. 3—2005	中小学体育器材和场地 第3部分：篮球架	2005/10/01	全国体育用品标准化技术委员会
111	GB/T 19851. 4—2005	中小学体育器材和场地 第4部分：篮球	2005/10/01	全国体育用品标准化技术委员会
112	GB/T 19851. 5—2005	中小学体育器材和场地 第5部分：排球	2005/10/01	全国体育用品标准化技术委员会
113	GB/T 19851. 6—2005	中小学体育器材和场地 第6部分：软式排球	2005/10/01	全国体育用品标准化技术委员会
114	GB/T 19851. 7—2005	中小学体育器材和场地 第7部分：乒乓球台	2005/10/01	全国体育用品标准化技术委员会
115	GB/T 19851. 8—2005	中小学体育器材和场地 第8部分：乒乓球	2005/10/01	全国体育用品标准化技术委员会
116	GB/T 19851. 9—2005	中小学体育器材和场地 第9部分：羽毛球拍	2005/10/01	全国体育用品标准化技术委员会
117	GB/T 19851. 10—2005	中小学体育器材和场地 第10部分：网球拍	2005/10/01	全国体育用品标准化技术委员会
118	GB/T 19851. 12—2005	中小学体育器材和场地 第12部分：学生体质健康测试器材	2005/10/01	全国体育用品标准化技术委员会
119	GB/T 23267—2009	摩托艇器材使用规范	2009/07/01	全国体育用品标准化技术委员会

续表

序号	标准号	标准名称	实施日期	归口单位
120	GB/T 23268. 1—2009	运动保护装备要求 第1部分：登山动力绳	2009/07/01	全国体育用品标准化技术委员会
121	GB/T 26344. 1—2010	击剑器材使用要求 第1部分：剑	2011/06/01	全国体育用品标准化技术委员会
122	GB/T 28237—2011	竞技体操赛台安装验收规范	2012/05/01	全国体育用品标准化技术委员会
123	GB/T 28238—2011	体育用品售后服务的要求	2012/05/01	全国体育用品标准化技术委员会
124	GB/T 30229—2013	比赛用台安装使用技术要求	2014/12/01	全国体育用品标准化技术委员会
125	GB/T 30228—2013	运动场地地面冲击衰减的安全性能要求和试验方法	2014/12/01	全国体育用品标准化技术委员会
126	GB/T 30230—2013	运动水壶的安全要求	2014/12/01	全国体育用品标准化技术委员会
127	GB/T 31166—2014	高尔夫球运动安全防护要求	2015/01/01	全国体育用品标准化技术委员会
128	GB/T 31169—2014	滑雪运动装备使用要求	2015/02/01	全国体育用品标准化技术委员会
129	GB/T 31170—2014	雪具的维护与保养	2015/02/01	全国体育用品标准化技术委员会
130	GB/T 32614—2016	户外运动服装 冲锋衣	2016/11/01	全国体育用品标准化技术委员会
131	GB/T 31708—2015	体育用品安全 风险评估指南	2016/01/01	全国体育用品标准化技术委员会
132	GB/T 34289—2017	健身器材和健身场所安全标志和标签	2018/04/01	全国体育用品标准化技术委员会
133	GB/T 34285—2017	健身运动安全指南	2018/04/01	全国体育用品标准化技术委员会
134	GB/T 34290—2017	公共体育设施 室外健身设施的配置与管理	2018/04/01	全国体育用品标准化技术委员会
135	GB/T 34284—2017	公共体育设施 室外健身设施应用场所安全要求	2018/04/01	全国体育用品标准化技术委员会
136	GB/T 34279—2017	笼式足球场围网设施安全 通用要求	2018/04/01	全国体育用品标准化技术委员会

续表

序号	标准号	标准名称	实施日期	归口单位
137	GB/T 34288—2017	拳击台技术与安装要求	2018/04/01	全国体育用品标准化技术委员会
138	GB/T 23867—2019	滑雪用具 通用词汇	2019/8/30	全国体育用品标准化技术委员会
139	GB/T 20394—2019	体育用人造草	2019/8/30	全国体育用品标准化技术委员会
140	GB/T 23866—2019	体育用品标准编写要求	2020/03/01	全国体育用品标准化技术委员会
141	GB/T 23868—2019	体育用品的分类	2020/03/01	全国体育用品标准化技术委员会
142	GB/T 37913—2019	公共体育设施 安全使用规范	2020/03/01	全国体育用品标准化技术委员会
143	GB/T 40086—2021	仿真冰场 通用技术要求和试验方法	2021/06/01	全国体育用品标准化技术委员会
144	GB/T 40047—2021	个体防护装备 运动眼面部防护 滑雪镜	2021/06/01	全国体育用品标准化技术委员会
145	GB/T 29868—2020	运动防护用品 针织类基本技术要求	2021/06/01	全国体育用品标准化技术委员会
146	GB/T 40232—2021	冰雪运动场所用安全标志	2021/09/01	全国图形符号标准化技术委员会
147	GB/T 15566. 7—2007	公共信息导向系统 设置原则与要求 第7部分：运动场所	2008/04/01	全国图形符号标准化技术委员会
148	GB/T 10001. 4—2021	公共信息图形符号 第4部分：运动健身符号	2021/10/01	全国图形符号标准化技术委员会
149	GB/T 24129—2009	胶鞋、运动鞋外底不留痕试验方法	2010/02/01	全国橡胶与橡胶制品标准化技术委员会胶鞋分技术委员会
150	GB/T 30907—2014	胶鞋 运动鞋减震性能试验方法	2014/12/01	全国橡胶与橡胶制品标准化技术委员会胶鞋分技术委员会
151	GB/T 19706—2015	足球鞋	2017/01/01	全国橡胶与橡胶制品标准化技术委员会胶鞋分技术委员会

续表

序号	标准号	标准名称	实施日期	归口单位
152	GB/T 24152—2018	篮排球专业运动鞋	2019/04/01	全国橡胶与橡胶制品标准化技术委员会胶鞋分技术委员会
153	GB/T 38351—2019	胶鞋、运动鞋制造过程中固体废弃物回收处理规范	2020/11/01	全国橡胶与橡胶制品标准化技术委员会
154	GB/T 38349—2019	胶鞋、运动鞋 *N*-甲基吡咯烷酮含量的测定	2020/11/01	全国橡胶与橡胶制品标准化技术委员会
155	GB/T 14833—2020	合成材料运动场地面层	2021/02/01	全国橡胶与橡胶制品标准化技术委员会
156	GB/T 37600. 7—2019	全国主要产品分类 产品类别核心元数据 第 7 部分：体育用品	2019/10/01	全国信息分类与编码标准化技术委员会
157	GB/T 28049—2011	厅堂、体育场馆扩声系统设计规范	2012/02/01	全国音频、视频及多媒体系统与设备标准化技术委员会
158	GB/T 28047—2011	厅堂、体育场馆扩声系统听音评价方法	2012/02/01	全国音频、视频及多媒体系统与设备标准化技术委员会
159	GB/T 28048—2011	厅堂、体育场馆扩声系统验收规范	2012/02/01	全国音频、视频及多媒体系统与设备标准化技术委员会
160	GB 15266—2009	运动饮料	2009/12/01	全国食品工业标准化技术委员会饮料分技术委员会
161	GB/T 30240. 5—2017	公共服务领域英文译写规范 第 5 部分：体育	2017/12/01	教育部语言文字信息管理司
162	GB/Z 26214—2010 CIE 112—1994	室外运动和区域照明的眩光评价	2011/06/01	全国照明电器标准化技术委员会
163	GB/T 39059—2020	运动场地合成材料面层有害物质释放量的测定 环境测试舱法	2021/01/01	全国质量监管重点产品检验方法标准化技术委员会

续表

序号	标准号	标准名称	实施日期	归口单位
164	GB/T 21507—2008	12 号运动猎枪弹	2008/05/01	中国兵器工业标准化研究所
165	GB/T 21504—2008	5.6 毫米运动步枪	2008/05/01	中国兵器工业标准化研究所
166	GB/T 21506—2008	5.6 毫米运动枪弹	2008/05/01	中国兵器工业标准化研究所
167	GB/T 21505—2008	5.6 毫米运动手枪	2008/05/01	中国兵器工业标准化研究所
168	GB/T 21502—2008	发令器	2008/05/01	中国兵器工业标准化研究所
169	GB/T 21503—2008	发令弹	2008/05/01	中国兵器工业标准化研究所
170	GB/T 29869—2013	针织专业运动服装通用技术要求	2014/05/01	全国体育用品标准化技术委员会运动服装分技术委员会
171	GB/T 22765—2008	标枪	2009/09/01	全国文体用品标准化中心
172	GB/T 11881—2006	羽毛球	2006/10/01	全国文体用品标准化中心
173	GB/T 23161—2008	铅球	2009/09/01	全国文体用品标准化中心
174	GB/T 23162—2008	运动器材标准编写要求	2009/09/01	全国文体用品标准化中心
175	GB/T 23171—2008	撑竿跳高架	2009/09/01	全国文体用品标准化中心
176	GB/T 23177—2008	举重杠铃的安全、性能要求和试验方法	2010/04/01	全国文体用品标准化中心
177	GB/T 23117—2008	跨栏架	2009/09/01	全国文体用品标准化中心
178	GB/T 23176—2008	篮球架	2010/04/01	全国文体用品标准化中心
179	GB/T 23116—2008	链球	2009/09/01	全国文体用品标准化中心
180	GB/T 23115—2008	乒乓球拍	2009/09/01	全国文体用品标准化中心

续表

序号	标准号	标准名称	实施日期	归口单位
181	GB/T 23124—2008	体操器械 体操垫	2009/09/01	全国文体用品标准化中心
182	GB/T 23121—2008	体操器械 助跳板	2009/09/01	全国文体用品标准化中心
183	GB/T 23125—2008	体操器械 自由体操场地	2009/09/01	全国文体用品标准化中心
184	GB/T 23122—2008	跳高架	2009/09/01	全国文体用品标准化中心
185	GB/T 23123—2008	铁饼	2009/09/01	全国文体用品标准化中心
186	GB/T 32611—2016	体操蹦床 功能和安全要求及试验方法	2016/11/01	全国文体用品标准化中心
187	GB/T 32609—2016	网球拍及部件的物理参数和试验方法	2016/11/01	全国文体用品标准化中心
188	GB/T 32608—2016	羽毛球拍及部件的物理参数和试验方法	2016/11/01	全国文体用品标准化中心
189	GB/T 32597—2016	乒乓球台的安全、性能要求和试验方法	2017/05/01	全国文体用品标准化中心
190	GB/T 35456—2017	文体用品及零部件 对挥发性有机化合物（VOC）的测试方法	2018/07/01	中国轻工业联合会
191	GB/T 37624—2019	文体用品及零部件 对挥发性有机化合物（VOC）的总体要求	2020/01/01	中国轻工业联合会
192	GB/T 40926.1—2021	冰球运动护具 第1部分：通用要求	2021/11/26	中国轻工业联合会
193	GB/T 40926.2—2021/ISO 10256-2：2016	冰球运动护具 第2部分：头部护具	2021/11/26	中国轻工业联合会
194	GB/T 40926.3—2021/ISO 10256-3：2016	冰球运动护具 第3部分：面部护具	2021/11/26	中国轻工业联合会
195	GB/T 40926.4—2021/ISO 10256-4：2016	冰球运动护具 第4部分：守门员的头部和面部护具	2021/11/26	中国轻工业联合会
196	GB/T 40926.5—2021/ISO 10256-5：2017	冰球运动护具 第5部分：颈部护具	2021/11/26	中国轻工业联合会
197	GB/T 40930—2021/ISO 9523：2019	成人旅行滑雪靴 旅行滑雪板固定器接口 要求和试验方法	2021/11/26	中国轻工业联合会

续表

序号	标准号	标准名称	实施日期	归口单位
198	GB/T 40922—2021/ISO 22264：2016	成人特里马滑雪靴 特里马滑雪板固定器接口 要求和试验方法	2021/11/26	中国轻工业联合会
199	GB/T 40924—2021/ISO 11634：1996	单板滑雪靴 滑雪板固定器接口	2021/11/26	中国轻工业联合会
200	GB/T 40929—2021/ISO 7331：2020	高山滑雪杖和旅行滑雪杖 要求和试验方法	2021/11/26	中国轻工业联合会
201	GB/T 40931—2021/ISO 6289：2003	滑雪板 术语	2021/11/26	中国轻工业联合会
202	GB/T 40923.1—2021/ISO 10958-1：1998	滑雪单板 固定器安装区 第1部分：无嵌件滑雪单板的要求和试验方法	2021/11/26	中国轻工业联合会
203	GB/T 40923.2—2021/ISO 10958-2：2015	滑雪单板 固定器安装区 第2部分：含嵌件滑雪单板的要求和试验方法	2021/11/26	中国轻工业联合会
204	GB/T 40940—2021/ISO 14790：2005	滑雪单板固定器 要求和试验方法	2021/11/26	中国轻工业联合会
205	GB/T 40925—2021/ISO 14573：2002	滑雪单板软靴束带固定器 要求和试验方法	2021/11/26	中国轻工业联合会
206	GB/T 40932—2021/ISO 15344：2005	滑雪单板踏入式固定器 要求和试验方法	2021/11/26	中国轻工业联合会
207	GB/T 40928—2021	特里马滑雪板 固定器安装区 要求和试验方法	2021/11/26	中国轻工业联合会